エリア・スタディーズ 100

ロンドンを旅する60章

川成 洋
石原孝哉（編著）

明石書店

はじめに

日本が円高という宿痾の病に取りつかれてから久しい。そのために、かつて日本経済の屋台骨を背負ってきた輸出産業などが悲鳴をあげている。しかしながら、この円高は、かつては夢であった海外旅行を手軽な娯楽の領域にまで引き寄せてくれた。昨今では国内旅行より身近な海外旅行の方が安いことも珍しくない。さすがにイギリス旅行が国内旅行より安いとは言えないが、現在のポンド相場ならロンドンでリッチな旅を楽しめること請け合いである。

いわゆる「パック・ツアー」の全盛時代には、ガイドさんに引率されて、朝から晩まで名所旧跡を案内され、行く先々で膨大な知識を一方的に注入されたものである。旅の終わりには旅行業者推薦の店で、日本語のできる店員から「格安?」のお土産まで買うことができるサービスがついていた。海外旅行の黎明期にはこれも一つの関門だったのかもしれない。

しかしながら円高の恩恵か、国際化が進んだせいか、このような型にはまった旅行には飽き足らず、自分が興味を持った所だけを自分の足で歩くといった独立独歩的な旅行者も増えている。このような自立した旅行者にとってロンドンほど魅力的な都市はないであろう。ロンドンの主要部はさほど広くはないから、地下鉄やバスの乗り放題の切符があれば大抵は事足りる。何よりも、治安が良く安全なことがありがたい。もちろん世界一安全な東京と比較するのは無理だが、ヨーロッパの主要都市などで、観光地のど真ん中で羽交い絞めにされて私物を強奪されたり、目抜き通りで突然ソフトクリームを服につけられ、それを拭うかのように数名の男によっていつの間にか財布を抜きとられてしまう、あるいはホテル専用のバスから降りてホテルのエントランスまでガードマンが付くといった、実に不愉快なことを聞くが、これらに比べてロンドンの治安ははるかに良い。

ロンドンには数えきれないほどの歴史的、文化的遺産が潜んでいる。街を歩けば、子供のころ教科書に載っていた歴史的人物の銅像や石像が風景の一部になっている。『ロンドンの銅像』などというガイド・ブックが売られていることからもその多さは想像できるであろう。通りの一角の石塀がローマ時代の城壁だったり、街のビルの片隅に石のレリーフが埋め込まれていて、よく読むとそこが有名な詩人や作家が住んでいたところだったりする。ありふれた民家の壁の直径50センチの青地に白文字で書かれた「ブルー・プラーク」が著名な文人や芸術家の生家であることを示している。しかも、こうした表示はロンドン市内だけで、750余りもある。そして驚くべきことに、同じような銘板が悪名高き猟奇的殺人事件の犯行現場を示していることもある。古いものを尊ぶイギリス人の国民性が、このように多くの記念物を残しているのである。国の命運をかけて戦った戦争における輝かしい勝利や英雄の華々しい功績のような陽の当たるものだけを記念するのではなく、敢えなく戦死した一般の兵卒をも偲ぶ石像、さらに陰惨な殺人事件など影の部分まで人々の記憶に残そうというのがいかにもイギリス人らしい。

ロンドンはこの地で2千年にわたって人々が繰り広げてきたさまざまの営みの物言わぬ証人なのだ。思えば、ロンドンはつい半世紀前まで「パックス・ブリタニカ」という名誉ある呼称を頂戴してきた国の首都であり、政治と経済の両面において、世界最大の国際都市として君臨してきた。現代でも、違った意味であるが、依然として国際都市で、世界のあらゆる民族の人が、それぞれの固有な文化を維持しながら、何の違和感もなく暮らしている。ここはまさに懐の深いコスモポリスである。ついでに言えば、本書にも触れられている大英博物館、ヴィクトリア・アンド・アルバート・ミュージアム、ナショナル・ギャラリーといった世界に名だたる博物館や美術館を頂点に、中・小型の博物館はなんと200余りもある。このこともロンドンならではの文化の多様性・多重性の反映かと思われる。

歴史的な記念碑の隣にガラスの塔のような近代的な超高層ビルが林立し、世界各国のビジネスマンが闊歩している。ロンドンでは新しいものと古いもの、独自の伝統や世界各地から持ち込まれた異文化が共存し、不思議なモザイクを構成している。このモザイクを読み解くのがロンドンの旅の最大の魅力である。「ロンドンに飽きた人は人生に飽きた人間だ」と言った、18世紀後半の英語辞典編集者・批評家・詩人のサミュエル・ジョンソン博士の名言は今でもそのまま生き続けている。

2012年3月

編者

ロンドンを旅する60章

目次

第Ⅰ部　ロンドン・倫敦・London

第Ⅱ部　歴史都市ロンドン

第Ⅲ部　政治・経済都市ロンドン

第Ⅳ部　文化都市ロンドン

第Ⅴ部　芸術都市ロンドン

第Ⅵ部　文学都市ロンドン

第Ⅸ部　スポーツ都市ロンドン

第Ⅹ部　若者のファッション都市ロンドン

第Ⅰ部

ロンドン・倫敦・London

1 バッキンガム宮殿

――その来歴とジョージ4世

イギリスにとって最大の遺産は英語と観光であるといわれる。英語は世界の共通語になりつつあるし、2010年にロンドンを訪れた人は1460万人に及び、1兆円以上の金をロンドンに落とした。観光の最大の目玉は、華やかな衛兵の交代式で知られるバッキンガム宮殿であろう。ロンドンを訪れる観光客は、まず始めにこの宮殿の歴史と衛兵の交代に見られる伝統の重さを噛みしめてから、繁華街に繰り出すことになる。その中心、ピカデリー・サーカスに立つと、弧を描いて曲がる独特の通り、リージェント・ストリートの景観が先ず人々の度肝を抜く。このあたりの整然とした街並みは、古都ロンドンの威厳を示すと同時に、ロンドン子の誇りの象徴でもある。この通りをさらに進むとオックスフォード・サーカスを経て広大なリージェンツ・パークに至る。反対側に目を転ずれば、トラファルガー海戦の英雄、ネルソン提督の記念柱が聳えるトラファルガー広場が見える。

ところで、いまここにあげたロンドン観光の中枢をなす部分がほとんど一人の国王の手によって作られたということをご存じであろうか。その国王とはハノーヴァー王朝第4代国王ジョージ4世（在位1820～30）である。父ジョージ3世は長年精神病に苦しみ、最後の10年間は痴呆状態で政務に就くどころか、錯乱状態になってストレイト・ジャケットという精神病患者に着せる拘束衣を着せられる有様であった。このために1810年からの10年間は皇太子のジョージがプリンス・リージェント、すなわち摂政として政務を執った。ロンドンの街並みを現在のように整備したのはこのプリンス・リージェント、後のジョージ4世であった。リージェンツ・パークからリージェント・ストリート、ロワー・リージェント・ストリートなどは摂政時代のジョージの功績を記念するためにつけられた名称なのである。

国王になってからの事業で、まず第一にあげられるのがバッキンガム宮殿の大改修であった。バッキンガム宮殿は英国王室の代名詞のようになっているが、正式に宮殿になったのは、これより

01 トラファルガー広場に立つジョージ4世の像

あと、ヴィクトリア女王が即位した1837年のことである。英国王のロンドンの宮殿は、最初ウェストミンスター宮殿、次いでホワイト・ホール宮殿、セント・ジェイムズ宮殿と変遷してきた。バッキンガム宮殿は、もともとバッキンガム公ジョン・シェフィールドが1705年に建てた私邸バッキンガム・ハウスを、王ジョージ3世が1761年に、王妃のために買い取ったもので、15人の子供のうち14人がここで生まれ、クィーンズ・ハウスとも呼ばれていた。

ジョージ4世は、建築家ジョン・ナッシュに命じて、バッキンガム・ハウスを国王にふさわしい豪壮な宮殿に建て替えることにした。ナッシュは、ジョージ4世の皇太子時代の宮殿、カールトン・ハウスを解体し、その跡地にカールトン・ハウス・テラスという高級住宅を造り、そこから上がる収益をバッキンガム・ハウスの増改築費用に充てるという案を出した。バッキンガム宮殿の構想が実現に向かって進み始めると、これをバネにロンドン各地にいろいろな動きが始まった。カールトン・ハウスの正面玄関を飾っていたコリント式円柱はナショナル・ギャラリーに寄贈され、現在のナショナル・ギャラリーの正面を飾っている。家具・調度品はバッキンガム・ハウスに移され、扉などの内装品はウィンザー城を飾ることになった。

バッキンガム・ハウスの東側正面に凱旋門がつくられた。これはヴィクトリア女王が

02 世界中の観光客が集まるバッキンガム宮殿

住み始めてからは、ハイド・パークの北東の角に移された。これがロンドン地下鉄の駅名にもなっているマーブル・アーチである。

ジョージ4世は建築だけでなく、芸術や文化にも理解があり、1822年に大英博物館が拡張されたときも、またその翌年にナショナル・ギャラリーが設立されたときも、そのスポンサーになった。最後の7年間はウィンザー城に超一流の飾りや調度品を集め、そこをヨーロッパで最もすばらしい宮殿の一つに仕上げた。

トラファルガー広場では威厳あるジョージ4世の騎馬像が、人々を見守っている。この広場は、バッキンガム宮殿に王室の馬子屋を付設することになった時に、市中心部のチャリング・クロスにあった元の王室の馬小屋、ロイヤル・ミューズを取りこわして作ったもので、この広場も、またバッキンガム宮殿大改修の遺産なのである。このように考えると、今日のイギリスの観光はジョージ4世の貢献抜きでは考えられない。

このような功績を残したジョージ4世であったが、摂政時代も含めて、国民からこれほど嫌われた王はいなかった。死んだときでさえ悲しむ人はいなかったと言われる。『ロンドン・タイムズ』紙は「子として、夫として、親として、国民として、国王として、そして友として、最低の人」と酷評した。それもそのはずで、父ジョージ3世は皇太子ジョージの放蕩——高額のギャンブル、常軌を逸した女狂い、莫大な借金——に胸を痛め、心労の揚句に正気を失ったと言われている。ジョージの借金はけた外れで1793年当時で40万ポンド、王室歳費83万ポンドの半額に達していた。国王は、正式な結婚をすれば借金を棒引きするとの条件を出した。ジョージはこれを受け入れて、従姉妹のキャロライン・オヴ・ブルンスウィックと結婚した。二人の間には長女シャーロットが生まれたが、その3カ月後ジョージは一方的に別居を宣言して、昔の愛人とよりを戻してしまった。その後キャロラインとの仲はもつれにもつれて、国政を巻き込んで大スキャンダルへと発展していった。ジョージ4世とナッシュが全力を傾けて改築に取り組んだバッキンガム宮殿であったが、ジョージ4世はその完成を見ることなく1830年に世を去った。ジョージが死ぬと、ナッシュもまた膨大な建設費用が議会で問題にされ、建築設計の任を解かれた。

彼の跡を継いで国王となった弟のウィリアム4世は、長年海軍に所属していて、セイラー・キングと呼ばれ国民に親しまれた。派手好みだった兄とは逆に、質素な性格で、兄が心血を注いだバッキンガム宮殿には関心を持たなかった。ウィリアム4世の死後、姪のヴィクトリアが即位し、完成したバッキンガム宮殿に住み、バッキンガム宮殿の歴史がスタートした。しかし1861年に最愛の夫君アルバート公が世を去ると、ヴィクトリア女王は公の席を避け、ワイト島のオズボーン・ハウスやウィンザー城に住むようになり、バッキンガム宮殿は約40年間に渡って半ば閉鎖されたようになる。跡を継いだエドワード7世の時にようやく活気を取り戻し、増改築も行われ、ジョージ5世、ジョージ6世、エリザベス女王と引き継がれてきた。とりわけ、ジョージ6世が第二次世界大戦中、ドイツ軍の空爆を何度か受けながら、この宮殿に踏みとどまって決意のほどを見せたことは有名である。

（長尾輝彦）

03 当時の雑誌には戯画化されたジョージ4世の姿がたくさん見られる

◆ブックガイド◆

・君塚直隆『ジョージ四世の夢のあと――ヴィクトリア朝を準備した「芸術の庇護者」』中央公論新社、2009年

2 ロンドン塔
——9日間の女王ジェイン・グレイ

ロンドン塔は、多くの王侯貴族が幽閉されたり処刑されたりした場所として有名である。夏目漱石の短編『倫敦塔』は、ロンドン塔を訪れた旅行者が、そこに幽閉された人たちに思いをはせているうちに、幻想が浮かび、その幻想の中にジェイン・グレイ（夫の姓でダドリーと名のる）が現れるという設定になっている。

幽閉と処刑の場であっただけでなく、それとは正反対に、即位した国王が戴冠式までの数日をここで過ごすという悦ばしい慣習もあったらしい。１５４７年1月31日、ヘンリー8世の死が議会に報告され、その子エドワードの即位が宣言されると、エドワードはロンドン塔に入った。大勢の貴族があつまって臣下の誓いの儀式が行われた。そしてヘンリー8世の葬儀の4日後、2月20日に、ウェストミンスター寺院でエドワード6世の戴冠式が行われた。

エドワード6世が1553年7月6日になくなると、その後を継ぐはずだったジェイン・グレイはサイオン・ハウス（ロンドン西部にあったダドリー家の屋敷）からテムズ川を船でくだり、ロンドン塔に入った。そして7月10日、イングランド女王としての即位が宣言された。しかしその9日後の7月19日に運命の反転が待っていた。一転してロンドン塔の囚人となり、7カ月後の翌年2月12日に斬首になるという恐ろしい運命が待っていた。17歳という若さで。

ヘンリー8世の二人目の王妃アン・ブーリン（エリザベス女王の母）もこのロンドン塔で、同じような運命の反転を甘受せざるをえなかった。1532年6月1日の王妃の戴冠式に備えて、アン・ブーリンは当時グリニッジにあった宮殿から、ヘンリー8世とともにロンドン塔に入った。二人の船に従う船は4マイルの列をなしたという壮大な行列であった。それがなんと3年後の1536年5月2日には、グリニッジ宮殿で罪状を知らされ、同じルートでグリニッジから船でロンドン塔に入り、ロンドン塔のグレート・ホールで裁判が行わ

01

れ、5月19日に処刑された。

話は戻るが、ルネッサンス人文主義の真摯な学徒で、政治的野心など持ち合わせなかったジェイン・グレイがこのような悲劇に遭遇したのには、イギリスの宗教改革と英国王位継承の事情が背景にあった。ヘンリー8世は最初スペイン王女カタリーナ・デ・アラゴンと結婚し（このときもふたりは戴冠式の前夜をロンドン塔で過ごしている）、10年のうちに6人の子供が生まれ、うち二人は王子であった。しかしいずれも生後まもなく死に、一人生き残ったのは王女メアリーだけであった。このときまで英国王室の歴史に女性が国王になったことは一度もなかった。テューダー朝の王位継承を確保するためにどうしても王子が必要であるとヘンリーが考えたことは想像に難くない。これがカタリーナとの離婚、それに付随して、ローマ教会との訣別、英国国教会創設という英国特有の宗教改革につながった。

1547年にヘンリー8世が死んだとき彼の子供は、カタリーナとの間に生まれたメアリー（31歳）、アン・ブーリンとの間に生まれたエリザベス（13歳）、ジェイン・シーモアとの間に生まれたエドワード（9歳）であった。メアリーとエリザベスはいずれも非嫡出子とされ、王位継承者からはずされていたが、最終的にはエドワードに続く王位継承者になった。このエドワードの時代に英国国教会はその土台を着実に築いた。エドワード6世が15歳の1553年1月、重い病気にかかったときに王位継承の危機がきた。この当時、40人の顧問官からなる枢密院が最高議決機関であり、そのリーダーであったノーサンバランド公ジョン・ダドリーが事実上の政治的実権を握っていた。やがてエドワードは「王位継承のディバイス」という遺言を書き、メアリーとエリザベスを、非嫡出子であるという根拠で王位継承者から除外し、ジェイン・グレイ（ヘンリー8世の妹の孫）を王位継承者に指定した。時を前後して、ジョン・ダドリーの息子ギルフォードがジェイン・グレイと結婚した。このことから、これら一連の出来事はすべてジョン・ダドリーの野心によるものと考えられてきた。しかし、「王位継承のディバイス」には稚拙なところがあり、エドワードが自分で考えたものだったという見方も可能である。カトリックを頑強に守りぬくメアリーに王位を譲ることはできないとエドワードが考えていたことは確かである。ジョン・ダドリーはひたすら王への忠誠心からその遺言に従っただけなのかもしれない。事の真相は歴史の謎である。

いずれにせよ、7月6日にエドワード6世が死ぬと、枢密院はジェイン・グレイを王位継承者に指名し、すでに述べたようにジェイン・グレイはロンドン塔に移され、戴冠式を待つことになった。それにしてもジョン・ダドリーはメアリーの動きを予測できていなかった。メアリーは弟の死を知らされてもロンドンには行かず、カトリック支持の実力者で第三代ノーフォーク公トマス・ハワードの勢力下にあるイースト・アングリア

02

03

に赴き、支持者を募った。まだ至る所にカトリック勢力がいたし、メアリーが正当な継承者であって宗教問題は二の次だと考える者も多かった。メアリーがケンブリッジ近くのソーストン・ホールという館にいるとの情報を得たジョン・ダドリーが急ぎ兵3000をかき集めてこの館を急襲したが、メアリーを捕獲できなかった。しかもこの館はカトリック信徒のジョン・ハドルストンの家で、当時のカトリックの常識として、抜け穴、隠し部屋など忍者屋敷さながらであった。メアリーは間一髪乳搾り女に変装して脱出したという。メアリーのもとには2万の勢力が集結していた。ロンドンに残っていた枢密院はことの重大性を知って、先の決定をひるがえし、メアリーを継承者にすることを決定し、その旨をメアリーに伝えた。7月19日のことである。このためにロンドン塔のジェイン・グレイは戴冠式を待つ身から一転、ロンドン塔の囚人になってしまった。枢密院に裏切られたジョン・ダドリーもあっさり降伏し、反逆者として処刑される。かつて王の後見人として実権を握っていたエドワード王の伯父エド

02 ロンドン塔敷地内の刑場に向かうジェイン・グレイ

03 船で乗り入れた反逆者の門

ワード・シーモアを失脚させて葬り去り、実権を奪取した男の末路であった。

ジェイン・グレイとギルフォード夫妻はすぐには処刑されなかった。メアリーには、この近親者を処刑する意図はなかった。しかし、メアリーがカトリック宗主国スペインの皇太子フェリーペ（後のフェリーペ２世）との結婚を表明すると、プロテスタント勢力の間に危機感が広がり、翌１５５４年1月26日、メアリーの廃位を目的とするワイアットの反乱が起きた。その反乱にはジェイン・グレイの父親サフォーク公ヘンリー・グレイも名を連ねていた。反乱は鎮圧されて首謀者は処刑されたが、同じような反乱の起きることを防ぐために、ジェインとギルフォードも2月12日に処刑された。これがメアリーによる血の粛清の始まりとなり、英国民の心に、カトリックに対する恐怖と偏見を、深く長く刻みつけることになる。数年後メアリーの突然の死によってその悪夢が終わり、エリザベス女王の治世へと移り、再びプロテスタント国になると、ジェイン・グレイはその殉教者という地位を得ることになる。

ギルフォードとともにロンドン塔に収監されていたダドリーの息子たちは許されて釈放された。その一人が後にエリザベス女王の寵愛を一身に集めることになるレスター伯ロバート・ダドリーである。

（長尾輝彦）

◇ブックガイド◇

- 夏目漱石『倫敦塔・幻影の盾』新潮文庫、１９５２年

コラム 01

夏目漱石とロンドン塔

吉岡栄一

地下鉄のタワーヒル駅で降り、地下道を通って地上に出ると、いくつもの尖塔が空にむかってそびえ立っていた。視線を下に移すと、要塞さながらの堅固な城壁にかこまれた灰白色の城が、圧倒的な迫力で視野をふさいできた。ロンドン塔だ。右手にはテムズ川がゆったりと流れ、タワー・ブリッジが斜陽に染まりはじめていた。政治犯や反逆者などが処刑された監獄としても使われた血なまぐさい歴史があるせいか、ロンドン塔にはどことなく妖気がただよっている。

夏目漱石がこのロンドン塔を見物に訪れたのは、日記によれば1900（明治33）年10月31日のことである。国費留学生としてロンドンに到着してから2日後のことであった。漱石はこのときの印象を「倫敦塔」という小品にまとめ、1905（明治38）年1月号の『帝国文学』に発表したが、厳密にいえばこの作品は小説ではなく、歴史的な空想をまじえて書いた、小説とエッセイの中間のようなものである。いまは『倫敦塔・幻影の盾』（新潮文庫）で読むことができる。

「倫敦塔」を読むかぎり、このときのロンドン塔訪問はなかなかの難儀であったようだ。ロンドンに着いたばかりで、地理も方角もまったく分らないので、一枚の地図をたよりに人に聞きながら、ようやくたどり着いたらしいのだ。漱石はそのときの心細さとみずからの神経過敏ぶりを、「倫敦塔」の導入部で次のように書いている。「まるで御殿場の兎が急に日本橋の真中へ抛り出された様な心持ちであった。表へ出れば人の波にさらわれるかと思い、家に帰れば汽車が自分の部屋に衝突しはせぬかと疑い、朝夕安き心はなかった」。この比喩的ないささか誇張した言い方には、のちに漱石がかかる重い神経衰弱を予感させるところがある。それと同時にここには、日の沈むことがないといわれた大英帝国の中心地で、後進国からきた青年たちが感じたであろう気後れ、困惑、コンプレックスなどが凝縮されて表現されている。

漱石は「倫敦塔」のなかで、それぞれの塔や門、広場や部屋、武器陳列場や甲冑などにまつわる歴史的な由来を、想像力の翼をひろげ古典を引用したりしながら語っているが、そのなかでも圧巻はボーシャン塔のなかの監獄と処刑された王族についての記述である。「余が想像の糸をここ迄たぐって来た時、室内の冷気が一度に脊の毛穴から身の内に吹き込む様な感じがして覚えずぞっとした。そう思って見ると何だか壁が湿っぽい。指先で撫でて見るとぬらりと露にすべる。指先を見ると真赤だ。壁の隅からぽたりぽたりと露の珠が垂れる。床の上を見るとその滴りの痕が鮮やかな紅《くれな》いの紋を不規則に連ねる。十六世紀の血がにじみ出したと思う」。

これはいうまでもなく空想体験でしかないが、漱石の神経質で霊的なものへの病的な感応力も想起させる一節である。2年にわたった官費留学の終わりごろに、「夏目狂セリ」と文部省に打電されたように、漱石の留学生活はけっして愉快なものではなく、発狂寸前までいったといわれている。実際、漱石みずから『文学論』（岩波書店版『漱石全集』第十四巻）の「序」に、次のように書き残しているからである。「倫敦に住み暮らしたる二年は尤も不愉快の二年なり。余は英国紳士の間にあつて狼群に伍する一匹のむく犬の如く、あはれなる生活を営みたり」。

3 ロンドン橋が落っこちた

——テムズ川とロンドン

早朝のウェストミンスター橋からのテムズ川の眺めに、ウィリアム・ワーズワースが「これよりも美しい場所は地上にはない」とその詩の中で詠嘆したのは今からおよそ二百年前、1802年のことだった。その当時のウェストミンスター橋はまだ石橋だったが、1862年には鉄製の橋に架け替えられた。テムズ川は見て美しいばかりでなく、品格にもあふれている。古来イングランドの王族の重要な交通路としても用いられ、歴代の王や女王たちは、ハンプトン・コートやウェストミンスターとロンドン中心部との行き来にこの川を通ったのであった。やがて18世紀になるとロンドンはイギリスの貿易の最大の港となり、ロンドン中心部のテムズ川は船舶の交通量で世界最大を誇った。ロンドン東部には工業地域を抱えていたため、工業の発展とともに19世紀には川の汚染や悪臭がひどくなってきたが、その後下水道を新設するなどの結果、今日のテムズ川は都市の川としては世界でも水質がいいと言われている。

ところで、イギリス最長の川といえばセヴァーン川でウェールズからイングランドまで全長354キロメートルに及ぶ。テムズ川はそれに次ぐ全長346キロメートルで、イギリスで二番目に長い川である。グロースターシャーのコッツウォルズ地方のケンブル村付近を水源とするが、テムズヘッドと呼ばれるこの水源は普段は枯れていて水を見ることはできない。

20世紀初頭、1930年代の夏に目を向けてみよう。テムズ川のタワー・ブリッジ周辺には大量の砂地が広がっていた。そこはいわば川辺の砂浜であった。休日に海まで足を伸ばしづらい人々にまさに海辺の代わりを提供することとなった。海からの潮が寄せては返し、あたかも海水浴場さながらであったという。俗にタワー・ビーチとも呼ばれたその浜はしかしながら、衛生上の理由から1950年代には閉鎖されてしまった。

一方、テムズ川のかつての冬の風物詩としては、フロスト・フェアー（霜の祭典）があった。17世紀から18世紀にかけてテムズ川は冬になるとよく凍結していた。ロンドン橋の橋脚に遮られて周辺の水の流れが遅くなったためとも言われている。凍結した川の氷上では1607年に初めてのフロスト・フェアーが開催されて出店が並び、スケートなどができた。記録によれば1814年以降は凍結しなくなった。

さらにテムズ川とロンドンの歴史を遡ろう。今からおよそ二千年前、ブリテン島にアングロ・サクソン人が到達する何百年も前のこと、島の住民は主にケルト系の部族たちであった。その頃のローマ帝国は海を越えてブリテン島までその領地を広げていった。この島の南部、今のケントの海岸に上陸したローマ軍は当初、現在ロンドンがある場所に町を造る意図は持ち合わせてはいなかった。紀元前54年、二度目のブリテン遠征時にケント周辺に上陸したジュリアス・シーザーは北上を続けるや、当時はタメシス川と呼ばれていたテムズに行く手を阻まれたのだった。『ガリア戦記』の記録はあいまいだが、今日のウェストミンスターあたりの浅瀬を引き潮の時に歩いて渡ったとも言われている。結局シーザーはテムズに橋を架けることもなく、それどころかロンディニウム（ロンドンのラテン語名）には一切言及することなくブリテン島を後にしたのだった。それからおよそ百年後、紀元47年になってローマ人の手によりロンドン周辺に初めての木の橋が完成した。正確な場所は分かっていないが、現在のロンドン橋のあたりと考えられている。重要な橋を守るために川の北側にローマ軍の野営地が設営され、やがて港も造られた。こうしてテムズ川のほとりに現在のロンドンの元となるローマ軍の居住地ができていった。紀元１００年頃にはついに町を守る石の城壁が東西と北に建てられ、テムズ川はその南側の守りを担うこととなった。今日ロンドンの金融の中心部をスクエア・マイル（平方マイル）と呼ぶことがあるが、その呼び名はこのローマ時代に造られた城壁内の広さに由来するのである。

　ロンドンのテムズ川に関してもっとも有名なものと言えばロンドン橋であろう。ウェストミンスター橋の東側の川下にあって、シティー[*1]とサザークを結んでいるのがその橋

＊1　ロンドン中心部の一地区で、イギリスの金融・商業の中心地。

である。前述の最初の橋からおよそ二千年近くもの間ロンドン橋のみがロンドン市内を流れるテムズ川に架かる唯一の橋でもあった。18世紀になって、ロンドンの西のフラムに木造のパトニー橋が架けられたのが１７２９年で、その後石造りのウェストミンスター橋が１７５０年に完成した。

有名な童謡「ロンドン橋が落っこちた」という言い伝えには幾通りもの説がある。たとえば、かつてのロンドン橋は木製だったので、嵐や川の氾濫で流されたり、あるいは町の防御の理由からあえて焼き落とされたりした。こうしてたびたび架けかえられたことがこの童謡の元となったというものである。ところでスカンジナビアの伝説ではこうである。10世紀頃、ヴァイキングたちが海からテムズを遡ってたびたびロンドンを襲撃してはアングロ・サクソン人を悩ませていた。航海術に長けていたヴァイキングたちは、海からテムズ川を遡る満ち潮に乗ってやってきて引き潮で帰って行ったが、これらの潮流は大変勢いがあったのでほとんど櫂を漕ぐ必要さえなかったという。ある時ヴァイキングの大群が海からテムズを通ってロンドンまでやってきた。彼らは自分たちの船を古い木造のロンドン橋の橋脚に縛り付けた。そして引き潮に乗っていっせいに海の方へと漕ぎ出した。あまりの勢いにロンドン橋は彼らの船に引かれて強奪されてしまった。これがあの童謡の起源と信じる人も少なくない。

石造りのロンドン橋は13世紀に完成したが、建設には莫大な費用がかかった。そこで王は維持費を捻出するために橋の上に家や商店を建てることを許可し、家賃を取ることにした。当時の橋は、今日で言えばあたかもイタリアはフィレンツェのベッキオ橋をもう少し大きくして混雑させたようであった。古いロンドン橋はそれでも狭いうえ行きかう人で混み合っていた。そこで1722年に市長は通行のための規則を作った。シティーへ向かう馬車などは橋の西側を通行し、出て行くものは東側を通らねばならないというものだった。これはすなわち、通行するには橋の左側に寄らねばならないことであり、こうしてイギリスで左側通行の原則が初めて制定された。やがて19世紀前半に新たな石造りのロンドン橋に架け替えられ、さらに1972年にはコンクリート製となって、現在に至っているのである。

（木村聡雄）

◇ブックガイド◇

- 相原幸一『テムズ河』研究社、1989年
- ガヴィン・ウェイトマン『図説　テムズ河物語』植松靖夫訳、東洋書林、1996年
- 岩崎広平『テムズ河ものがたり』晶文社、1994年

4 ハイド・パーク
――ロンドンの憩いの場

ハイド・パークの今昔

ハイド・パークは、ロンドンに8つあるロイヤル・パークの1つで、面積は350エーカー（142ヘクタール、東京上野公園の約2・7倍）に及ぶ。ハイド・パークとケンジントン・ガーデンズ、グリーン・パーク、リージェンツ・パーク、セント・ジェイムズ・パークは、ロンドン中心部にある最大の公園である。ブッシー・パーク、グリニッジ・パーク、リッチモンド・パークは、ロンドン郊外にある。1851年の王室土地法[*1]により、市民は自由にロイヤル・パークに出入りすることができるようになった。現在では、いずれのロイヤル・パークも、ロンドン市民の憩いの場となっている。

＊1　Crown Lands Act。

およそ900年前のドゥームズデイ・ブックの時代には、現在のハイド・パーク一帯はウェストミンスター寺院の僧侶達の所有であったが、ヘンリー8世は、1536年に彼らからハイド・パークを接収して手中に収め、その一部は売却したが、ケンジントンからウェストミンスターへ広がる広大な一帯を狩り場とした。国王やその廷臣達が鹿狩りをするのが見受けられた。ジェイムズ1世が即位するまでは王室所有の私的な狩り場であったが、維持管理のために、公園管理者が任命された。この王室の狩りの伝統は、エリザベス1世の時代まで続き、1625年のチャールズ1世即位までは公園の外観は殆ど変わらなかった。

公園の本質を大きく変えたのはチャールズ1世であった。リングと呼ばれる外周を巡る道を作り、王室メンバーが馬車で通行できるようにした。1637年には、一般に公開されて、すぐにファッショナブルな場所となった。ピューリタン革命時（1642〜49年）には議会派軍が要塞を造り、王党派の攻撃からウェストミンスター地区を守るために東側に要塞工事を施したが、現在でもパーク・レイン近くにその面影を見ることが出来る。1652年、ハイド・パークは議会の命により三つに分割され売却されたが、当時は、園内での馬車レースがとても人気があった。

1660年の王政復古で再び王室所有となったが、チャールズ2世は木製のフェンスを煉瓦の壁に初めて置き換えた。黒死病の発生した1665年には、多くのロンドン市民がシティーを逃れてハイド・パークで野営生活をしたりもした。

1689年にウィリアム3世が国王になると、大きな変化が生じた。公園の西端にあるノッティンガム・ハウスを購入して、それをケンジントン宮殿と命名してロンドンでの主要な居所としたのであった。宮殿からウェストミンスターに至るルートを公園内に造り、300個の石油ランプを設置し、その通りは、イングランドで初めて夜に人工的に明かりが灯された通りとなった。当時は追いはぎが横行しており、ウォルポールも、銃で脅されて腕時計と現金を奪われている。この通りは、後に無法の通りを表すロットン・ロウ（Rotten Row）として知られることとなる。

今日の印象的な特徴の多くは、ジョージ2世の王妃キャロラインによるものである。王妃は熱心なガーデナーであったが、1728年にケンジントン・ガーデンズを作るために、ハイド・パークからおよそ300エーカーを分離した。1730年代には、サーペンタイン（the Serpentine）を造営したが、当時の人工池は、通常長く真っ直ぐであったが、これはより自然に近く、文字通り蛇のように曲がりくねっている。以降、このより自然なスタイルは、国中の公園や庭園で模倣された。

その後、ハイド・パークは1820年代までほぼ形を変えてはいないが、ジョージ4世は改装を命じた。ナポレオン戦争勝利を記念して、ハイド・パーク・コーナーに記念入場門《グランド・エントランス》とウエリントン・アーチを造らせたが、後者は現在では、ハイド・パーク・コーナーにある大きなラウンドアバウトの内側に移されている。また、公園の壁は欄干で置き換えられた。同じ頃、サーペンタインに橋が架けられて、ウエスト・キャリッジ・ドライヴという新しい道で、ケンジントン・ガーデンズと公式に分けられた。スピーカーズ・コーナーの向かい側にあるマーブル・アーチも、同時期に造られたものである。

歴史を見守る

ハイド・パークは、様々な催しの開催地でもあった。1814年には、プリンス・リージェントはナポレオン戦争の終結を記念して花火大会を催した。1851年には、イギリス産業革命総決算ともいうべき世界で最初の万国博覧会が、クリスタル・パレス（水晶宮）で5月1日から10月15日にかけて開催された。ロットン・ロウ沿いに建てられたジョセフ・パクストンの設計によるこの鋳鉄製総ガラス張りの建物は、万博終了後（1854年）にロンドン南部のシデナム・パーク（現在のクリスタル・パレス・パーク）に移設・保存されていたが、1936年11月30日に焼失した。その瞬間を目撃したチャーチルは、「一つの時代が終わった」と呟いたと言われている。

1855年に、日曜取引法案に反対して15万人がハイド・パークの北東角に集結したが、当時は、集会を規制する法律がなかった。扇動的な弁士を逮捕する為に警察が到着した時には、彼は既に立ち去った後であった。何回かのデモを経て、集会の権利が認められて、1872年以降は、スピーカーズ・コーナーでは、いかなるテーマでも演説することが許されるようになった。1880年に、ヴィクトリア・ゲイトに犬の墓地が造られて、ケンブリッジ公爵夫人の愛犬が埋葬された。

1963年に、サーペンタイン・レストランがオープンして、1977年には、エリザベス女王の即位25周年記念博覧会が園内で開催されたが、1982年7月20日にはI

RAの爆破テロが発生して、11名が死亡し50名が負傷する悲劇が発生する。より最近では、2004年7月6日に、ダイアナ元皇太子妃のメモリアル・ファウンテンがオープンして、ロンドンで最も人気のある観光スポットになり、年間100万人が訪れている。これらの変化を除けば、現在のハイド・パークは、1820年代以降からさほど変化してはいないのである。

[2012年 ロンドン・オリンピックとの関連]

ロンドンのロイヤル・パークは、2012年のオリンピック並びにパラリンピックに於いて様々な競技が行なわれるが、ハイド・パークでは、トライアスロンと水上スポーツ（マラソン・スイミング）が行なわれることになっている。

（宇野　毅）

◆ブックガイド◆

- 小池滋監修『イギリス』新潮社、1992年
- 黒岩徹・岩田託子編『イギリス』河出書房新社、2007年
- 宇野毅『現代イギリスの社会と文化――ゆとりと思いやりの国』彩流社、2011年

5

ロンドン子の「ホーム・スイート・ホーム」

——〝城〟への思い入れと住宅事情悪化のはざまで

《ホーム・スイート・ホーム》は、200年近くもロンドン子が口ずさんできたイングランド民謡である。この歌は、イギリスの作曲家、ヘンリー・ローリー・ビショップが1823年、アメリカ人ジョン・ハワード・ペインの詞に曲をつけて生まれた。歌はイギリスにとどまらず、世界中の人々に愛され、うたい継がれてきた。日本では《埴生の宿》として知られ、親しまれている。

《ホーム・スイート・ホーム》は、「わが家（ホーム）ほどいいところはない」と、うたう。アメリカ南北戦争（1861〜65年）のさなか、戦闘に疲れた兵士たちが川をはさんで、敵味方を問わずにこの歌をうたい、心をひとつにしたエピソードは有名である。

また、日本映画《ビルマの竪琴》（竹山道雄原作）では、太平洋戦争終結直後にビルマで捕虜となった日本軍兵士たちが、望郷の念やみがたく、収容所で「埴生の宿」を連日合唱し、柵越しに聞いていた現地の人と心を通い合わせた姿が描かれている。

《ホーム・スイート・ホーム》は、争いのない平和で幸せな日々を切望し、故郷のわが家を最良の地とする人々の深い思いを象徴する歌となった。

ロンドン子も、《ホーム・スイート・ホーム》に特別の思いを寄せる。そう、彼らにとって、「家（ホーム）」には、何ものにも代えられない、大切な意味がある。

「ホーム」は安心して本当の自分を出せる、唯一の場所。だから、借家ではなくて、「自分のもの」でなくてはいけない――。イギリスではそんな考え方が浸透しているため、伝統的に「持ち家率」が高い（2001年当時で72・5％）。国民は若いころから早々と家を購入するのが一般的だった。

だから、ロンドンでも20代の若いカップルが中古の家を買い、長い時間をかけて、自分たちの手で壁紙を張り替えるなど改装し、「ホーム」をつくり上げていく姿は珍しくなかった。また、ガーデニングの腕前を発揮して独創的な庭を作るロンドン子も多い。庭には高い塀をめぐらせて、自分たちだけの独立した空間にする。

01 ロンドンの家並み。表通りからは、裏にある庭は見えない

他人に容易に心を開かないロンドン子は、こうして自宅で家族やごく親しい友人たちと、プライベートな時間を楽しむのである。

イギリスには、《ホーム・スイート・ホーム》の歌同様に、「イギリス人の家は城（an Englishman's home is his castle）」という、だれでも知っていることわざがある。

「城」と呼ぶほど自分の家に思い入れの強い国民性の背景には、実はきわめてイギリス的な歴史があった。

このフレーズを最初に口にしたのは、17世紀イギリスで、国王ジェイムズ1世の統治下に「権利の請願」を起草した法律家、サー・エドワード・コークである。

当時のイギリス社会では、商人階級と富農の台頭によって国民の権利意識が高まっていた。しかし、国王は「王権神授説」をふりかざして絶対王政を継続、国の財政事情向上のためとして徴税を強化し、国民を苦しめた。

その時、下院議長を務めていたコークが「王権も法の下にある」と唱え、たとえ国王であっても、国民の権利と自由を蹂躙することはできないと主張。議会の同意なしに国王が単独で政策を遂行することを無効にする「権利の請願」を1628年、起草したのである。

「権利の請願」はその後、名誉革命を経て1689年に「権利の章典」に引き継がれ、

02 ロンドンの平均的な家庭の庭。塀と樹木に囲まれて、独立した空間になっている

イギリスは正式に、国王の権限が議会に制約される立憲君主制に移行する。

コークは、著書『イギリス法提要』の中で、国民の諸権利を法的に保障する枠組みを著したが、その中で、「家（ホーム）は国民にとって、いちばん安全な〝避難所〟である」と記し、家を城に見立てたのである。家は国民ひとりひとりの権利と自由が保障される場所であり、国王ですら、決して個人の家に立ち入ることはできない、との考え方だ。

つまり、「家（ホーム）」は、イギリス人にとって、権力に抗して人間の自由と独立を勝ち取った闘いの象徴なのであり、「自由のとりで」の意味を持つ。その精神が、４世紀を経た現在に至るまで、継承され続けたわけだ。

ところが、近年、悲しいことに、この伝統に「異変」が起きている。住宅事情が悪化して、ロンドン子が「ホーム・スイート・ホーム」を手に入れることはきわめて困難になっているのだ。

イギリスの住宅価格は、20世紀末から今世紀にかけて好況の波に乗り、上昇し続けた。２００７年の金融危機をきっかけに経済が停滞局面に入って以降、住宅価格はやや下落したが、それでも若い人には簡単に手が出ない。しかも、不況下で銀行は住宅ローンを貸し渋り、住宅価格の約20％の頭金の支払いを条件とするようになったため、家を買うことはますます難しくなった。

住宅購入の平均年齢は、かつてのよき時代には23歳だったが、今では35歳に上昇、それ以下の年齢で家を買えるのは、親から資金援助してもらえる人のみ、という悲惨な状況に落ち込んでしまった。こんな現状を、イギリス・メディアは皮肉をこめて「住宅購入が可能なのは、〝ママ・パパ銀行〟の後ろ盾のある人のみ」と形容している。

さらに、ロンドンでは、ロシアや中東諸国、最近では中国からの富豪がチェルシーなど中心部の住宅を買い占めているため、イギリス人は輪を描くように周辺部に追いやられ、それが郊外の住宅価格を押し上げる、という悪循環を繰り返している。

ロンドン中心部の住人は金持ちの外国人ばかりで、ロンドン子の姿はない。ロンドン子は「城」を持ちたくても持てない、と悲鳴を上げているのである。

このような状況に対応して、イギリス政府は建設業界に働きかけ、住宅の2割分を政府と建設会社が購入して、国民には8割の価格で売り出す、といった「共有住宅」の提供に熱心だ。

また、金融機関も、「ママ・パパ銀行」の融資者（親）を対象にしたローンや、初めて家を購入する人向けの期限付き低率住宅ローンを開始するなど、様々な手を打っている。

ロンドン子はかつてのように、《ホーム・スイート・ホーム》を口ずさむだけではいられなくなった。長い伝統のある「自由のとりで」を、ロンドン子は守り切れるかどうか――。厳しい状況が当分、続きそうな様相である。

（阿部菜穂子）

◆ブックガイド◆

- ピーター・ミルワード『イギリス人と日本人』別宮貞徳訳、講談社現代新書、1978年
- 青山吉信・今井宏編『新版概説イギリス史』有斐閣選書、1991年
- 阿部菜穂子『異文化で子どもが育つとき』草土文化、2004年

コラム
02

ロンドン子は日本食が好き

阿部菜穂子

ファスト・フードを食べるべきか、食べざるべきか――。2011年秋、ロンドン子は深刻な悩みに直面した。

というのも、同年9月から、イギリスのファスト・フード店が軒並み、メニューにカロリー数値を表示するようになったからである。マクドナルドのハンバーガーやKFC（ケンタッキー・フライド・チキン）の鳥の唐揚げは、ロンドン子の大好物。しかし、店のカウンター上の掲示板に、ビッグ・マック490カロリー、フライド・ポテト330カロリーなどと書かれているのを見ると、腕組みをして考え込んでしまう。

さらに、ほどなくしてイギリスの「老舗」であるフィッシュ・アンド・チップス店やファミリー・レストラン、パブも「カロリー数値表示」を始めた。ロンドン子たちは昼食や夕食のたびに、いちいちカロリーを気にしなければならなくなった。

こんな事態を招いたのは、イギリスにまん延する「肥満」問題が原因である。いまやイギリスは、欧州一の「肥満大国」。その大きな原因は、ファスト・フードに代表される油っこい食品にあるとして、政府がレストラン業界に働きかけ、合意にこぎつけた結果が「メニューのカロリー数値表示」だった。

アメリカ生まれのファスト・フードは、1980年代以降、イギリス社会で子どもから大人まで広く浸透。学校給食もファスト・フード化し、家庭の食卓から伝統的な食事が姿を消していった。背景には、イギリス人がもともと自国の食べものに対して淡泊だったことや、この時期に学校給食制度が民営化されたこと、女性解放運動の影響で家庭料理が軽んじられたこと、などがある。

しかし、その結果、肥満問題が起きた。学校給食については、数年前に若手シェフ、ジェイミー・オリバー氏が「給食革命」を起こしたことを契機に、細かな栄養基準が導入され、給食からファスト・フードは追放された。

この食生活改善の波が、大人に及んだのが、「レストランでのカロリー数値表示」だった。しかし、この措置は、ロンドン子の間ではきわめて評判が悪い。「国民の食生活に対する、国家の干渉だ」「メニューのカロリー数値表示は不愉快なだけ」と、強い批判が続出した。

代わりにロンドン子が選んだのは、「日本食」である。寿司、チキンやサケの照り焼き、味噌汁、そばなど、日本食はカロリーが低くて健康的、とのイメージが急速に広まり、手軽に日本食を食べられるチェーン店が次々に開店した。「ワガママ」、「イツ」など日本語名の店があちこちにできて、いずれも食事時には満員。

「ベントー・ボックス」も人気の的となり、ロンドンのオフィス街では、昼食時にベントーをほおばる男女の姿も珍しくなくなった。

カロリーを心配せずに、日本食を食べよう――。こんな「日本食ブーム」は、ロンドン子の間で当分、続きそうだ。

上：人気の高い焼うどん／下：枝豆

6

三人に一人が外国生まれ
――「国際都市ロンドン」から英国人が消える!?

ロンドンで地下鉄に乗っていると英語が殆ど聞こえてこないということはよく言われることである。中国語、タガログ語、ロシア語、ヒンズー語……とにかくいろいろな言語が声高に語られるのが聞こえるのに、駅のアナウンス以外に英語が聞こえてこない。というわけで「ここは本当に英語の国なのか？」と思ってしまう。

反対なのがレストラン。二人のビジネスマンが何やら話し込んでいる。一人は韓国人、もう一人はフィンランド人。そこへタイ人のウェイターが注文を取りに来る。三人とも英語を使っている……これもロンドンではよく見られる風景であり、「地下鉄」も「レストラン」もロンドンにおける外国人の存在感を示す風景である。「ロンドンは文化的な多様性においては世界一である」と観光パンフなどには書いてある。確かに外国人は多い。

2007年の数字であるが、ロンドン全体の人口が730万人、うち外国人（外国で生まれてロンドンで暮らす人）の数は230万人だった。ほとんど3人に1人が外国人というわけである。東京都庁の資料によると、2010年の時点における「外国人登録者数」は約48万人。人口が約1300万で、ロンドンの2倍なのに外国人の数は5分の1である。

ロンドンで暮らす「外国人」にも二種類ある。一つはビジネス目的でやってきた人たちで、ほとんどが白人ではあるが、中には中東や中国の超金持ちなどもいる。この人たちは市内に散らばって住んでおり、人種や出身国別に自分たちだけのコミュニティーを作っているということはない。ただ大都市ならどこにでもある「金持ち地区」で暮らしているケースもある。

そんなエリアの一つにナイツ・ブリッジがあり、中でも高級住宅地として開発中なのが「ハイド・パーク1番地」と呼ばれるエリアで、1億4000万ポンド（約180億円）もするマンションもある。2009年に売りに出され、すぐに買い手が見つかったとのことだったが、1億4000万ポンドというのはマンション価格としてはこれまでの最高記録ということで話題になった。誰が購入したのかについてはついに詳らかにされていないが、中東の石油成り金というのがもっぱらの噂である。寝室が6つあるこのマンションは、お隣の高級ホテルと地下道でつながっているので24時間、高級料理の

「宅配」ルームサービスも可能であるし、ガードマンは当然、英国の特殊部隊（Special Air Service：ＳＡＳ）で活躍した精鋭たちという具合である。

ロンドンで暮らす外国人のもう一つのグループがいわゆる「移民」である。ブレア首相率いる労働党政権が誕生した１９９７年から２００８年までの12年間で、英国の総人口が５８３０万人から６１４０万人へと増加したという統計がある。３１０万人の増加ということであり、全人口の５％ということでもある。はんぱな数字ではない。日本の人口が10年かそこらで５０００万人も６０００万人も増えるなどということは考えられないだろう。しかもこの12年間の「英国籍を持たない移民」の出入国の数字を見ると、入国者が５４０万人、出国者が２３０万人となっている。差し引き３１０万人の入国者増となる。つまり人口増とは移民の増加ということも言えるわけである。３１０万人のすべてが、貧困国からの移民というわけではないが、いまの英国における最大の政治問題が移民対策であることは間違いない。

インド、パキスタン、スリランカなど、かつての植民地からの移民の増加は１９６０年代にも見られたことであるが、あの頃はその多くがブラッドフォードのような北イングランドにおける繊維産業で働くためにやって来たものだった。それが英国の産業構造の変化に伴って、職を得られるのが、最近では製造業よりもサービス業が中心の南イングランド、特にロンドンということになっている。

ロンドンにおけるアフリカやアジアからの移民の場合はそれぞれのコミュニティーで暮らすケースが多い。いくつか紹介すると、アラブ系はベイズウォーター地区、西インド諸島系はブリクストン、バングラデシュ人はタワー・ハムレッツ、ポーランド人はランベス、イラク人はバーネット等々といった具合である。

いわゆる「移民」や「スーパー・リッチ」も含めて、ロンドンに外国人が多いことは確かなことではあるが、最近の傾向として外国人が増える一方で土着の英国人の数が減っているという現象についてはあまり語られていない。1997〜2007年の10年間で、外国人は163万人から230万人に増えている一方で、英国人は521万人から500万人へ、約20万人減っているのだそうである。なぜ英国人はロンドンを去るのか？　エコノミスト誌によると、外国人の富裕層がロンドン市内に住み始めて以来、住宅価格が大幅に値上がりしたことが影響している。ロンドンでは家を買えないという人はやむを得ずロンドンから出て行く。反対にロンドンに自分の家を持っている英国人たちは、家を売ってできたお金で「念願の田舎暮らし」を求めてロンドンをあとにする。

会社の引け時にロンドンのターミナル駅へ行って観察してみよう。仕事を終えた中堅サラリーマンとおぼしき人々がいそいそと電車に乗って田舎の我が家へ帰って行く姿が見られるはずだ。例えばパディントン駅から西へ向かう電車に乗ると、1時間強で大学町オックスフォードに到着する。ロンドン勤務のサラリーマンたちの中にはオックスフォードで降りる人もいるけれど、それを通過してさらに田舎へ行く人もかなりいる。オックスフォードからさらに20分ほど行ったところにチャールベリーという町がある。町と言っても人口は約3000人だから、村と呼んだ方がいいかもしれない。緑豊かなコッツウォルズの一角を占める場所であるということで、田舎暮らしに憧れ、ロンドンをあとにした白人ミドル・クラスのサラリーマンがたくさん通勤している。電車の中だけで一時間半近く費やすのだから、日本のサラリーマンと大して変わらないけれど、「1時間半」のあとにあるものは、日本とはかなり異なる住環境である。敷地面積は少なくても300坪はある。家の広さもだいぶ違う。ロンドンと決定的に違うのは、この町で暮らすのは圧倒的に白人であり、英国人だということである。チャールベリーのような村はロンドンで外国のスーパー・リッチに追い出された「少しだけリッチ」な英国人の落ち着き先というわけである。

（春海二郎）

◇ブックガイド◇

- 黒岩徹『豊かなイギリス人』中公新書、1984年
- 菊池哲郎『ラプソディー・イン・ロンドン』日本評論社、1994年
- 高月園子『ロンドンはやめられない』新潮社、2010年

7 ロンドンの都市計画
——街路の重要性

碁盤目に整理された都市、放射状に拡がる都市。都市の形態は様々である。そして、その都市一つひとつを構成する地域も決して一様ではない。都市の形成と発展はそれぞれの国の、それぞれの時代の権力者や政府、それぞれの都市計画と大きな関係がある。それはロンドンも同じである。

ロンドンの起源はローマ人によるブリタニアの首都ロンディニウム建設にまで遡る。しかし、われわれが知る現在のロンドンの姿は、1944年のグレイター・ロンドン計画によるところが大である。この計画の目的は二つあり、ひとつは戦災復興、もうひとつは中心部への人口集中の解消であった。これを実現するために、ロンドンは中心部、郊外部、緑地帯、田園地域に分割され、中心部の再開発、田園地域の住宅建設などが行われた。この計画により1950年代末までには歴史的建造物の修復などはほぼ完成されたと言われる。しかし、その後も開発は続けられており、特に経済が低迷する中で断行された1980年代の都市再開発は目を見張るものがある。言うまでもなく、ロンドンの魅力のひとつは新旧建築物の混在・共存であるが、再開発された――そして現在も開発されている――地域にも多様な相違が認められ、ロンドンというひとつの都市の中でも、建築様式だけではなく、町のあり方への考え方の変遷が見られることは興味深い。二つの非常に明快な例として、バービカン・エステートとドックランズを見てみよう。二つの地域はいずれも第二次世界大戦後に再開発され、ロンドンの中では現代的な色合いが極めて強いが、両者の開発にあたっての思想は随分異なっているようだ。

大戦時の空襲で焦土と化したバービカン・エステートが莫大な費用を投じて再開発されたのは1950年代のことであり、現代的な――もはや、景観からはそう呼び難くなってしまっているが――高層住宅の立ち並ぶ地区として生まれ変わった。その後、1980年代のバービカン・センター建設に伴って、現在のような巨大な商業地と居住地の「複合体」としての姿をとるに至った。この施設はコンサート・ホール、2つの劇場、2つのアート・ギャラリー、3つの映画館、図書館などが備えられている。ただ、このような市民の娯楽と文化の育成のための施設があるにもかかわらず、バービカンを訪れる者が感じるのは、大都市ロンドンに似つかわしくない、町としての賑わいの欠如である。それは、人工地盤（建物の中にある人工の土地）と空中街路（人工の通り）を駆使し、巨

01 新旧が混在するバービカン

大な建物をひとつの町にみたてるという思想に基づいているからであろう。つまり、道路に面した店舗の消失などに伴い、人々の接触が少なくなり、コミュニティー意識や町としての活気が失われたのである。皮肉なことに、都市開発によって、生活の快適さと呼ぶべきものがなくなってしまったのである。とはいえ、この地域に魅力が全くないわけではない。何といっても、ここには上記の施設だけではなく、ローマ人の築いた壁の名残がある。大詩人ジョン・ミルトンの眠る聖ジャイルズ教会もある。ロンドンの長い歴史をわずかに1つの地区でつまみ食い的に見ること、歴史の中で暮らすことも可能なのである。現在も続く開発次第では、町としての姿も変わることであろう。

一方のドックランズであるが、これはテムズ川沿いのウォーターフロント再開発地域の総称である。かつては船着場、造船所、倉庫で働く多くの労働者で賑わったが、大戦時の空襲、その後のコンテナを用いた運送への移行により、それに対応できないドックすべてが閉鎖を余儀なくされ、再開発されることになったのである。紆余曲折はあったものの、現在では見事に開発され、一大ビジネス・エリ

01

ア、娯楽地域、住宅地区となっている。人口も急激に増加した。交通に関しても、ドックランズ・ライト・レイルウェイ（ＤＬＲ）以外の鉄道路線も新たに接続され、まさに大都会そのものとなっている。例えばカナリー・ウォーフには超高層ビルが林立し、もはや「古都」ロンドンの姿はそこにはないと言えるだろう。ただ注目すべきは、建築物の配列である。ここではバービカン・エステートのような人工地盤や空中街路はほとんど用いられておらず、巨大なビル群も住居も商店も、街路に沿って建てられているのである。不動産の高騰、古くからの住人と新たに高級アパートの住人となった人々との、貧富の格差によるコミュニティー内での対立などの問題はあるものの、地域の賑わいはバービカン・エステートとは大いに異なっている。

都市の街路の活かし方は街の発展と密接にかかわっていることを表すひとつの例である。１９０９年の都市計画において、ジョン・バーンズは「家庭は健全で、住宅は美しく、町は楽しく、都市は威厳に満ち、郊外はさわやかであるようにすること」と語ったという。楽しい町の建設は街路の活用抜きには考えられないのである。

例えば、タウンハウスはロンドンの伝統的な住居様式として知られている。そして、しばしば共有の広場が注目され、イギリス人の田園への思いを表すものとして語られる。確かに、都会の中にいながらにして、自室の窓からは大きな庭園が見えるというのは、住民にとっては心地良いことであり、誇りでもあるだろう。しかし、タウンハウスの最大の特徴はその配置にあるとも言える。街路に面して立てられることにより、タウンハウスはまず町の景色を作り出す。そして通りに人々が集い、そこでのコミュニティーや独自の社会生活が形成され、賑わいが生じ、人間としての喜びがあふれ、それにより町はさらに発展してゆくのである。ただ単に人々が大きな建物の中に集まって生活するだけでは、町の景観は作られても、人々の活き活きとしたコミュニティーの形成やそれによる快適な生活は望めないのである。そのことをバービカン・エステートとドックランズは示しているように思われる。

ロンドンを歩くとき、歴史的建造物、タウンハウスや様々なオープン・スペースも興味深いが、通りに対しての建築物の並び方、街路の扱い方を見ると、様々なことが見えてくる。オリンピックに伴う開発の後、町はどのような変貌を遂げるであろうか。

（太田美智子）

◆ブックガイド◆

- 芦原義信『続・街並みの美学』岩波書店、2004年
- 日端康雄『都市計画の世界史』講談社、2008年
- Spiro Kostof, *The City Shaped*, Thames & Hudson, 1993.

コラム
03

ハイゲート墓地に眠る人

川成　洋

地下鉄アーチウェイ駅やハイゲート駅から歩いていけるハイゲート界隈は、古くはロンドン司教の所領で、17世紀頃から富裕層の邸宅が立ち並ぶ高級住宅地として開けただけあって、ハイゲート墓地は墓石や墓標にヴィクトリア朝の雰囲気を漂わせる墓地である。東側と西側に分かれているが、現在使われているのは、東側のみである。

ここで一番目立つのは、カール・マルクス（1818〜83）の胸像である。ドイツ系ユダヤ人のマルクスは、2つの大学を卒業し大学教授を志したが果たさず、48年に『共産党宣言』を起草し、パリ、ブリュッセルなどを経て、49年にロンドンに亡命する。マルクスのロンドンでの生活は、「死んだ子の柩を買うだけの金もない」くらいの極貧であったが、マルクス一家の財政を約30年間も支えたのは、親友のエンゲルスであった。マルクスは、膨大な蔵書を誇る大英図書館《ブリティッシュ・ライブラリー》の読書質《リーディングルーム》に毎日通い、07番の席で、ライフワークである『資本論』全3巻のうち、第1巻を上梓する。残りの『資本論』（第2巻、第3巻）は、彼の死後エンゲルスがまとめる。マルクスの大きな墓石には、「万国の労働者、団結せよ！」「哲学者たちは世界をただざまざまに解釈してきただけである。しかし、重要なのはそれを変えることである」と刻まれている。マルクスのロンドン滞在中に、プロイセン政府が彼を追放するよう正式に要請したが、それに対してイギリス政府は、「たとえ国王殺しであっても、議論の段階であればわが大英帝国のいかなる法律に抵触しない」ときっぱりと拒んだのだった。このことからも、マルクスの約34年間のロンドン生活は、何ら政治的・思想的弾圧を受けずに、自由に思索を練り、書き続けることができたはずである。

マルクスの墓の近くに、ジョージ・エリオットというイギリスの女流小説家（1819〜80）の墓がある。エリオットの本名はメアリ・アン・クロス。彼女は、正規の学校教育を受けずに、主に独学であった。46年にドイツのヘーゲル派神学者D・F・シュトラウスの主著『イエスの生涯』（全2巻）の翻訳・出版する。その3年後ロンドンに出て、有力誌に寄稿したり、編集したりして次第に人脈を広める。54年に哲学者G・H・ルイーズとドイツに向かい、帰国後彼と生活を共にする。その生活は彼が亡くなるまで続いた。57年にルイーズの勧めで、「ジョージ・エリオット」のペンネームで処女作『エイモス・バートン』を上梓する。その後、矢継ぎ早に本格的な作品を発表する。代表作としては、『アダム・ビード』（1859年）、『フロス河の水車』（1860年）、『サイラス・マーナー』（1861年）など。

もう一組、ロセッティ兄妹の墓である。ダンテ・ゲイブリエル・ロセッティ（1828〜82）は、画家で詩人。父はイタリア人でロンドン大学キングス・カレッジのイタリア語教授。ダンテもキングス・カレッジを卒業するが、画家を目指す。47〜49年に、「真実」をモットーに、画家のH・ハント、J・E・ミレー、彫刻家のT・ウッドナーらとともに、「ラファエル前派」を立ち上げる。《マリアの少女時代》（1849年）、《ダンテの夢》（1871年）など名画を残す。代表的詩集としては、『祝福の乙女』（1850年）などがある。

その妹のクリスティアーナ・G・ロセッティ（1830〜94）は、女流詩人。1842年からすでに自分の詩を私家版で発表していた。やがて、「エレン・アエイネ」というペンネームで、兄たちの「ラファエル前派」の機関誌『ザ・ジャーム』に詩を発表していた。詩集『妖精の市』（1862年）、『王子歴程』（1866年）、『野外劇』（1881年）、『新詩集』（1870年）など。彼女は、独身だったので、実兄のダンテの墓に埋葬されたのだろう。

8 世界の標準時って何？

――グリニッジ天文台で「時」を考える

地下鉄ストラトフォード駅からドックランズ・ライト・レイルウェイに乗って約20分行くとカティー・サーク駅に着く。そこで降りて10～15分ほど歩くと、テムズ川河畔のグリニッジ・パークがあり、その中にグリニッジ天文台がある。ここには天文台と海事博物館があり、併せて世界遺産に登録されている。グリニッジ天文台は1675年にイングランド国王チャールズ2世によって作られたものであるが、現在は天体観測基地としての機能は果たしていない。しかしかつては世界の標準時刻として普及していたグリニッジ標準時（Greenwich Mean Time：GMT）のふるさとであり、現在でも、この天文台の敷地内を通る子午線が新しい日と年と世紀の正式な始点であると国際的に決められている。

世界の標準時としてのGMTは１９２４年2月5日、グリニッジ天文台が発した時報によって初めて使われるようになった。厳密に言うと、今日の世界標準時は原子時計によって決定される協定世界時が使われているが、英国人の日常生活においてはグリニッジ標準時がGMTとして厳然と存在している。

ところで、英国には「サマータイム」というシステムがある。日本では第二次世界大戦後の占領時代に行われていたけれど、現在ではやっていない、あの制度である。1年のうちのある時期は、時計を1時間早めようというもの。例えば２０１２年の場合、3月25日（日曜日）から10月28日（日曜日）までがサマータイムの実施期間で、3月24日（土曜日）までは午前7時であったものが、一夜明けると時計が1時間進んで午前8時ということになる。そしてサマータイムの実施期間が終わる10月28日には再びもとの午前7時に戻る。このもとに戻った時間のことを「ウィンタータイム」という呼び方はしないけれど、あえて時間に名前をつけるとすれば、「グリニッジ標準時＝GMT」ということになる。サマータイムはグリニッジ標準時に1時間足せばいいのだからGMT＋1と言うことができる。冬季の日本時間は英国時間よりも9時間進んでいるからGMT＋9であり、サマータイム実施期間中は1時間だけ日本時間に近づくのでGMT＋8ということになる。

太陽の出ている時間帯を有効に利用することを目的として採用された制度で、英国では１９１６年から実施されている。英国の場合、冬は朝の8時ごろに日の出、夕方4時を少し超えただけで日没だから日照時間は約8時間であるのに対して、夏は朝も4時半になると明るくなり、夜の8時でも楽にキャッチボールが出来るくらいで日照時間はほぼ12時間にもなる。サマータイムという制度は、お日さまが出ている時間帯を有効に使おうという発想から出来たものとされている。

この制度を採用していない国の人間である、私の個人的な意見を言わせてもらうと、サマータイムなどというややこしい制度は止めた方がいいと思う。このような制度があるが故にコンピューターに表示される時間から駅や空港の時計まで一切合財一時間進めたり、戻したりする手間を考えるとなおさらである。しかしこれはおそらく夏と冬の日照時間が英国ほど極端に違わない国の人間の感覚なのであろう。

が、世の中にはいろいろな人がいるもので、現在の冬時間（つまりGMT）は止めにして、冬季をいまのサマータイム時間、夏になったらそれをさらに1時間早めるべきである、と主張している人々が英国にいる。冬はGMT＋1、夏はGMT＋2というわけで、これまでのようなGMTだけという時間がなくなる。ケンブリッジ大学のエリザベス・ガーンジー教授を中心に「より明るく・より遅く」(Lighter Later) という運動に取り組んでいる人々で、国会に呼ばれて証言までしており、彼らの考え方を実現するための法案まで審議されているというのだから、単なる「変わった人たちの変わった意見」ではない。

2012年を例にとると、勤務時間が午前9時～午後5時のサラリーマンは、3月26日の月曜日にも「9時出勤の5時帰り」という生活をするけれど、それは前の週でいうと午前8時～午後4時の時間帯に仕事をすることになる。早く出勤して早く退社するというわけである。ガーンジー教授らによると、日があるうちに活動する人の数が増える分だけ、交通事故や犯罪が減り、退社後にいろいろとレジャーをするケースが増えるのだから観光・レジャー産業の振興につながり……とほとんどいいことずくめなのである。

ただし英国と同じようにサマータイムを実施しているドイツでは、この制度を維持することに賛成なのは30・6％、廃止が66％という結果も出ている。なぜ廃止を求める意見が多いのかというと、時刻の切り替え時に体調を崩す人が多いということが挙げられている。

サマータイムという制度を採用していない日本のような国から来ると、結構ややこしいことがある。BBCラジオの深夜放送を聴いていると、夜中の12時に英国の国歌が流れ、そのあとは朝の5時ごろまでBBCの国際放送に切り替わる。それは冬の間のことで、サマータイムが始まると、国歌演奏は午前1時になる。「午前1時という半端な時間になぜ国歌なの？」と思っていると、アナウンサーが「ただいまX月X日、GMTの午前12時です」と告げる。世界中に散らばる国際放送のリスナーを意識してのアナウンスだから、GMTを使うけれど、実際の英国ではサマータイムの午前1時というわけである。

このあたりはまだ眠りに入る前の時間帯だからアタマの混乱はない。しかしラジオを消さずに眠ってしまって眼を覚ますと、ラジオが「午前4時」を告げていたりする。これは国際放送の時間中なのだから、夏の場合はGMTの午前4時である。それからしばらくウトウトして目を覚ますと、「ただいま午前6時です」というアナウンスが聞こえる。「2時間も眠ったのか！」とびっくりして飛び起きる。そしてこの「午前6時」はGMTではなく、サマータイムの午前6時（GMTの5時）であり、ウトウトしたのは1時間であったことに気がつく。この時間帯は、BBCラジオも国際放送ではなく、通常の国内放送に切り替わっているのである。これはもちろん調整された時計を見れば分かることであり、時計を基に生活していれば何の混乱もないけれど、ラジオを時計代わりに使ったときに経験する混乱である。

　英国でサマータイムが導入されてから約百年後のいま、時計の針がさらに進められようとしている。世界の標準時のふるさとである英国において「標準時刻」そのものが揺れているということだけは確かなようなのである。

（春海二郎）

◆ブックガイド◆

・デレク・ハウス『グリニッジ・タイム――世界の時間の始点をめぐる物語』橋爪若子訳、東洋書林、2007年
・Adrian Room, *A to Z of British Life*, Oxford University Press, 1990.
・Time Out edt. *Time Out London*, Time Out, 2011.
・10:10 LIGHTER LATER http://www.lighterlater.org/

第Ⅱ部

歴史都市ロンドン

9 ロンドンに見る古代
――ボアディケア像とその解釈

古代へいざなう銅像

ヨーロッパの歴史は、西ローマ帝国滅亡（476年）までを「古代」、そこから東ローマ帝国滅亡（1453年）あたりを「中世」、そしてそれ以降を「近代」と大きく時代区分されている。時間の隔たりが大きいので、われわれは古いものなら何でも古代のものであろうと漠然と考えがちである。また、古代に起きた出来事については、伝えられている通りに受け入れることが多い。しかし、われわれに伝えられる古代の出来事は、後代の解釈が大きく影響していることが少なくない。そこで、この章では、ローマ人がブリテン島を支配していた「古代」に起きた出来事を伝えるある像を見ながら、そこに加えられている後代の解釈を見ていくことにする。

その像は、ロンドンのウェストミンスター橋の近くにある、重々しい戦車に乗り、天に槍を高々と上げた勇ましい女性の像である。これは、紀元61年に当時の支配者であったローマ人に対して大きな反乱を起こした女王ボアディケア[*1]の像である。彼女の起こした反乱は、当時商業都市であったロンドンに、防壁の必要性を痛感させるきっかけとなった事件の1つである。まずはこの反乱について簡単に見ておく。

戦車に乗った女丈夫

ボアディケアは、現在のサフォークからノーフォーク辺りにいたケルト人の部族イケニ族の女王であった。彼女の反乱の発端は、彼女の夫であり前の王であったプラスタグスが遺言で2人の娘に残した遺産へのローマ側の不当な態度にあった。プラスタグスはローマ側の慣例に従い、その遺言で財産の半分をローマ人に納めていた。しかし、それにとどまらず、ローマ人は、女性への相続を認めていないことを表向きの理由に、彼らの残りの財産と領地を不当に没収したのである。この理不尽なやり方に抗議したボアディケアは公衆の面前で鞭打たれ、さらに彼女の2人の娘は陵辱された。この出来事により、これまでイケニ族の間に燻っていたローマ人に対する不満が一気に爆発し、ボアディケアを中心とする反乱軍は、当時ローマ軍の首都機能を担っていたコルチェスターの街を襲ったのである。さらに、彼女の軍は周りの部族をも味方につけてその勢いを増し、ロンディニウムにまでも達し、街中を火の海にした。ここまで彼女の反乱が順調に

＊1　この章では、この女王をボアディケア(Boadicea)というラテン語の読み方で表している。この他に、彼女はブーディカ(Boudicca)という名で示されることもある。なお、彼女の名前の意味は、古代ケルト語で「勝利(victory)」を意味しているという説もある。この説に従えば、彼女は、イギリスのヴィクトリア女王と同じ意味の名前ということになる。

いった理由の1つには、ローマ正規軍が他の場所に遠征していたことがあった。ひとたび、正規軍が戻ってくるとボアディケアの反乱はすぐさま鎮圧され、その最後の戦いの最中、ボアディケアは毒を仰ぎ死んだとされている。

このイケニ族の女王の話は、中世の間にはほとんど語られず、16世紀に入りようやく、「再発見」されることになった。この出来事が最も多く語られたのが、ロンドンの像が制作された頃のヴィクトリア女王の時代であったとされる。その語られ方も、古い出来事にはよくあるように、その時代が求める解釈が加えられた形で伝えられていたのである。

ここで、改めてロンドンにあるボアディケアの像を見てみると、像の製作当時の解釈が加えられていることに気付く。その1つにボアディケアと2人の娘が乗っている戦車がある。考古学的にみると、当時のケルト人の戦車はもっと軽量で木製の戦車であったはずであるが、実際の像の戦車は、材質、重量感などあらゆる点において技術が進みすぎていることになる。これは、おそらく、像が制作された当時、ローマ軍から自分の部族を守ろうと立ち上がった勇ましい女性が、軽い戦車に乗っていてはバランスが悪いという考えを反映したのであろう。

01 ロンドンの中心にある勇ましい姿のボアディケアの像

慈愛に満ちた母親

また、同じボアディケアをモデルにした像が、ウェールズのカーディフ市の市庁舎にも存在する。面白いことに、このカーディフにある像は、ロンドンにある像とは大きく異なり、2人の娘を守る慈愛に満ちた母親らしいボアディケアの姿を表している。この2体のボアディケア像の異なる姿について、ローマ史の専門家である南川高志氏がそれぞれの像の制作年代の違いに基づく興味深い見解を紹介している。それによると、カーディフにある像が1913～15年に製作されたものであるのに対し、ロンドンにある像はヴィクトリア女王の時代の1870年代に製作されたものである。ここから、ロンドンのボアディケア像は、当時海外にその領土を拡大し大英帝国最盛期を統治したヴィクトリア女王をモデルとし、勇ましく表現されたものであろうというのである。

このように、ロンドンにあるボアディケア像がヴィクトリア女王を念頭に置いて作成されたと考えると、現在の位置に設置された年代が、女王が亡くなった翌年の1902年であること、またその設置場所も「権力の象徴」でもある国会議事堂のほど近くであることも納得がいくような気がする。このロンドンにある像は、単に古代の女王の反乱をわれわれに伝えているのみならず、19～20世紀の人々がこの女王ボアディケアをどのようにと

02 カーディフ市庁舎にある慈愛に満ちたボアディケアの像

らえようとしたのかを教えてくれるものでもある。この像のように、古代に関連する像も後代の解釈が加えられている可能性があるという視点をもってロンドンの街を見学すれば、様々な像もこれまでよりも興味深く鑑賞できるかもしれない。

キングズ・クロス駅10番ホームはボアディケア最期の地？

ロンドンのキングズ・クロス駅と言えば、世界中で大人気の《ハリー・ポッター》シリーズで、主人公のハリーたちがホグワーツ特急に乗車したプラットフォームである9¾番ホームである。この魔法の国へ導いてくれるプラット・ホームの程近くの10番ホームが、ボアディケアが最後の戦いで倒れた場所だという伝説がある。この伝説の真偽のほどは置いておくとしても、キングズ・クロス駅の9¾番ホームを見て魔法の国へ思いを馳せれば、その近くにいるかもしれないボアディケア女王にも同時に思いを馳せることができるのである。このような経験ができるのもロンドンならではのことであろう。

（福田一貴）

◆ブックガイド◆

- 南川高志『海のかなたのローマ帝国――古代ローマとブリテン島』岩波書店、2004年
- 川成洋・石原孝哉『ロンドン歴史の横道』三修社、1984年

10 ロンドンに見る中世
――ウェストミンスター寺院とアングロ・サクソン人

歴史の証人――ウェストミンスター寺院

　ボアディケアの反乱からおよそ350年後の紀元410年に、ローマ軍はブリテン島から撤退することになった。この撤退から西ローマ帝国滅亡の間に起きたアングロ・サクソン人の到来をもって、イギリス史では中世の始まりとされている。その経緯を簡単に見ておくと、ローマ軍撤退後、残されたケルト人は周りの外敵から自分たちを守ることができなくなり、大陸にいるアングロ・サクソン人へ助けをもとめた。これを受けブリテン島にやってきたアングロ・サクソン人は、最初こそ、ケルト人を守るために戦ったが、やがて、ブリテン島の住みやすさに魅了され、ついにはケルト人を辺境の地であった西部や北部など（現在のウェールズ、スコットランドなど）へと追いやり、この島を征服したのである。

この章では、このような経緯でブリテン島に到着し、その歴史に中世の始まりを告げたアングロ・サクソン人が、現在のロンドンに残した功績をみていく。その1つに、ロンドンの観光案内書に載っていないものがないほど有名なウェストミンスター寺院がある。ここは、アングロ・サクソン人最後の王、エドワード王が建築を始めた寺院である。現在われわれが目にするこの寺院の壮麗な建物はヘンリー3世の時に再建されたゴシック様式の建物なので、エドワード王の時に建築されたノルマン様式の建物は、規模・外観の点で現在のものとは大分異なっていたと思われる。それでも、11世紀初めのものでは最大の規模の教会であったことに違いはない。エドワード王がこのような大寺院の建築を命じたのは、叶わなかった望みをこの寺院で果たそうとしたからである。若い頃、王位継承争いのためノルマンディへ亡命していた彼は、イギリスで王位に就いた際にはその信仰を示すため、ローマ巡礼を誓っていた。しかし、王位に就くとそれが叶わなかったので、ローマ教皇に許可をもらい、ロンドンに聖ペテロを祀ったこの寺院の建築を始めたのである。

このような彼の信仰の深さはthe Confessorという彼の称号が物語っている。このconfessorという語を現在の英語辞典で調べると「罪などの悪事を告白する人」という意味があるので、この称号は「懺悔王」と訳されることもあった。しかし、長いイギリス

01

02

王室の歴史の中で、唯一その信仰と行いによってローマ教皇から聖人とされたエドワード王に対して、この訳語はあまり適切ではない。エドワード王の称号としては、「殉教こそしないものの、その信仰を積極的に示しながら活動した結果、聖人に区分される人物」という当時の意味を表す「証聖王」という訳語の方が適切である。

病気を癒す不思議な手

「証聖王」と呼ばれるようになるには、その信仰はもちろんのこと、その証明となる神聖な力をも必要となったはずである。彼が示した力の1つに、「お手付け」（Royal touch）がある。これは、頸部のリンパ節が腫れる瘰癧《るいれき》の患者の患部にエドワード王が手を置いたところ、その腫れが引いたというものである。これ以降、「瘰癧」という病気自体が、the King's Evil と呼ばれるようになり、王や女王が患部に触れることが儀式となっていった。この「お手付け」という儀式自体は18世紀まで続いていたが、後代の王、女王はその効用をあまり発揮できなかったようである。この儀式を最後に受けたとされる人物は、本格的な英語辞書を最初に編纂したことで有名なサミュエル・ジョンソン博士である。しかし、この時も当時の王権に神聖な力が不足していたからか、特に効用はな

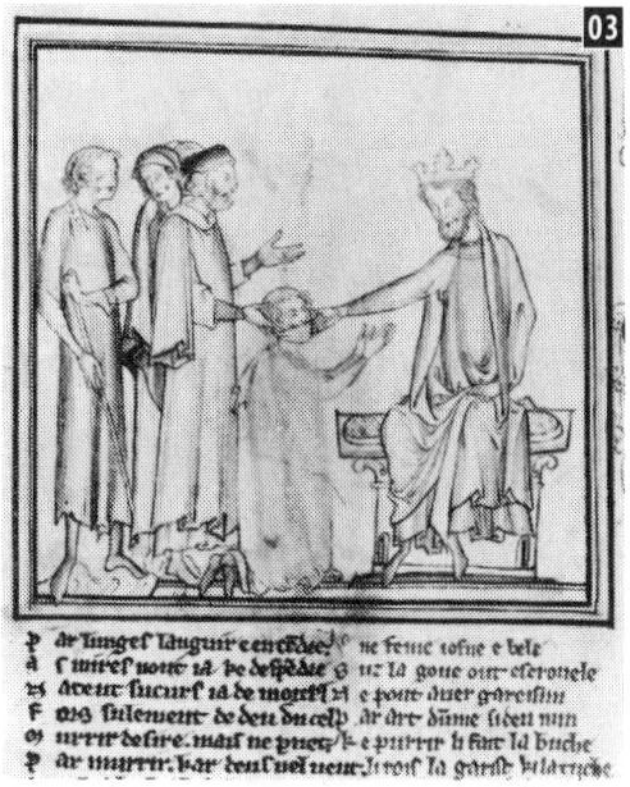

01 ウェストミンスター寺院の全体像
02 アングロ・サクソン人最後の王エドワード証聖王
03 エドワード証聖王の「お手付け」。L'Estoire de Saint Edward le roi Folio 38より。王権に授けられている神聖な力は、シェイクスピアの『マクベス』（4幕3場）にも言及されている

かったようである。しかし、少なくとも、この伝統の始まりとされるエドワード証聖王には、神聖な力があり、この病気を癒す奇跡を起こしたと言われている。

このエドワード証聖王によってウェストミンスター寺院の建築が始められた。そして、ここは、1066年以降、王室の戴冠式の場として、また、17人もの君主の眠る場として、イギリス王室と深い関わりを保っている。そして、エドワード証聖王自身もこの寺院に眠っている。現在のイギリス王室関連では、2011年4月にウィリアム王子とキャサリン妃との結婚式がこの大寺院で挙げられたことは記憶に新しい。このようなことから、ウェストミンスター寺院は、その歴史的な役割が現在にもつながっているアングロ・サクソン人の功績を示すいい例ということができよう。残念ながら、現在、エドワード証聖王の時代から残っている場所は、この寺院の東側の回廊にある聖体容器を納める部屋と展示室となっているアーチ天井のある部屋の2カ所のみとなってしまっている。しかし、ウェストミンスター寺院というロンドンでも屈指の観光名所でこれらの部屋を見学し、エドワード王の墓を訪れれば、アングロ・サクソン人の残した中世の香りをその肌で感じることができるだろう。

イギリス人はアングロ・サクソン人？

このようにイギリス史の中世で大きな役割を果たし、現在のロンドンにもその功績を残すアングロ・サクソン人は、イギリス人の祖先であると一般的に考えられている。しかし、独自の視点で英国史に切り込んでいる『多民族の国イギリス』の著者である唐澤一友氏は、その著書でこの常識を覆しかねない最近の研究結果を紹介している。それによると、最新のＤＮＡ研究に基づいて、現在のイギリス人のＤＮＡを調べたところ、その多くはケルト・イベロ（ブリテン島に住んでいたケルト人の祖先）のものだという結果が出たというのである。つまり、現在のイギリス人の多くのＤＮＡは、アングロ・サクソン人のものではなく、彼らに征服されたケルト人のものであったのである。あくまでも、この結果は、現在の最新のＤＮＡ調査によるもので、日進月歩の科学の分野では数年後にはこれとは異なる研究結果が発表されるかもしれない。しかし、たとえこのようなＤＮＡという科学的な側面から、現在のイギリス人とのつながりに疑問を投げかけられたとしても、アングロ・サクソン人の歴史的功績自体が否定されることは全くない。むしろ、これまで単純にアングロ・サクソン人の子孫と考えられていたイギリス人が実はそうではないかもしれないと認識すれば、彼らはまだまだ何か秘密をもっている民族なのかもしれないと、われわれ自身の見方を新たにすることができる。このようなミステリアスな面を持つ民族が構成しているからこそ、われわれはイギリスという国に魅力を感じ続けるのかもしれない。

（福田一貴）

◆ブックガイド◆

▪唐澤一友『多民族の国イギリス──４つの切り口から英国史を知る』春風社、２００６年

11 テューダー朝のロンドンの繁華街
――庶民の楽しみ、ショッピング

01 旧セント・ポール大聖堂のポールズ・ウォーク（ジョン・フランクリン画）

庶民の最大の楽しみがショッピングであることに今も昔も変わりがない。ロンドンには有名デパートや老舗ブランド店が軒を連ねるが、テューダー王朝のロンドンは今とは全く違ったところで人々が商売をしていた。時計を巻き戻して、昔の繁華街を旅するのも一興かもしれない。

先ずはセント・ポール大聖堂

当時人気があったのは、セント・ポール大聖堂、王立取引所、ロンドン橋であった。セント・ポール大聖堂は宗教施設であるが、当時は庶民の天国でもあった。というのも、当時の大聖堂は、内陣が聖職者の宗教活動の場であったのに対して、スクリーンの外側である身廊は一般会衆が自由に利用できる所であった。特にセント・ポールの身廊は「ポールズ・ウォーク」と呼ばれ、人々の交易の場であった。弁護士と依頼人が深刻な顔をしてひそひそ話をする傍らでは、商人同士の活発な商談が進められ、側廊には様々な店が並んでいた。なかでも書店は有名で、シェイクスピアの本はほとんどここの出版社から発行されている。どれほど多くの本屋があったかは不明だが、シェイクスピアの本だけでも八つの書店名がみえるから、相当数があったことはうかがいしれる。今日でも、書籍出版商組合《ステイショナー》は、聖灰水曜日に、セント・ポールの地下聖堂で菓子とエール酒を配る習慣を守っている。

一大ショッピング・センター、王立取引所

庶民のもう一つの人気の場所は王立取引所であった。この巨大商業施設の建設によって、ロンドンはヨーロッパの田舎の港湾都市から、有数の商業都市へと飛躍的な発展を遂げたといっても過言ではない。シティーのコーンヒルとスレッドニードル・ストリートの80軒の家屋を取り壊し、四つの道路を閉鎖して巨大な空間が用意され、そこに、中央広場を囲むように柱廊が立ち並ぶ近代建築が出現したのである。一階部分のアーケードは商人たちの自由な交易の場であり、階上には商店街が作られてポーンと呼ばれる店が軒を連ねた。

王立取引所という名前にもかかわらず、この取引所は市井の銀行家によって

02 最初の王立取引所。屋根にはグレシャムによるイギリスのシンボルが見える

設立された。『ロンドン通覧《ア・サーベイ・オヴ・ロンドン》』の著者、ジョン・ストウはそのいきさつを細かに書き残している。トマス・グレシャム[*1]は、ケンブリッジ大学出のインテリであったが、父の跡を継いで貿易業に従事し、銀行家として財を成した。当時、北ヨーロッパの商業と財政の中心地として栄えたアントワープの繁栄をつぶさに見て、その経済を支えているのが取引所であることを喝破した。グレシャムは、ロンドンの繁栄にも取引所が不可欠であることを痛感し、シティーに対して、用地さえ提供してもらえれば私財をなげうって取引所を建設すると申し入れたのである。彼の提言を受けたシティーが１５６６年にこれを認め、１５６７年に、最初の礎石が据えられた。フランドルから多数の煉瓦工が動員されて工事が進められた結果、半年もたたないうちに屋根がかけられるという速さであった。

　１５７１年１月、エリザベス女王自らグレシャムの館を訪れ、会食をした。グレシャムは女王を取引所に案内し、ポーンと呼ばれる小売店を念入りに視察した後、女王は高らかなトランペットの一声とともに布告を発令し、ここを王立取引所と呼ぶと宣言したのであった。

　順風満帆に見えた王立取引所であったが、当初は二階の商店街には空き店舗が目立ち、毎日見回りに来ていたグレシャムも頭を痛めていた。そこで一計を案じたグレシャムは、出店して商品を並べれば家賃はいらないという思い切った申し出をして、商店主たちを呼び込んだ。

03 現在の王立取引所

＊1　グレシャムは「悪貨は良貨を駆逐する」というグレシャムの法則を提唱した。

当時の一般的な家賃が、年40シリングぐらいであったがそれが無料となることは大変な魅力であった。こうして店舗が埋まると客足も増え、店も繁盛して、3年もたったころには家賃も4ポンド10シリングという高額にもかかわらず、すべての店が立派になっていった。1576年に「スペインの暴虐[＊2]」でアントワープが衰退に向かうと、ロンドンがその地位を奪い、王立取引所はヨーロッパでも有数の取引所へと躍進した。そこには、日用品を求める庶民から、贅沢品を買いあさる王侯貴族まで、多くの国民が集まるロンドンの新しい顔になっていった。現在の王立取引所は、2度の大火を経て1844年に再建され、1991年に改装されて、現在の複合商業施設となった。

さらし首を見ながらショッピングを楽しむ、ロンドン橋

当時のロンドンで忘れてならないもう一つの繁華街はロンドン橋であった。橋が繁華街？　といぶかる人もいるかもしれないが、ヘンリー8世からエリザベス朝にかけては、ここは堂々たる商館が軒を連ねる繁華街であった。当時のロンドン橋は、多数の橋脚をアーチでつなぎ、その上に道路が走っていた。その両側には様々な商家、店舗が軒を連ねていた。二階部分は住宅で、一階が店舗という構造であった。店には、パブ、パン屋、小間物屋、食料品店、真ん中には教会まであった。これは、橋を守護する聖ピーターの礼拝堂であったが、ヘンリー8世の修道院解体の余波を受けて、取り壊されてしまった。ヘンリー8世といえば、そのお抱え画家のハンス・ホルバインはこの橋の上に住んでいたことがある。

＊2　「80年戦争」中にアントワープで起きたスペイン兵による略奪事件。多くの市民が虐殺され、街に放火された。「アントワープの虐殺」ともいう。

04 アントニス・モルによるグレシャムの肖像画
05 ホルバインの自画像

06 1616年頃のロンドン橋。手前の楼門の上に串刺しにされた首がみえる

繁華街は人の集まる場所だが、人の集まるところは別の目的でつかわれることもあった。ロンドン橋の重要な役割の一つに、囚人の首のさらし台の機能があった。先例となったのは、スコットランド独立の志士ウィリアム・ウォリスであった。映画《ブレイブ・ハート》の主人公で、スコットランド人に圧倒的な人気を誇る英雄である。当初は北の楼門がさらし台であったが、エリザベス時代には南の楼門の上に串刺しにされた生首がいくつも天を仰いでいた。首は長持ちするようにと、火であぶって半焦がしにしたり、タールを塗ったりしたが、腐敗は避けられなかった。ヘンリー8世に逆らったトマス・モアやその友人のジョン・フィッシャーもここにさらされた。モアの首は娘のマーガレットが密かに買い取って埋葬したが、フィッシャーの首は腐るどころか、逆に日増しに生気を帯びてくるとのうわさが立って、おびえた番人が2週間後に川に捨てたといわれている。

繁栄を誇ったロンドン橋も、18世紀前半になると商店街の機能を失っていった。

（石原孝哉）

◆ブックガイド◆

■アンドルー・セイント、ジリアン・ダーリー『図説ロンドン年代記』（上下）大出健訳、原書房、1997年

コラム
04

コヴェント・ガーデンの誕生

竹中肇子

コヴェント・ガーデンはロンドンの中心地にある、旬なショップやレストラン・カフェが立ち並ぶ流行の発信地である。広場ではストリート・パフォーマンスが繰り広げられ、地元っ子や観光客を楽しませている。シアターランドとも呼ばれる劇場街でもあり、世界的に有名なロイヤル・オペラ・ハウスもここにある。また、1964年製作のミュージカル映画《マイ・フェア・レディ》の冒頭、オードリー・ヘップバーンの演じる青果市場の花売りのイライザが、壮麗な雰囲気の劇場から出てきた上流階級のヒギンズ教授と出会う広場としても有名であるが、青果卸売市場は現在移転し、その姿はもう見られない。

コヴェント・ガーデンの名前は、ジョン王の時代（1199〜1256年）に、ウェストミンスター寺院の修道院付属の菜園として使用されていたことに由来する。修道院（convent）の野菜畑（garden）なのでコンヴェント・ガーデンと名付けられ、やがて現在のようにコヴェント・ガーデンと呼ばれるようになった。菜園の広さは40エーカー（16万平方メートル）程もあったという。この広大な菜園で作られた野菜類が修道院やロンドン市民の食卓に供されていた。

1737年頃のコヴェント・ガーデン。聖ポール教会の前に野菜を売る屋台がでている。1830年頃には、現在も残るマーケット・ホールやフラワー・ホールが広場に加わった

1536年のヘンリー8世による国内の修道院と所有地の解体宣言により、菜園はウェストミンスター修道院から没収され、サマセット公爵に譲渡され、その後ベッドフォード伯爵の手に渡り、以降ベッドフォード家の所有地となった。

1630年にベッドフォード家が、菜園跡地の再開発に着手した。回廊のある建物と教会で広場を囲むという斬新なイタリア風広場が完成し、貴族や富裕層が多く移り住んだ。

1671年になると、ロンドンの台所を支える野菜や果物の卸売市場市も開かれるようになった。この頃、国内のガラス温室で貴族や富裕層向けにパイナップルの栽培が始まり、コヴェント・ガーデンでも取引が行われた。広場の吹き抜けのガラスホールの天井に吊るされた電燈の上部にあるパイナップル装飾は、ここが青果市場として繁盛していた時代を示すシンボルである。その後、市場の発展と共に、周辺には劇場やコーヒー・ハウス等の社交場が次々とオープンし、歓楽街としても発展した。19世紀初頭には市場に屋根が掛けられ、青果市場もその内部に収容された。この時期、コヴェント・ガーデンの代名詞のようなロイヤル・オペラ・ハウスもオープンした。1974年にテムズ川南の地域へと移転され、コヴェント・ガーデンの青果市場はその300年の歴史に幕を下ろしたが、地元の後押しもあり、ショッピング街として再出発し今に至る。

1877年頃。コヴェント・ガーデンの花売りの女性たち。彼女たちの表情には《マイ・フェア・レディ》のイライザのような快活さはなく、生活に困窮している様子が伺える

コヴェント・ガーデンが、ロンドン市民や観光客に愛される人気のエリアとなったのも、元を辿ればヘンリー8世がローマ・カトリック教会から分離独

立をした結果であると言えるかもしれない。しかし、彼は政治的理由で決別したのであり、むしろもとは熱心なカトリック信者であった。英国のコインの表には女王の肖像と共にFID.DEF.やF.D.の刻印がある。これは、プロテスタントを攻撃する論文を発表したヘンリー8世を称えて教皇が授けた「信仰の擁護者」という称号のラテン語表記「Fidei Defensor（フィデイーデーフェンソル）」の頭文字である。後にヴァチカンはこの称号を剥奪する決定を下す。しかし、ヘンリー8世はこの称号を手放さず、歴代のイングランド王もこの称号を引継いだのである。

パイナップルの電燈。ここがかつて青果市場として繁盛していた時代を示すシンボルである

コヴェント・ガーデン駅を出てすぐに、最先端のショップが軒を連ねるフローラル・ストリートがあるが、この通りはかつての菜園の北側部分である。時間に余裕のある方は、菜園時代のコンヴェント・ガーデンに思いを馳せながらウェストミンスター寺院まで歩いてみるのも一興だろう。

筆者所有の20ペニーと2ポンド硬貨。20ペニー硬貨のF.D.（左）や2ポンド硬貨のFID.DEF.（右）の刻印はヘンリー8世がヴァチカンから賜った「信仰の擁護者」という称号である。ヴァチカンから破門された後も、ヘンリー8世はこの称号を返上せず、歴代のイングランド王もこれを引継いだのである

12 民衆の意志と灰からの復興

——近世ロンドンと大火

近世のイギリスは、16世紀テューダー朝のもとで強国への道を歩み始めたこの国が、国内においても近代精神を発展させていった時代と言えるだろう。それは、王権を抑えて議会と市民がその権利を獲得してゆく歴史でもある。

テューダー朝最後の女王エリザベスは独身で世継ぎがなかったため、遠縁に当たる時のスコットランド王ジェイムズ6世が、新たにジェイムズ1世としてイングランド王となり、ステュアート朝（1603〜1714年）を興した。これにより、当時別々の独立国だったイングランドとスコットランドは、それぞれの議会を維持しながらも同じ王を戴く連合国となったのである。この時代のイギリスの歴史的事件は、ピューリタン（清教徒）革命（1641～49年）と名誉革命（1688～89年）という二大市民革命であろう。次代の王チャールズ1世の圧政に対し、議会は市民の権利を守るため「権利請願」（1628年）を王に突きつけた。やがて対立は激化し1642年には王党派対議会派の内戦が勃発したが、このときロンドン市民は議会派側についたのだった。議会派はオリバー・クロムウェルの活躍によって勝利をおさめ、チャールズ1世はついに処刑（1649年）された。このピューリタン革命によりイングランドは王政から共和制へと移った。しかし護国卿となったクロムウェルは軍事独裁政治に走り、国民の反感を買うこととなる。その結果、1658年の彼の死後にはチャールズ2世が王位に戻り、王政復古（1660年）となったのである。ところが、次の王ジェイムズ2世は、国教会ではなくカトリック支配を推し進めて議会と対立した。そこで議会は1689年にジェイムズを退位させ、ジェイムズの娘をメアリー2世とし、オランダ人の夫をウィリアム3世として即位させ、共同統治とした。この無血の名誉革命の際、議会によって市民の権利を保護する「権利章典」（1689年）が定められた。これは、13世紀の「大憲章（マグナ・カルタ）」、前述の「権利請願」とともに、イギリスの三大法典として今日なお市民の自由と議会の権利を認めるものである。一方、イングランドとスコットランドは、1707年に合併して単なる連合からグレイト・ブリテン王国という連合王国となり、最初の君主にはメアリーの妹アンが就いた。

この時代のロンドンは、発揚する近代精神を都市という目に見える形で具現したものと言えるだろう。17世紀前半にはこのイギリス最大の都市は人口およそ50万人となって、ローマ時代以来の城壁の内側では家々の密集の度合いは非常に高まっていた。17世紀半ばになると、城壁内は大都市ロンドンの一部でしかなくなり、多くの人々が城壁の外に住むようになった。特に貴族たちは中心部の混雑やスラムを避けて郊外に住むことを好んだ。たとえばウェストミンスターは、当時は郊外とはいえ中心部にも近く、洒落たウエスト・エンドの一角で周辺にはチャールズ2世の宮殿ホワイト・ホールもあった。

1665年のロンドンでは14世紀以来のペストの大流行が重大事件の一つであった。この時にはロンドンの人口の6分の1にあたるおよそ8万人が犠牲になったといわれている。一方、この翌年の大火以降は市の周辺でのペストの流行はなくなったが、これは大火でねずみや蚤などのペスト菌の媒介物がいなくなったためとも考えられている。

さて、この時代のロンドン最大の事件は1666年のロンドン大火である。大火の前から火災の危険性は指摘されていた。木造の家の中で暖炉やかまど、蠟燭などの裸火が日常的であったためである。それゆえ、日本でもなつかしい藁葺き屋根は、イギリスの田園地方では今日もまれに見かけることがあるものの、当時すでに市内では禁止されていた。また、いわゆる火の用心の夜の見回りも当時のロンドンでは職業として存在していた。さてロンドン大火は、シティーのプディング・レーンという通りにあったパン屋のかまどから出火した。市内の家々はどれも木造であったうえ、中世からの入り組んだ路地はその道幅の狭さゆえ隣家からの火があっという間に燎原の火のごとく燃え広がり、あろうことか、セント・ポール大聖堂までもが焼け落ちてしまった。大火の犠牲者数は記録上はたった6名（諸説あり）とされているが、実際の死者の数は不明である。それよりはるかに多かったと考えられるが、それでも火災の規模の割には少ない犠牲者で済んだらしい。

大火の翌年には再建法が定められ、新たに市内に建てられる建物は煉瓦と石による不燃建築と決められ、道幅も広げられることとなった。中世までの木造建築が禁止とされたため、再建された町並みはそれ以前とはまったく異なる石造りのものとなった。こうしてロンドンは中世の町から、今日へと至る近代都市へと変貌を遂げたのである。

大火から11年後の1677年には、建築家クリストファー・レンの設計によって高さ62メートルのロンドン大火記念塔が出火元の跡地に建てられた。地下鉄ディストリクト線のモニュメント駅という名はこのロンドン大火記念塔に由来するものである。現在でも駅の近くにはこの塔（Monument St., EC3）がそびえ、その展望台からは市街を望めることができる。

18世紀にはロンドンはさらに発展を続けた。大火後に再建された建築物で特に有名なものは、記念塔と同じくレンの設計による新たなセント・ポール大聖堂である。ここで行なわれたチャールズ皇太子とダイアナ元妃の結婚式（1981年）を思い出す人も多いだろう。1710年に完成したこの大聖堂は、大きなドームを持ち、そのドームの付け根部分にある高さ85メートルの回廊まで登ることができる。そこからは吹き抜けの大聖堂の内部を見降ろすことができるし、外に目を向ければロンドン市内も見渡せる。ただし、そこまで辿りつくには当時のままに階段しかないことを忘れてはならない。

ロンドンを訪れる人にもっとも人気のある場所のひとつにバッキンガム宮殿があるが、

これもこの時代に建てられたものである。元々、1703年にバッキンガム公爵が畑の中に自らの邸宅として建てたものであった。1761年にはジョージ3世が譲り受けて私邸とし、次代のジョージ4世が元のルネッサンス様式から新古典様式に改装した。王族はそれまでロンドンの最も古い宮殿のひとつであるセント・ジェイムズ宮殿を住まいとしていたが、ヴィクトリア女王が1837年の即位の時にここに移り住み、それ以来バッキンガム宮殿が王室の正式な宮殿となっているのである。

（木村聡雄）

◆ブックガイド◆

- ヒュー・クラウト『ロンドン歴史地図』中村英勝監訳、東京書籍、1997年
- 指昭博『図説イギリスの歴史』河出書房新社、2002年
- 渡邉研司『図説ロンドン都市と建築の歴史』河出書房新社、2009年

コラム
05

ロンドン大火とセント・ポール大聖堂

千葉　茂

セント・ポール大聖堂の起源は、アングロ・サクソン時代の６０４年にまで遡る。イギリスでももっとも長い歴史をもった教会の一つで、古代からロンドン市民の心のよりどころとなってきたところだ。この大聖堂は、イギリスの多くの教会が12世紀末から16世紀中頃まで盛んだった、中世のゴシック様式の姿をとどめているなかにあって、数少ないバロック様式の教会である。中世に建てられたものが、１６６６年のロンドン大火で焼失し、その後、この様式で再建されたからだ。かつての大聖堂の中央には、高さが５００フィート（約１５２メートル）もある尖塔が聳えていた。その尖塔は、イギリスでももっとも高いものの一つだったと伝えられている。

ロンドン大火は、９月２日の日曜日の未明に出火した。火事は折からの空気の乾燥と強い東風でまたたくまに広がっていった。火は４日間、燃えつづけ、当時、城壁で囲まれていたロンドンの旧市街の５分の４、１００ヘクタール以上を焼き尽くした。そしてセント・ポール大聖堂を含む大小89の教会と１万３２００戸の家屋が焼失した。

１６６８年、セント・ポール大聖堂の再建の責任者に指名されたのは、34歳の新進気鋭の建築家クリストファー・レンだった。かれは29歳でオックスフォード大学の天文学の教授になったが、30代になると建築に興味をもつようになり、パリで建築学を学んだ。そして、イタリア・バロック建築の巨匠ベルリーニとグアリーニの影響を強く受けていた。

レンが当初、設計図に描いた大聖堂は、中央にバロック様式の巨大なドームをもつものだった。しかし保守的な聖職者たちは、「教会にドームはふさわしくない」と、レンの設計に猛反対。そこでかれは、小さいドームの上に細長い尖塔が聳える大聖堂に設計を変更し、ようやく聖職者たちの同意を得ることができた。そして1675年に再建工事が始まった。

ところがその後、レンは「装飾上の変更」を王に願い出、その許可を得ていたようである。その変更を聖職者たちはどの程度理解し、納得していたのだろうか。中央塔の工事が始まったのは1708年のことだったが、2年後に工事が終了したときには、設計図にあった貧弱なドームは、それとは似ても似つかぬ巨大なものになっていた。その直径は約34メートル、ドームの上の塔の先端までの高さは地上から約111メートルもあった。工事中、巨大な姿に変貌しつつあるドームを見たとき、聖職者たちは目を疑って唖然とし、「レンにしてやられた」と思ったにちがいない。こうして35年の歳月をかけて再建されたセント・ポール大聖堂は、イギリスにおけるバロック建築の最高傑作の一つに数えられている。

第二次世界大戦中の1940年12月29日の夜、ドイツ空軍によるロンドン大空襲があった。2万400発の焼夷弾が落とされ、ロンドンは2度目の大火災に見舞われた。セント・ポール大聖堂に火が迫っているとの報告を受けた首相ウィンストン・チャーチルは、「いかなる犠牲を払ってでもセント・ポールを救え」と消防隊に厳命。それに答えた消防隊の懸命の消火活動で、大聖堂は類焼を免れることができた。いまでこそ大聖堂は後世に建てられた建物のあいだに見え隠れするようになってしまったが、かつてはロンドン市内のどこからでもその巨大なドームを見ることができたという。

13

ヴィクトリア朝

――女王が作った近代社会

ヴィクトリア朝とは、ヴィクトリア女王（1819～1901）が王位に就いていた時代（1837～1901年）を指す。ヴィクトリアの治世は、イギリス国王中最長の64年で、まさにイギリスの絶頂期であり、栄光と繁栄の時代だった。政治的には自由主義が発達し、政党（自由党、保守党）政治、議会政治など、民主主義の発展が見られ、多くの有能な政治家を輩出した。選挙権もまだ制限があったものの、秘密投票制度が採用された第三次選挙法改正で、小作人と農業労働者に選挙権が与えられ、有権者の数は徐々にだが増加していった。社会的には1870年の初等教育法の制定により、公立学校の設立、私立学校への補助、教育行政制度改革が促進され、国民教育が普及した。1880年には義

01 ヴィクトリア女王

務教育制度も導入され、イギリス国民の教育水準を引き上げ、文化的にも豊かにした。

　経済的には産業革命以降の科学技術の発達も見られた。ロンドンは首都として、イギリスの繁栄を見せつける舞台となったのである。この時期のロンドンの繁栄を象徴する出来事が、ハイド・パークで開かれ、世界中に当時の最新技術とイギリスの繁栄を知らしめた第一回ロンドン万国博覧会（1851年）である。博覧会は、産業革命の成果と大英帝国の威信を国内外に示し、1万4000人が出展、40カ国から600万人の来場者を集め、20万ポンドの収益をあげ大成功を収めた。国を挙げての大博覧会にヴィクトリア女王は、1840年に結婚したアルバート公をはじめとする王族たちを引き連れて訪れ、家族愛に満ち溢れた王家を演出した。この時の様子が、ケンジントン宮殿内の王のギャラリー東面側会議室にある、クリスタル・パレスで博覧会の開幕を記念する絵画に描かれている。クリスタル・パレス以降、総ガラス張りの建物はヴィクトリア様式として知られるようになる。

　この時代、王家もイギリス国家の繁栄を享受した。女王ヴィクトリアにちなんだものは今も残されており、往時をしのぶことができる。ケンジントン宮殿内の王のギャラリー、ヴィクトリア女王の間のヴィクトリア女王の宝物、ケンジントン宮殿内のヴィクトリア女王が洗礼を受けたキューポラの間、王位継承の枢密院会議を招集した赤の広間、さらにはロンドン塔にはヴィクトリア女王の王冠もある。発展と繁栄の象徴であるヴィクトリアだが、富を独占することなく惜しげもなく投資して、博物館や高等教育機関を作ったことでも知られている。ヴィクトリアは国民敬愛の的となり、王家の権威を高め

02 第一回ロンドン万国博覧会が開かれたハイド・パークのクリスタル・パレス

た。ロンドン市内の「ヴィクトリア駅」「ヴィクトリア街」など、ヴィクトリア女王の名前を冠した地名は今も残っている。

ヴィクトリア朝の時代にイギリスは、対外的に「世界の工場」の立場を確固たるものにし、世界で優位を誇った。そしてロンドンは軽工業から重化学工業まで、あらゆる分野を網羅した工業生産の最重要拠点となった。対外貿易では、保護主義的性格の強い穀物法を1848年に廃止して、自由貿易主義へと転換した。また1860年に英仏通商条約を締結し、自由貿易の原則の下、従来の輸入禁止令を廃して関税率を大幅に引き下げることにより、フランスとの関係を安定化させた。いわゆる「パックス・ブリタニカ」（イギリスによる平和の時代）である。こうした「平和と安定」を背景に、ロンドンは世界貿易の中心地となった。テムズ川河口部のロンドン港は、イギリス最大の貿易港となり、イギリスの製品を世界中に送り出したのである。

ヴィクトリア朝の時代にイギリスは、アジア・アフリカで勢力を拡大した。この象徴的な出来事が、1877年のヴィクトリアのインド帝国皇帝の称号である。アヘン戦争（1840～42年）の勝利により、鎖国を続けていた中国を開国させた。エジプトでは、1869年にスエズ運河を開通させ、1881年のアラビ・パシャの反乱を契機に、1882年に実質的に支配下に置いた。アフリカでは、植民地の分割を推し進め、南アフリカ戦争（ブール戦争、1899～1902年）でオランダ勢と戦い勝利した。ヨーロッパではイタリア国内の統一、ロシア領だったポーランドの民族運動、さらにはクリミア戦争に積極的に介入、勢力均衡と植民地支配の安全を図った。植民地では部分的だが、カナダなどの白人植民地で自治を認めている。

１８００年代前半がヴィクトリア朝の「陽」とすれば、「陰」の部分が１８００年代後半から現出してきた。特に１８６０年代から70年代にかけての大不況などの経済状況悪化により、労働運動が発展し、１８６４年にはロンドンで労働者の国際的団結を目的とする第一インタナショナルが結成されている。そして１８８０年代には社会主義運動、労働運動が活発化し、マルクス主義では社会民主連盟、無政府主義では社会主義者同盟、そして議会主義・漸進主義のフェビアン協会や、独立労働党も結成された。政府側もこうした運動の広がりを無視することができなくなり、１８７２年に労働組合法を制定して、労働組合運動を公認・合法化した。他方アイルランド問題では、グラッドストンのアイルランド自治案を議会が否決するなど、後の時代への禍根を残すこととなった。

ヴィクトリア女王自身はヨーロッパ各国王家のリーダーという側面も持っていた。当時バルカン、クリミアなどでロシアとイギリスは対立していたのだが、ロシア最後の皇帝であるニコライ2世と皇后アレクサンドラの仲を取り持ち、結婚を後押ししたのもヴィクトリアだった。また最後のドイツ皇帝で、ビスマルク以降の拡張政策を積極的に推進し戦争に突入するヴィルヘルム2世は、ヴィクトリア女王の孫に当たる。

１９０１年にヴィクトリア女王が逝去すると、帝国主義列強同士の争いはますます激化し、やがて戦争（第一次世界大戦）へと発展する。そこにはヴィクトリア時代の栄光と繁栄はもはやなかった。だが、輝かしく優雅だったヴィクトリア朝の時代は、今もなおイギリス人のあこがれの的として語り継がれている。

（島田　顕）

◇ブックガイド◇

- 青山吉信他編『新版　概説イギリス史——伝統的理解をこえて』有斐閣、１９８２年
- 近藤和彦編『イギリス史研究入門』山川出版社、２０１０年
- 川成洋ほか編『イギリス検定　あなたが知っている、知らないイギリスの四択・百問』南雲堂フェニックス、２０１１年

14 イギリス現代
——戦争と混迷の時代

　ヴィクトリア朝がイギリスの絶頂期だとすれば、それ以降の時代は絶頂から転げ落ちる時代といえる。1901年のヴィクトリアの逝去前後から、帝国主義列強による植民地争奪戦激化の時代を迎え、イギリスはドイツ、ロシアなど後進資本主義国との競争を余儀なくされる。「名誉ある孤立」という立場を捨て日英同盟に至ったのも、アジアにおけるロシアの進出を抑えようと目論んだからだった。日露戦争後、植民地再分割を要求するドイツとの間の争いはさらに熾烈なものとなった。1914年にオーストリアの皇太子が暗殺されたことにより第一次世界大戦が勃発、ヨーロッパ中を戦場と化した。イギリスはフランスを支援するために莫大な戦費を投じ、大規模軍隊を派遣した。ソンムの戦場に史上初めて戦車を投入、膠着した戦線の打開を図る。ロンドンは第一次世界大戦で初めて、飛行船による大規模な空襲を受けている。

１９１９年に第一次世界大戦が終結、戦争に勝利したものの、国土は荒廃しており、復興が急がれた。イギリスはヴェルサイユ条約では多額の賠償金を得た。だがそれだけでは戦争で失ったものを取り戻すことは不可能に近かった。そして戦時の過剰生産により不況の時代を迎える。１９２９年からの大恐慌による不況を乗り越えるため、イギリスはブロック経済体制をとった。だが不況にあえいだドイツは、ヒトラー政権の樹立以降、戦争への道をひた走る。１９３９年９月にドイツ軍がポーランドに侵入し、第二次世界大戦が始まった。第一次世界大戦同様イギリス軍はフランスで戦うが、ドイツの「電撃戦」に歯が立たず、フランス北部からの撤退を余儀なくされる。フランス降伏後もイギリスは徹底抗戦を続けた。降伏を強いたヒトラーによってロンドンは再び空襲を受ける。イギリスの戦闘機がドイツの爆撃機、戦闘機をイギリス上空で迎え撃った、いわゆる「バトル・オブ・ブリテン」でドイツ空軍を撃退する。イギリス侵攻を断念したドイツは矛先をロシアに向ける。制空権をドイツから奪還すると、ロンドンを中心とした基地からアメリカ空軍、イギリス空軍の爆撃機、戦闘機が、フランス、ドイツ本土への空襲へと飛び立った。やがてロンドン周辺の地域に連合軍部隊が集結、１９４４年６月にノルマンディー上陸作戦を決行する。上陸作戦を成功させた連合軍は、西からドイツ軍をベルリンへと追いつめることになる。

チャーチル首相はイギリスを勝利に導いたが、１９４５年５月の勝利直後の総選挙に敗れ、美酒の代わりに冷や水を浴びせられる。チャーチル政権の後継として、アトリー労働党政権が誕生した。財政危機を乗り切るためアトリーは、イングランド銀行、電信、放送、航空、電力、ガスなどの基幹産業の国有化、国民保険法などの法律制定により社会保障制度の充実を図る、いわゆる「ゆりかごから墓場まで」の社会政策を推進した。

イギリスはマーシャルプランを受け入れ、アメリカと歩調を合わせヨーロッパの復興に協力した。NATOの結成など、冷戦はすでに始まっていた。1951年にアトリーの労働党が総選挙に敗れ、政権は再び保守党へ移る。第二次チャーチル内閣が発足し、緊縮財政と国民に耐乏を強いる政策を実施した。

戦後のアジア、アフリカにおける民族運動の高揚により、インド、パキスタンなどの植民地が相次いで独立し、イギリスの支配を離れた。ロンドンは植民地を手放すイギリスを見守り続けている。チャーチルの後継となるイーデン内閣の時にスエズ動乱が起こった。1956年にエジプトのナセル大統領が突如スエズ運河の国有化を宣言、紛争を巻き起こした。関係各国はロンドンで会議を開き、紛争解決に乗り出すものの、イスラエルのエジプト侵攻で英仏がエジプト進駐を続けたために動乱へと発展した。結局イギリスは撤兵を余儀なくされ、責任をとってイーデンは辞任した。

国内的には賃金抑制、社会保障費削減での経済安定、対外的には西側の一員としてアメリカとの協調政策、東西緊張緩和政策や1973年のEC（ヨーロッパ共同体）への加盟などで、イギリスは威信の回復を図った。以降イギリスはEC、そしてEU（ヨーロッパ連合）の一員としての道を歩み続けている。

1960年代後半以降イギリスは、北アイルランド問題に悩まされる。大都市ロンドンはテロの標的とされた。1970年頃からカトリック過激派IRA（アイルランド共和国軍）によるテロで、3000人以上の市民が犠牲になった。この問題では、1972年の血の日曜日事件調査委員会の結果が出て、2010年6月にキャメロン首相が謝罪した。治安権限委譲など、シンフェイン党との合意が達成、和平プロセスが完了している。

1951年に保守党政権、1964年にウィルソン労働党政権、1970年に保守党政権、1974年の労働党政権奪還と、保守党と労働党が交互に政権を担当している。そして1979年にサッチャー政権が発足、史上初の女性首相が誕生した。「鉄の女」の異名を持つサッチャーは、外交関係でも強硬な態度をとる。特に天然ガス資源をめぐるアルゼンチンとの対立は、フォークランド紛争（1982年4～6月）に発展した。イギリスは海軍を中心とした兵力を南大西洋に派遣、アルゼンチン軍を撃破した。サッチャーは、1987年に連続3選を果たすが、1990年に辞任、メージャー政権に引き継がれる。メージャーは1992年にも続投を決めるが、1997年総選挙で労働党が政権奪還、ブレア党首が43歳で史上最年少の首相に就任し、2001年の総選挙でも356議席の過半数を占める。連続3期政権を担当したブレア首相だが、アメリカが仕掛けたイラク戦争で批判噴出、議席を大幅に減らし、2007年6月に任期半ばで辞任、ブラウン財務相が後継首相となった。2010年5月に再び保守党が政権を取り戻し、2011年現在キャメロン保守党党首が首相に就任している。

現在、イギリスは緊縮財政下にあり、4年間で19パーセント、830億ポンドを削減

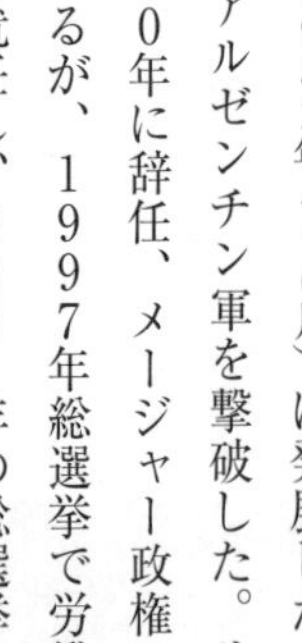

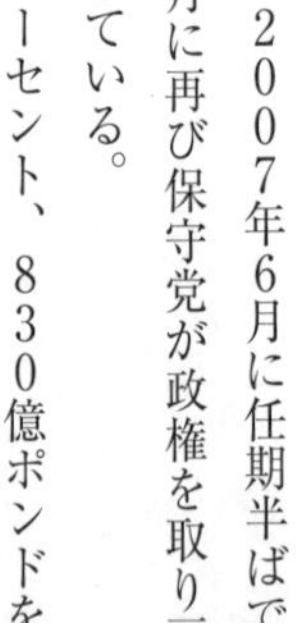

01 マーガレット・サッチャー首相（1979～1990在任）
02 ジョン・メージャー首相（1990～1997在任）
03 トニー・ブレア首相（1997～2007在任）
04 デイヴィッド・キャメロン首相（2010～）

することが発表された。これに国民が反発、特に学生が学費値上げに反対し、デモ行動をエスカレートさせて暴徒化、２０１０年12月にチャールズ皇太子夫妻が乗った車が襲撃され、窓ガラスが割られるという事件が起こっている。

暗いニュースばかりが続くが、イギリスにとって久々の明るいニュースとなったのが２０１１年４月のチャールズ皇太子長男ウィリアム王子の結婚だった。新たな時代の、開かれた王室を目指して、ウィリアム王子はウェストミンスター寺院で結婚式を挙げた。イギリス空軍の捜索救難ヘリコプターのパイロットである王子は、南太平洋のフォークランド諸島に派遣されるなど軍務に忙しく、新婚生活どころではない。ウィリアム王子夫妻が早くロンドンに戻ってきて平穏無事な新婚生活を送ることを切に願う。

また２０１２年のロンドン・オリンピックに向けた準備が現在着々と進められている。２０１０年に、ロンドン・オリンピック組織委員会が８００万枚の入場券発売を決定した。オリンピックにあわせた事業として、スタジアムや競技場の整備のほかに、テムズ川南北両岸を結ぶロープウェイ建設、19世紀の帆船カティー・サーク号の復元、高さ１１５メートルのシンボルタワーの建設が行われている。「持続可能なオリンピック」をスローガンに、オリンピック・パークや会場の炭素排出を低く抑え、建設段階での廃棄物少量化、エコ資源使用、健康的な暮らしの改善と促進、新たなオリンピック・パーク周辺のコミュニティーとの協力を目指している。26もの種目の競技が予定されており、２０１２年のロンドンは世界のスポーツの都となることはまちがいないだろう。

（島田　顕）

◆ブックガイド◆

- W・S・チャーチル『第二次世界大戦』佐藤亮一訳、河出書房新社、１９８３年
- 斉藤孝『ヨーロッパの一九三〇年代』岩波書店、１９９０年

コラム 06

チャーチルの第二次世界大戦期ロンドン体験

島田　顕

１９４０年6月にパリが陥落し、ドイツは同年夏にイギリスに対する攻撃を本格化させる。ヒトラーはイギリス本土上陸作戦を（コードネーム「あしか」作戦）計画、まずドイツ空軍によってイギリス空軍、海軍を叩いた後に侵攻作戦を行うべきという空軍大臣ゲーリングの進言を受け入れ、8月からロンドン爆撃を開始した。オランダ、ベルギー、フランスの基地から、ハインケル、メッサーシュミットなどの爆撃機、戦闘機が連日飛び立ち、レーダー基地、イギリス艦船、軍需工場、飛行場、港湾、道路などの戦略施設を中心に破壊し、４０００隻の船舶が沈められた。イギリスはハリケーン、スピットファイアなどの戦闘機で対抗するものの、次第に風前の灯火の如くとなっていった。当初ヒトラーは、和平の可能性を模索していたため、首都ロンドンへの空爆を遠慮していた。だがドイツ空軍の爆撃機が誤ってロンドンを爆撃してしまう。これに対しイギリス空軍機はベルリンを報復爆撃した。ベルリンを爆撃され激怒したヒトラーは、ロンドンの特に住宅地に対する無差別爆撃に方針を転換した。これによりロンドン空襲が本格化し、昼夜を問わず爆撃が行われるようになったのだが、戦略施設に対する爆撃は逆に軽視されたために、イギリスは息を吹き返すことに

Ｖサインを掲げ国民に勝利をアピールするチャーチル

周囲が爆撃をうけ、炎と煙に包まれるセント・ポール大聖堂

なったのである。

１９４０年の下半期、ロンドン市民による空襲監視体制が組織され、発見、警報、避難が徹底された。特に空襲のための避難所に供されたのが地下鉄だった。地下鉄駅は避難のための防空壕となったが、地下鉄は通常通り運行し続け、市民は電車が走るホームの傍らに寝泊まりしていたのだった。ドイツ軍が爆弾を落とすと、市民はすぐさま消火活動を行った。だが大量の爆弾が民家に直撃し、住宅地の被害は甚大なものになった。セント・ポール大聖堂も一部に被弾したほか、多くの歴史的建造物も焼失する被害を受けている。多くの死傷者を出すが、ロンドン市民は普段の生活を続けていた。普段通り運行を続ける地下鉄の駅で避難中に編み物をする女性、地下鉄ホームで洗濯する女性もいた。このように普段通りの市民生活を続けることで、イギリスは経済活動を維持し、軍需産業など重要部門の生産を続け、ついにはドイツにうちかつことができたのである。

１９４０年５月に、宥和政策に失敗して辞任したチェンバレン首相の後を引き継いだチャーチルは、議会での就任演説でまず、「私が諸君に提供できるものは、血と労役と汗以外には何もない」と述べ、目的は勝利だけだと説いた。チャーチルは足繁く被災地を訪れ、被災した市民を激励し、消火活動に携わる消防士たちを讃えた。またラジオを通じて演説し、力強い指導力をアピールし、国民を激励し、団結させ、戦争協力を求めた。ヒトラーと和平交渉することなく、徹底抗戦を呼びかけたチャーチルの言葉は、イギリス国民が潜在的に秘めていた誇りと勇気を蘇らせることになった。

被災地を訪れたチャーチル

ロンドンからドイツ軍を撃退した後チャーチルは、イギリス空軍のパイロットたちを礼賛、「人類による戦いの中でも、これほど多くの国民が、これほど少数の人々から、これほど大きな恩義を受けた例はない」と述べ、被災地を幾度も幾度も訪問し、市民とともにロンドンの勝利を確認したのである。

チャーチルの勝利への信念はゆるぎがなかった。しかし、勝利に執着し、集中するあまり、彼には戦争がイギリスに何をもたらすのかが見えなくなっていた。「私は、イギリス帝国の解体に立ち会うために、首相の座に就いたのではない」。この言葉が示す通り、彼はイギリス帝国の支配形態の維持だけを目指していたのである。他方で、挙国一致内閣を共に組んでいた労働党が求める社会改革プランを無視し続けた。そのつけはチャーチル自身が支払うことになる。1945年夏、戦争を勝利に導いた直後の総選挙で負け、彼は首相の座を奪われたのである。

第Ⅲ部

政治・経済都市ロンドン

15
ウェストミンスター・パレス　歴史との対話

――「イギリス」を築き上げた空間

テムズ川沿いのベンチに座り、対岸の国会議事堂を眺める。観光船がその下を行き交うウェストミンスター橋の上流側。大型観覧車ロンドン・アイがそびえる下流側が観光客でごった返すのとは対照的に、橋を挟んだ上流側はいつ訪れても静かだ。いくつもの小尖塔が並ぶゴシック建築と、時計塔ビッグ・ベンで知られる議事堂は見る角度によってその姿を様々に変える。その中で、全長265メートルに渡り端正な「後姿」を見せるこのスポットからの景観が、私は一番好きだ。ここから、民主主義を育んできたウェストミンスター・パレス（議事堂の正式名称）の歩みに思いを馳せるとき、それは英国の歴史との対話となり、イギリス人の特性を問うことへと昇華していくのである。

01 テムズ川の対岸から望むウェストミンスター・パレス

ウェストミンスターとは、「西の寺院」という意味だ。ローマ人が築き、ロンドン発祥の地となった現在の「シティー・オブ・ロンドン」の西側に位置するためこう呼ばれるようになった。この地に、アングロ・サクソン人のエドワード証聖王が宮殿（オールド・パレス）を建てたのは11世紀中盤のこと。意外に知られていないが、アングロ・サクソン治世下のイングランドの首都は英南部のウィンチェスターだった。その時代が終わり、ロンドンに首都機能が移転し始めるのは、ノルマン人のウィリアム王が１０６６年にイングランドを征服してからのことである。

その息子のウィリアム2世が１０９９年にオールド・パレスに増築した「グレイト・ホール」が、現在の議事堂の中核をなす「ウェストミンスター・ホール」である。ここで１２６５年に開かれた最初の「議会」が議会制民主主義の源流と位置づけられている。このホールは14世紀末に大改造されたものの、基本的に元の構造が生かされた。度重なる災禍も免れ、現在に生き延びた。長さ73・2メートル、幅20・7メートル、高さ28メートルの長方形のホール内には支柱がなく、アーチ型の木製の梁が巨大な天井を支える構造が見る者を圧倒する。広々とし

01

た空間は薄暗く、赤茶けた木製の天井を見上げれば、中世へタイムスリップするかのようだ。

国王の住居としてのパレスの役割は、ヘンリー8世が1532年に近くに引っ越した時点で終った。しかし、ウェストミンスター・ホールはその後も様々な王室行事の舞台となり、1821年のジョージ4世まで戴冠式の晩餐会の会場となってきた。感慨深いのは、このホールには1825年まで裁判所が置かれ、英国史を彩る数々の事件が裁かれてきたことだ。ホール内を歩くと、清教徒革命（1649年）で王座を追われたチャールズ1世やヘンリー8世に楯突いた啓蒙思想家トマス・モアらが死刑を宣告された裁判で被告として立った場所が床に記されている。一方で、ホール内にはかつてショッピング・アーケードがあり、政治ゴシップを求める市民らの溜まり場にもなっていたというから、その雑多性に現代につながる英国的な「開かれた社会」の原型を見る思いがしてくる。

このホールは英国にとって特別な場所である。だから、今も国王や卓越した政治指導者らが亡くなった際には国民が最後のお別れをする遺体安置所となる。過去の例では、自由主義の理想を追求した議会人ウィリアム・グラッドストンや第二次世界大戦の戦争指導で国民的英雄になったウィンストン・チャーチルらの遺体がこのホールに安置された。その場所が記念プレートで床に示されている。

英国では、清教徒革命を除いて本格的な市民革命が起きなかった。立憲君主制という、絶対王政の「中世」と法の支配の「近代」が微妙なバランス感覚の上に接木されたようなこの政治システムが英国で創造された理由を考えるとき、私には、このホールが多くのことを語りかけてくるように思えてならない。国王という最高権威とその権力を監視する議会、そして裁判所が同居した空間。この空間こそ、行政と立法、司法の境界がややあいまいな英国的な「三権分立」を育み、立憲君主制という政治システムを創造することに重要な役割を果たしてきたのではないかと思えるのである。

1834年の火災後に再建された現在の議事堂（ニュー・パレス）は、完全主義者のチャールズ・バリーの設計によるもので、英国の歴史を凝縮したモニュメントとなるよう建設された。1100もの部屋を持つ建物の随所に、英国史の重要な場面を描いたフレスコ画や、偉人の像などが配置され、議事堂を見学することは、英国の「正史」に触れる体験となる。

イギリス人は空間作りの天才だ。街中のちょっとしたパブや由緒正しいジェントルマンズ・クラブの居心地の良さ、緑豊かな田園地帯を訪ねた時などにそう実感する。そして、その特性を遺憾なく発揮した象徴的な例が、第二次世界大戦中にドイツ軍の空爆で被災した下院本会議場の再建をめぐるエピソードである。

下院本会議場で水曜日の午後に開かれる党首討論（首相のクエスチョン・タイム）を何度か傍聴したが、いつも感心するのは、議場が熱気に包まれていることだ。深刻なテーマを議論していてもユーモラスで、議場に飛び交う「イエー（その通りだ）」や「ネー（そうじゃない）」の掛け合いの声が、討論の雰囲気を盛り上げる。与野党の議員が通路を挟んで対峙する議場は長さ20メートル、幅14メートルと非常に狭く、下院定数650に対して長イスの座席は約430人分しかない。だから、あぶれた議員は大臣も含め立ち見となり、この混雑ぶりが、討論に独自の緊張感を与えているのである。それでは、なぜ議員に十分な席がないのか。私は建物が古いせいだと思い込んでいた。それが、意図的に議場を狭くしたのだということを知ったときには、その知恵に驚かされたものである。

被災した議場はほぼ元の状態に再建されるのだが、それを強く主張したのが当時のチャーチル首相で、1943年10月、再建案を討論した議会でこう訴えている。

「建物を形作るのは我々だが、その建物が後に我々を形作ることになる。議員全員を収容するような議場にしてはいけない。下院での優れた議論の真髄は軽快にやり取りができる対話スタイルにある。そのためには、小さな議場と打ち解けた雰囲気が欠かせないのである」

この意味をかみ締めるとき、私には、この議場が英国の民主主義に及ぼす効果に止まらず、先に触れたように、ウェストミンスター・ホールという空間が英国の政治システムの発展に与えた影響に改めて思いを馳せずにはいられなくなるのだ。

『建物を形作るのは我々だが、その建物が後に我々を形作ることになる』

イギリス人はこの真理を理解してきたが故に、歴史に大きな足跡を残すイギリス人になり得たと考えるのは、ちょっと行き過ぎだろうか。

（笠原敏彦）

16

「ダウニング・テン」の悲哀

――チャーチルとサッチャーの引き際

地下鉄サークル線、ディストリクト線またはジュビリー線のウェストミンスター駅から歩いて5分のところにダウニング街10番地がある。これは単なる番地ではない。首相官邸の所在地であり、英国ではダウニング・テンというと首相官邸そのものを指す。

ダウニング・テンに首相官邸が出来たのはいまから約380年前、1730年代のこと。初代首相であるロバート・ウォルポールがジョージ2世から与えられた建物に住み始めたのが起源とされている。現在のデイビッド・キャメロンも含めてこれまでに53人の主（首相）を迎えているが、官邸の住人の中でも20世紀英国の政治史において際立った存在といえばウィンストン・チャーチルとマーガレット・サッチャーであろう。

チャーチルは1940～45年と1951～55年の2回首相になっており、サッチャーは1979～90年の11年間にわたって官邸の住人であった。

BBC（英国放送）が2年前に行った戦後の歴代首相の人気アンケート調査によると、チャーチルがトップでサッチャーは3位となっている。いずれもその指導力（リーダーシップ）が買われて上位にランクされ、普通の英国人の間での人気が高い。両方とも保守主義者であるが、サッチャーとチャーチルを比較すると、いろいろな点で対照的なのが面白い。チャーチルは貴族を祖先に持つ名家の出であり、ハロウという名門パブリック・スクール（私立寄宿舎学校）に通いはしたものの学業成績はまるでダメな存在であった。それに対してサッチャーはグランサムという田舎町の乾物屋の娘として生まれたが、頭脳優秀で地元では秀才学校と言われる女子校を出てからオックスフォード大学で化学を専攻している。

1874年11月30日生まれのチャーチルが政治の世界に入るのは1900年に保守党から下院議員選挙に出馬し、初当選を果たしたときであるが、最初に首相に就任したのは初当選から40年後、1940年5月のことである。サッチャーは1925年10月13日生まれ、チャーチルとは51歳の開きがある。国会議員に初当選したのが1959年、首相就任は1979年だから議員歴20年で首相の座に就いたことになる。

首相としての二人に共通しているのは「戦争」であるが、意味は全く違う。チャーチルが首相に就任した1940年当時の英国は、ネビル・チェンバレン率いる保守党が政権についていたのだが、チェンバレン首相のヒトラーに対する宥和政策が弱腰外交と言われ不評で、対独戦争のための連立政権がつくられ、首相にはウィンストン・チャーチルが就任した。66歳のときである。チャーチルは文字通り戦争指導者、対独・対日戦争で英国を勝利に導いた国民的ヒーローでもあった。

サッチャーの運命を決定づけたといわれるのが、首相就任から3年後の1982年4月、アルゼンチンとの間で起こったフォークランド紛争である。英国病を云々され、経済的には落ち目の一途といわれた英国を立て直すことを期待されて首相に就任したものの、初期の荒療治のおかげもあり失業者が町にあふれる事態となって、「二期目はムリ」と言われたサッチャーにとって、フォークランド紛争の勃発は「救いの神」となった。毅然たる態度で軍隊を派遣するサッチャーは一夜にして支持率78％の国民的な英雄となってしまった。

チャーチルは、第二次世界大戦勝利の立役者であったにもかかわらず、戦争に勝利した1945年に行われた選挙において、彼が率いる保守党は労働党に大敗を喫する。あのヒーローがなぜ負けたのか？　英国の政治史上最も興味深い話題の一つである。対独戦争は1945年5月にヒトラーの自殺で勝利に終わる。総選挙はその2カ月後の7月に予定されていたが、5月の時点におけるチャーチル首相の支持率は83％という高さを誇っていた。にもかかわらず2カ月後の選挙ではクレメント・アトリー率いる労働党が154から393へと倍をはるかに上回る議席数を獲得する。一方、チャーチル率いる保守党の議席数は432から213にまで激減するという結果に終わった。

チャーチル保守党大敗の芽は、戦争中の1942年、国会の委員会からの依頼でウィリアム・ベバレッジという経済学者が作成した『ベバレッジ報告書』が大反響を呼んだことに出ていたと言われる。この報告書は、戦争終了後の英国における社会福祉制度のあるべき姿を答申したものであったが、発表と同時に60万部も売れるという大騒ぎとなった。60万部というのは、当時の有力全国紙の発行部数とほぼ同じものであった。ベバレッジ報告書が大反響を呼んだことの一つの理由として挙げられるのが、英国民の平和への渇望である。対ヒトラーの戦いではチャーチルの下に国民的な結束を示しながらも、庶民感覚としては「戦争疲れ」が広がっていたことにチャーチル自身が気づいていなかったということである。

一方のサッチャーは、フォークランド紛争後もさまざまな改革を断行、英国経済の建て直しに邁進、結局11年と２０９日間首相の座に坐り続けることになる。彼女は英国最初の女性首相であるばかりでなく、１８２０年代以来の英国で最も長期間「ダウニング・テン」の住人であった人でもある。彼女の辞任は、導入しようとした人頭税が国民的に不人気であったということもあるが、政治の進め方の強引さに閣内から不満が噴出、それに耐えきれなくなったことが原因とされている。

「あなたは英国の何を変えたのか?」と質問されたサッチャーが「何もかも変えたわ（I changed everything.）」と言い放ったことはよく知られているが、最後の閣議（１９９０年11月22日）で辞任を告げたサッチャーの発した言葉は「ヘンな世の中よね」*1というものだった。孤立の中で涙ながらに身を引いていった勝ち気なサッチャーが、自分を裏切った閣僚たちに贈ったお別れの言葉となった。

*1　It's a funny old world.

*2　I've tried them with pep and I've tried them with pap, and I still don't know what they want.

ちなみに選挙活動に取り組むチャーチルが、ライバルであるクレメント・アトリー（労働党党首）に洩らしたのは「私は選挙民に向けていろいろ試してみたのだが、未だに国民が何を望んでいるのかが分からんのだ」[*2]という言葉だった。チャーチルという人は、戦争に勝つ方法は知っていても、選挙に勝つ方法は知らなかったのかもしれない。

（春海二郎）

◆ブックガイド◆

- 森嶋通夫『サッチャー時代のイギリス』岩波新書、1988年
- マーガレット・サッチャー『サッチャー回想録―ダウニング街の日々』（上・下）石塚雅彦訳、日本経済新聞社、1993年
- Peter Clarke. *Hope and Glory: Britain 1900-2000*, Penguin, 2004.

17 一度はつぶされた大都市の自治

――新旧市庁舎に見るロンドン統治の半世紀

地下鉄のロンドン・ブリッジ駅を降りてツーリー・ストリートを歩くと、ガラス張りで、フェンシングのお面のような変わった形の建物が見えてくる。それがいまの大ロンドン市庁の庁舎である。テムズ川をはさんでロンドン塔と向かい合っている。英国現代建築の第一人者、ノーマン・フォスターがデザインしたもので2002年7月にオープンした。

この庁舎ができる前、ロンドンの市庁舎は、地下鉄ウェストミンスターまたはウォータールー駅近く、テムズ川をはさんで国会議事堂と向かい合ったところにあった。カウンティ・ホールと呼ばれるその建物は大観覧車の隣にいまでも残っており、水族館、ギャラリー、レストラン、ホテル等々の娯楽施設が入っている。この建物は1922年に建てられたもので、完成式にはジョージ5世も出席した由緒あるものだったが、1980年に市庁舎であることを止め、当時は日の出の勢いであった日本の不動産会社に売却されてしまった。何が起こったのか？　大ロンドン市庁そのものが、サッチャー保守党政権によって廃止されてしまったのである。

地方自治体としてのロンドンの歴史は案外新しく、大ロンドン市庁が誕生してから、まだ50年も経っていない。ロンドン市という名前の自治体は、鎌倉幕府の誕生と同じ1192年から存在していたのであるが、これは大ロンドン市の一部である金融街、シティーのことであった。ロンドンのシティーは自治都市として独立した存在であり、王室のメンバーでさえも入ることを拒否することができたし、シティーにはシティーの「市長」がいまでもいるが、それはあくまでも金融街の市長さんであり、「自治」と言っても金融街の1マイル四方だけの話である。日本でいう「東京都」という意味での大ロンドン市（32区とシティーからなる行政機関）ができたのは1965年のことであるが、東京都の場合は23区が都の出先機関として出発したのに対して、大ロンドン市の場合はまず32区とシティーがあり、それらの調整機関として誕生したという点で性格が少し異なっている。

1965年にできた大ロンドン市では1981年までの16年間で6回の市議会議員選挙が行われたが、労働党と保守党がそれぞれ三度ずつ勝利して与党になっている。1977年の選挙では保守党が圧勝して1981年の選挙を迎えるのであるが、中間の19

79年にテムズ川をはさんだ国会でサッチャーの保守党政権が誕生していることに注目する必要がある。サッチャー政権誕生の2年後、1981年のロンドン市議会議員選挙では労働党が勝って与党になるのであるが、その背景には英国経済の建て直しのために様々な改革を断行する「サッチャー革命」によって、失業率が高まり、国民生活も耐乏を余儀なくされて反サッチャーの世論が盛り上がっていたということがある。そんな状況下で行われたのがロンドンの市議会議員選挙であった。

1980年代はロンドンのみならず、マンチェスター、バーミンガム、リバプールなどの大都市圏における自治体でも労働党政権が誕生して中央政府と対決する時代となった。ロンドン市議会はそんな時代の象徴でもあったのであるが、ロンドン市議会における労働党のリーダーとなったのがケン・リビングストンであった。「レッド・ケン」の異名を持ち、労働党内でも最左翼で知られたリビングストンは、議会リーダー（事実上の市長にあたる）となるや地下鉄やバス運賃の値下げ、黒人やゲイ・グループの支援、地方税の引き上げなど、財政引き締め策を推進する「川向う」のサッチャー保守党政権の神経を逆なでするような政策を次々と断行した。

ロンドンで労働党議会が誕生した2年後の1983年にはサッチャー政権の二期目を占う国会議員の選挙が行われた。改革を断行するサッチャーへの国民的反発は強く、サッチャーにとっては逆風、労働党にとっては政権奪回のチャンスとなるはずの選挙だった。が、1982年に英国とアルゼンチンの間で勃発したフォークランド紛争によって事情は全く変わってしまった。アルゼンチンとは一切の妥協をせずに軍隊まで派遺したサッチャーに対する国民的な人気が高まってしまったのである。

１９８３年の総選挙におけるサッチャー・保守党の選挙公約の中にロンドンおよび六つの大都市圏議会の廃止が盛り込まれた。果たして選挙は保守党が58議席増の３９７議席、労働党は60議席減の２０９議席で、サッチャーの圧勝に終わった。そして3年後の１９８６年、大ロンドン市庁は廃止され、テムズ川をはさんで国会に対峙していた大ロンドン市庁の由緒あるカウンティ・ホールも売却されてしまったのである。

それから14年後の２０００年、トニー・ブレア率いる労働党政権の下で新しい大ロンドン市庁として復活、市庁舎もあのカウンティ・ホールではなくモダンな建築デザインが目立つ建物に入居することになる。変わったのは建物だけではない。大ロンドン市庁の首長として、英国では初めて公選による「市長」が誕生した。サッチャーに嫌われたあのケン・リビングストンである。日本では知事・市長らの首長が直接選挙で選ばれるのは当たり前になっているが、英国の場合、それはむしろ例外で、地方自治体においても議会を中心に政治が行われている。住民に選ばれた議員が、自分たちの中からリーダーを選び、それが事実上の市長となる。国会議員が自分たちの中から首相を選ぶのと同じである。

サッチャーが大ロンドン市庁を廃止する以前のロンドンも同じことであったが、ブレアが首相になって地方自治体の近代化が推進された際に真っ先に手をつけたのが首長の公選であり、その突破口がロンドンであった。皮肉なことに初代の公選市長は労働党右派のブレアが推した人物ではなく、労働党左派のリビングストンだった。リビングストンは2000〜08年の二期務めたが、2008年に行われた市長選挙で保守党のボリス・ジョンソンが当選、現市長となっている。次回の市長選挙はロンドン・オリンピックの年、2012年5月に行われるが、リビングストン氏が再度立候補することを公言している。オリンピックは7月27日から8月12日にかけて行われるが、五輪への立候補とロンドン開催の決定はリビングストンが市長のときに行われたのである。何としても開会式には市長として参加したいだろう。

（春海二郎）

◇ブックガイド◇

- 自治・分権ジャーナリストの会『英国の地方分権改革』日本評論社、2000年
- Antyony Sampson. *Who Runs This Place?: The Anatomy of Britain in the 21st Century*. John Murray Publishers Ltd., 2004.
- コリン・ジョイス『「イギリス社会」入門——日本人に伝えたい本当の英国』森田浩之訳、NHK出版新書、2011年

18

好奇心と競争の街
――フリート・ストリート

フリート・ストリートといえばイギリスの新聞の代名詞だ。

といっても、新聞社がこのあたりに集まっていたのは1980年代までで、いまはもっと東のテムズ川沿いに再開発されたワッピングやアイル・オブ・ドッグズに移転してしまった。

私は新聞の特派員として1987年から2年ほどロンドンで仕事をした。支局はフリート・ストリートから北に入ったフェッター・レーンのAPハウス二階にあった。アメリカの通信社APがロンドンの拠点にしたビルだった。タイムズはすでになかったし、ほかの新聞社にも引っ越しが広がっていた。

支局のそばにパブがあった。「プリンターズ・デビル」という。「印刷屋の悪魔、か。いかにも新聞街らしい」とちょくちょく顔を出しては、ビールをすすった。イギリスだから冷えていないので、ぐいっとのどを洗う感じがない。イギリス人と同じように、しゃべりながら立ったまま、ちびちびすする飲み方を覚えるのに時間はかからなかった。もっとも「デビル」には悪魔や魔王だけではなく、他人の指図に従う下働きという意味もあり、「プリンターズ・デビル」は「印刷屋の使い走り」といったところらしい。いまも開いているようだ。

新聞の街は印刷工の街でもあった。『タイムズ』の移転にもっとも抵抗したのは印刷工組合だった。印刷工の反対を押し切り、１９８６年、わずか2日間の事前通告で移転を強行したのはルパート・マードックだった。オーストラリア生まれのメディア王でタイムズを買収した。マードックが新聞界の覇権を争った相手が旧チェコスロバキア生まれのユダヤ人、ロバート・マックスウェルだ。

マックスウェルは『デイリー・ミラー』を支配しメディア帝国を築く。二人の攻防は１９８０年代の大きなニュースとなった。彼らの人生はその後明暗を分ける。マックスウェルは１９９１年、自殺とも事故死ともわからない水死体で発見された。マードックは米国籍に帰化し、ＦＯＸテレビと『ウォール・ストリート・ジャーナル』を傘下に収めている。

この二人をモデルにイギリスのベストセラー作家、ジェフリー・アーチャーが１９９6年、『メディア買収の野望』を書いた。邦訳のタイトルはストレートすぎるが、原題は「ザ・フォース・エステイト」で「第四身分」を意味する。アーチャーは冒頭の「著者ノート」でこう説明している。フランス革命の直前、ルイ16世が招集した「三部会」は第一身分の貴族、第二身分の聖職者、第三身分の平民で構成されていた。「それから数年後、エドマンド・バークはイギリス下院の新聞記者席を見あげて『あそこに第四身分が坐っている。彼らは議員全体よりも重要な存在である』と述べた」

こんな呼び方をされるほど、イギリスの新聞は社会に大きな影響力を持ってきた。その象徴がフリート・ストリートだった。

『メディア買収の野望』で、マードックがモデルのキース・タウンゼンドは新聞経営者の父に指示され、オーストラリアからオックスフォード大学に留学する。やっとの思いで学位試験に合格し帰国しようとしたら、父親から雑音まじりの電話で「エクスプレスで修業してこい」と命じられる。「今こっちに戻ってわたしの下で使われるより、フリート・ストリートで新聞の仕事をおぼえるほうがはるかに有益だろう」

フリート・ストリートは野心と競争と誇りの舞台だった。

こんな事件もフリート・ストリートで起こった。1890年4月27日月曜日午前11時、フリート街ポープス・コート七番地。「北から南から、東から西から、ありとあらゆる赤みがかった髪の持ち主が、広告に応じてぞろぞろとシティーに集まってきている。フリート街は赤毛の男たちでぎっしり埋まってるし……」

シャーロック・ホームズが活躍する「赤毛組合」の発端だ。「正真正銘、本物の濃い赤」の髪をもつ質屋の主人、ジェイブズ・ウィルスン氏は赤毛の男性を募集する奇妙な

イギリスの日刊紙発行部数　2011年12月（Audit Bureau of Circulations調べ）

	発行部数	前年同月比（%）
The Sun	2,530,843	-6.85
Daily Mirror	1,092,182	-3.64
Daily Star	616,498	-13.61
Daily Record	274,505	-5.42
Daily Mail	1,994,908	-1.78
Daily Express	596,415	-4.37
Daily Telegraph	587,040	-7.01
The Times	409,060	-8.79
Financial Times	333,771	-14.44
The Guardian	230,108	-13.11
The Independent	119,551	-31.69

イギリスの新聞の発行部数はインターネットや無料紙の影響で減少している。日本新聞協会によると、成人人口1000人当たり部数はイギリス332.4部。日本459.1部、米国201.5部、フランス193.5部、ドイツ278.7部に比べると、まだ新聞を読むイギリス人は多いようだ。

新聞広告につられて、フリート・ストリートにある赤毛組合事務所の面接を受けた。「大英百科事典」を筆写する風変わりな仕事で週4ポンドもかせぐ。その裏に意外な事件が仕組まれていることを名探偵ホームズが解き明かす。

広告が載った新聞の名前をメモしておくようホームズは相棒のワトソンに頼み、ワトソンは『モーニング・クロニクル』と答える。『モーニング・クロニクル』は1769年、創刊された実在の新聞だ。チャールズ・ディケンズがボズのペンネームで書いたこともある。1862年に廃刊となったので、赤毛組合の1890年には存在していないはずだが、その謎はホームズ探偵に解いてもらうしかない。

もっとさかのぼると、1703年7月31日、フリート・ストリートの西の端で、ある罪人が群衆の前で首枷の刑にさらされた。頭と両手を板ではさんで固定され、残酷な見物人に汚物や石を投げられ笑いものにされる。この辱めを受けたのは、のちにイギリス最初の本格小説『ロビンソン・クルーソー』を書き、ジャーナリストの草分けとしても活躍したダニエル・デフォーだった。イギリス言論史の香内三郎によると、政治風刺パンフレットが罪に問われた。「ところが、予想もしなかった事態がおきる。曝し台上のデフォーは、ロンドンの群衆から歓呼の声をもって迎えられたのである」（香内三郎「イギリス・ジャーナリズムの誕生」『活字文化の誕生』所収）。言論弾圧が、逆転してジャーナリストを励ます機会となった。「言論の自由にとって、大きな意義を担っている」（同書）事件がフリート・ストリートで起こっていたのだ。

新聞という定期発行の活字メディアが成立するには識字率の向上や経済生活の改善など多くの要素がからむ。しかし、社会や見知らぬ外国で何が起こっているのか関心を持ち、お金を払ってでも情報を知ろうとする好奇心に満ちた読者――市民の存在がなにより重要だろう。フリート・ストリートから新聞社は消えたが、私たちはフリート・ストリートを必要としている。

（中井良則）

◆ブックガイド◆

- ジェフリー・アーチャー『メディア買収の野望』（上・下）永井淳訳、新潮文庫、1996年
- アーサー・コナン・ドイル『シャーロック・ホームズの冒険』深町眞理子訳、創元推理文庫、2010年
- 香内三郎『活字文化の誕生』晶文社、1982年
- 香内三郎『「読者」の誕生――活字文化はどのようにして定着したか』晶文社、2004年
- ピーター・ブッシェル『倫敦千夜一夜』成田成寿・玉井東助訳、原書房、1987年

19 MI5・MI6

――紳士の国のインテリジェンス

イギリスは「スパイ王国」だなどと言えば、怪訝に思われる人も多かろうと思う。

だがしかし、ヴィクトリア朝のイギリスは「7つの大海を支配している」と豪語し、あるいは「パックス・ブリタニカ」という誇り高い言葉が世界中を闊歩していたが、あのヨーロッパの辺境に位置する小さな島国がどうして世界を睥睨できたのであろうか。イギリスの軍事力だけで、あるいは外交的手腕だけでこのような絶対的に優位な立場を確保できるのであろうか。

これを可能にしたのは、実は、世界中に張り巡らしている「スパイ・ネットワーク」なのである。

01 サー・フランシス・ウォルシンガム

スパイ組織と言えば、イギリスはまさに最も長い歴史のある「スパイの最先進国」の異名を持っている。スパイ組織が初めて公的な国家機構の中に組み込まれたのは、なんと16世紀後半のエリザベス朝（1558〜1603年）だった。その立役者は、イギリス秘密情報部の初代長官サー・フランシス・ウォルシンガム（1530？〜90）であった。おりしも、イングランドはスペインの不倶戴天の敵となっていた。1588年、「カトリックの擁護者」を任ずるフェリーペ2世のスペインは「神にも人にも憎まれた女」とエリザベス女王を断罪し、イングランド制圧のために「無敵艦隊」の遠征に踏み切る。この動きを事前に察知したウォルシンガムは、自らの個人的なスパイ・ネットワークを活用し、ヨーロッパの列強、ローマ教皇庁、さらにあろうことかスペイン宮殿でも情報を収集し、スペイン海軍の戦術を見破り、結局、イングランド海軍を勝利に導いた。これを契機に、大西洋上における制海権がイングランドに移る。

これ以降、王朝や政治体制も変わったために、海外秘密情報部が連綿と続いたとは思われないが、経験主義的な国情のゆえに、おそらく国難に際してそれに見合ったスパイ組織が活躍したことは想像に難くない。

20世紀になり、俄かに広まった不安定な世界情勢をうけて、各国が軍事的態勢の見直しを余儀なくされた。イギリスも例外ではなく、1909年3月、帝国防衛委員会が「国内に疑いもなくドイツのスパイ組織が暗躍しているが、それを捕捉する専門的な防諜機関がない」と報告した。同年10月、陸軍省、海軍省、外国駐在スパイ組織を仲介する組織が設置された。これは当初、国内局と海外局の2局に分けられていた。前者は、ヴァーノン・ケル陸軍大佐、後者はマンスフィールド・カミング海軍大佐がそれぞれ就任した。さっそく国内に潜むドイツの陸軍と海軍のスパイの拠点を摘発し、第一次世界大戦前に12人のスパイを逮捕した。1914年8月のイギリスのドイツに対する宣戦布告による第一次世界大戦参戦時に、国内局は陸軍の直轄となり、MI5（内務省保安部）と命名された。開戦時には、MI5の本格的な防諜、諜報活動が活発となり、21人のドイツ人スパイを逮捕した。さらに戦争期に35人のスパイを捕捉し、16年までにはイギリス国内にはドイツのスパイは全くいなくなった。

海外局は、第一次世界大戦末期まで陸軍省直轄であり、海外の軍事情報の収集と英連邦との交信の管理を行っていた。1921年、外務省管轄の海外秘密情報部（SIS）として設置された。それが通称MI6という組織である。

この時期のMI5とMI6のターゲットはドイツだった。それと同時期に、MI5とMI6の合併をも視野に入れた構造改革の動きがあったが、この両組織の背後の陸軍、海軍、そして外務省などの専有領域を侵すことになり、合併案は頓挫してしまった。大戦後のイギリスにとっての脅威は、世界共産主義革命を目論むソ連を中心とするボルシェヴィキズムであった。1927年5月、MI5とロンドン警視庁の合同捜査隊は「ボルシェヴィキ・プロット」と称する陰謀を嗅ぎ付け、そのフロント組織を急襲し一網打尽にした。

やがて1930年代末から第二次世界大戦にかけて、再びドイツの潜在的なスパイ活動への摘発に乗り出した。新設された「20人委員会」は、逮捕したドイツ人スパイに

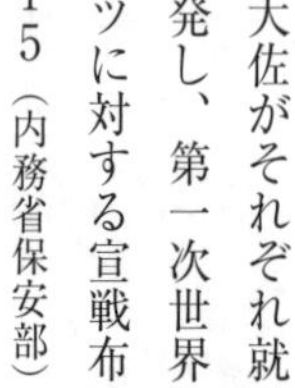

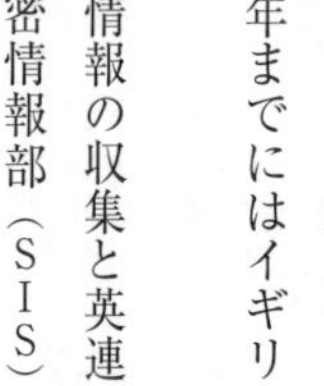

02 サー・ヴァーノン・ケル
03 マンスフィールド・カミング

「死刑」か「イギリス側のスパイ」かのどちらかの選択を強要した。これは「ダブルクロス（XX）・システム」と言われた。ローマ字の「X」は数字の「10」であり、XXは20（人）を示す。この作戦は予想以上に成功し、多くのドイツ人スパイが転向した。

この老獪なイギリスの「ダブルクロス・システム」の作戦にまったく気づかなかったドイツ軍情報部は、イギリスに広範で有力なドイツのスパイ・ネットワークがあると信じ切っていた。また、イギリス側のスパイがドイツに侵入しなくなったのは、MI6の弱体化したせいだとヒトラーでさえも疑わなかったという。

このように、第二次世界大戦の終了までは、MI5もMI6も重大な過失を犯さずに活動していたが、戦後熾烈になった東西の冷戦構造の中で、ソ連側の敵陣営の中に侵入する「モグラ作戦」が活発化する。1951年5月、ガイ・バージェスとドナルド・マクリーンという2人の外務省高官の「ソ連亡命事件」が発端となって、この2人以外にMI6およびMI5の3人の高官が「ソ連のモグラ」だったことが摘発され、この5人ともがケンブリッジ大学出身だったので、いわゆる「ケンブリッジ・ファイブ」、「ケンブリッジ・リング」として白日の下にさらされた。その中の一人、キム・フィルビーは対ソ防諜のベテランで、MI6のロシア局長にまでのぼりつめ、「未来のMI6の長官」と目されたのだが、「ソ連のモグラ」であることが判明し、ソ連でKGBの大佐として迎えられ、やがて将官に昇格する。現在でも、「20世紀最大のスパイ」として、イギリスのスパイ小説のモデルとなっている。事実、大戦期、MI6で彼の直属の部下だったグレアム・グリーンは、「フィルビーのモデル小説」ともいわれている『ヒューマン・

04 キム・フィルビー（旧ソ連で発行された切手）
05 グレアム・グリーン

ファクター』（1978年）を発表している。

2002年9月、MI6の情報に基づいて、当時のブレア政権は「イラクは45分以内に生物化学兵器の実戦配備が可能」という政府報告を発表し、これがブッシュ政権のイラク進攻のきっかけとなった。だが、このMI6の情報は全くのガセネタだったことが判明し、ブレア首相の退陣、MI6長官の辞任となった。MI6のあるまじき犯罪的な策略のために、その信用は地に落ちたといえよう。

その2年後の10月、MI6は、インターネットや有力高級紙上で、新人募集を行った。「あなたに体力や知性、データ処理能力などが備わっていれば、MI6は厚遇するだろう」と勧誘している。新人採用は、MI6の設置以来、秘密情報組織だったために、オックスフォードやケンブリッジといった有名大学の卒業生、あるいは「サー」の称号を持つような国家への忠誠心の篤い家系の子弟に限られていたのだったが、今やMI6の情報収集能力の強化のためならなりふりかまわず、ということになったようである。「イギリス海外秘密情報部の父」と謳われた初代長官のウォルシンガムが力説した「紳士だから汚い仕事もできる」という伝統的な矜持は、まさに過去のものとなってしまったようだ。

（川成　洋）

◆ブックガイド◆

- 川成洋『紳士の国のインテリジェンス』集英社新書、2007年
- リチャード・ブラット『スパイ事典』川成洋訳、あすなろ書房、2006年
- H・キース・メルトン『スパイ・ブック』伏見威蕃訳、朝日新聞社、1997年
- アンドルー・ボイル『裏切りの季節』亀田政弘訳、サンケイ出版、1980年
- テリー・クラウディ『スパイの歴史』日暮雅通訳、東洋書林、2010年
- グレアム・グリーン『ヒューマン・ファクター』宇野利泰訳、ハヤカワ文庫、1983年

20 シティー
——世界金融の中心

ロンドン発祥の地

シティー（City of London）とは、グレイター・ロンドンの中にある小さな地域を指し、歴史的に、そこを中心に現在のロンドンが発展してきたところである。その面積は、およそ1平方マイル（約2・9平方キロメートル）で、それゆえに、スクエアー・マイルとも呼ばれている。

中世には、シティーはロンドンそのものであった。現在、ロンドンと言えば、概ねグレイター・ロンドンを指すと思って間違いないが、それには、32の区とシティーが含まれる。行政区としてのシティー（City of London Corporation）は、イギリス内では特殊である。

独自の警察機構（City of London Police）があり、首長はロード・メイヤー（Lord Mayor of the City of London）と呼ばれ、グレイター・ロンドンの首長であるロンドン市長（Mayor of London）とは峻別されるが、両者は相互補完的な関係にある。

シティーは世界金融をリードする中心として、ニューヨークを凌ぐビジネス・金融の中核である。人口は1万1500人程度であるが、約33万人が主として金融関係で働いている。

古代ローマ時代のロンドンは、紀元47年頃に商人達によって交易港としてテムズ川沿いに建設され、50年には現在のロンドン・ブリッジ近くに橋が架けられている。しかし、60年もしくは61年頃にはイケニ族に略奪されるが、すぐに再建されて1世紀末には最大の定住地となった。2世紀初頭には、首都はコルチェスターに移ったが、当時のロンドンの人口は4万5000人から6万人と推定されている。古代ローマ人は、190年から225年の間に要塞として城壁を建設したが、これは現在のシティーとほぼ一致しており、その一部は現存しているが、バービカンやロンドン塔などで散見される。

3～4世紀には、ロンドンはピクト人やスコット人・サクソン人などの侵略者の攻撃を受けて、ロンドンもローマ帝国と共に衰退して、410年にはローマ人は撤退する。交易や居住の中心は、西方（現在のストランドやコヴェント・ガーデン地域）へと移動する。

886年に、アルフレッド大王はロンドンを占領して再入植を始める。テムズ川沿いに波止場を作り、街には新しい道路を建設する。アルフレッドのロンドン占領と再建は、以後、シティーが確立しウェセックス王国がイングランドに於ける重要な地位を占め、結果的にイングランド王国が発展していくことになるので、歴史上重要である。交易や居住の中心がシティーに戻ってくると、シティー西方の地域は廃れて、Ealdwic（"old settlement"）と呼ばれるようになるが、その地名は、現在もAldwychとして残っている。

ヘイスティングズの戦い（1066年）に伴い、ウィリアム征服王がロンドンに進軍してくるが、当初はロンドン・ブリッジを越えることができなかった。ウィリアムはシティーの東側城壁の外にロンドン塔を建設して、市民に目を光らせた。シティーは、王の作成した『ドゥームズデイ・ブック』には含まれていないのも、シティーの特殊性の一つである。

シティーは1123年に大火に見舞われるが、1132年にヘンリー1世は、完全な行政区（カウンティー）としての地位を認め、市民の組織全体が現在のシティーの原型となる。1189年には国王の承認を得てメイヤーを指名する権利を獲得し、1215年には直接選挙となった。1209年にはロンドン・ブリッジが架けられて、1769年にブラックフライヤーズ・ブリッジが完成するまでは、テムズ川の唯一の橋であった。

16世紀終盤には、ロンドンは金融・国際取引の主要な中心となる。1565年には、ロンドンの商人達の通商の中心として、トマス・グレシャムによって王立取引所が設立され、1571年には王室の保護下に入る。1600年には、東インド会社が設立される。シティーは、1665年に大悪疫に見舞われ、翌66年9月2日には二度目の大火の惨禍を経験し、王立取引所やセント・ポール大聖堂を始めとして、シティーの3分の2を焼き尽くした。と同時に、ペストをも一掃したのであった。1694年には、ジョン・

フーブロン（1632～1712）によってイングランド銀行が設立され、1734年には王立取引所の向かいの現在の場所に移る。ロンドン大火で焼け落ちたセント・ポール大聖堂は、クリストファー・レン（1632～1723）によって1708年にルネッサンス様式で再建される。レンは、大火記念碑をも設計している。ちなみに、1981年3月に発行されたイングランド銀行初の50ポンド紙幣の裏の肖像にはレンが採用されたが、イングランド銀行創設300周年の1994年には、初代総裁のフーブロンが登場する。

18世紀は、人口増加や産業革命の進展、さらには大英帝国の拡大に伴い、ロンドンの急速な発展時期であった。都市部はシティーの境界を越えて、ウエスト・エンドやウェストミンスターへ広がる。トラファルガー・スクエア東側に、1222年設立のセント・マーティン・イン・ザ・フィールズという教会があるが、その名前が示すように、その教会一帯は、以前は何もない草原であった。

急拡大するロンドン

19世紀初頭迄は発展がより急速に進む。東側ではロンドン港が急速に拡大していくが、これはシティーの取引量に対応できなくなったからである。鉄道時代の到来と1863年の地下鉄の開通により、ロンドンはより広い地域へと拡大していく。19世紀中葉までに、ロンドンは人口や面積が急激に増大して、シティーはより広い都市圏のほんの小さな地域に過ぎなくなったのである。19世紀末までには、シティーには、リバプール・ストリート、フェンチャーチ・ストリート、キャノン・ストリート、ホルボーン・ヴァイダクトの4つのターミナル駅ができていた。

20世紀に入り、シティーは両大戦で被害を受けるが、とりわけ第二次世界大戦では、ギルドホールは焼け落ち、セント・ポール大聖堂は被害を被り、ニューゲイト、ブラックフライヤーズ、タワーヒルなどの地域が壊滅した。被災地域の総面積は、1666年のロンドン大火とほぼ同じであったが、電気、ガス、水道や排水等の地下工事に時間がかかり、復興には大火時よりも時間を要した。

1970年代にはオフィス用の高層ビル建築が始まり、その先駆けは42階建てのナットウエスト・タワーであったが、21世紀に入ると、ヘロン・タワーやガーキン、ブロードゲイト・タワーなどが建ち、シティーの都市景観が変貌した。チャールズ皇太子は、1989年の著書『イギリス展望』の中で、このような現代建築を批判している。1993年4月には、IRAによる爆弾テロでシティーのオフィスビルは大きな被害を被る。

19世紀と概ね20世紀に於いては、シティーの人口は急激に減少した。これは、ロンドンの広大な郊外への人口移動があり、オフィス用の新しいビルに建て替えるために、多くの住宅が取り壊されたことによる。現在、最大の居住地区はバービカン・エステイトで、1965年から1976年にかけて建設されたものであるが、人口の殆どがそこに住んでいる。その敷地の近くには、ロンドンの歴史を伝えるロンドン博物館がある。

（宇野　毅）

◆ブックガイド◆

- 青山吉信・今井宏編『新版　概説イギリス史』有斐閣、1991年
- 川成洋・石原孝哉『ロンドン歴史物語』丸善、1994年
- 石原孝哉・市川仁『ロンドン・パブ物語』丸善、1997年

第Ⅳ部

文化都市ロンドン

21 世界中の研究者が集う場所

——大英図書館

01 大英図書館入り口の鉄の門。正面奥にブロンズ像が見える

大英博物館から独立

「BRITISH LIBRARY」の文字でデザインされた正門をくぐるとロダンの《考える人》ならぬウィリアム・ブレイクの作品をもとにした彫刻家エドワルド・パオロッツィの手になる《ニュートン》というブロンズ像に出迎えられる。ザ・ラスト・ワールドというカフェのある広々としたピアッツァ（広場）を抜け、入り口をくぐると、正面に高く聳えるガラスケースの中の金文字の押された革背表紙が美しく並ぶキングズ・ライブラリーに目をうばわれる。そこから視線を移し全体を見渡せば、幾つものセクションに分かれる読書室が各階に散らばり、世界各国から集まった学生や研究者が読書・研究にい

そしむ姿がみられる。ロビーは吹き抜けになっていて、インフォメーション・センターの前にはブロンズ製の本の形をしたベンチがあり、いよいよ図書館らしい雰囲気を醸し出す。

もとは巨大な円形ドームで有名な大英博物館読書室《リーディング・ルーム》であったものが1973年に大英図書館として独立し、1998年に現在の地セント・パンクラスに移った。現在の建物はコリン・セント・ジョン・ウィルソン[*1]のデザインによるもので、赤煉瓦が印象的。ことに現代建築に対して辛辣な批判を行うことで有名なチャールズ皇太子はこの新しい建物をして「秘密警察学校の集会所のようだ」と侮蔑のことばを与えた。隣のセント・パンクラス・ホテル（駅）とのつりあいもとれていると思うのだけれど……。たしかに大英博物館時代の円形図書館内部の壮麗な姿と比べてしまえば少しばかり見劣りするかも知れない。外見はそこまでひどいかどうかははかりかねるが、研究図書館としての機能は無比のコレクションと充実したサーヴィスによりきちんと果たされている。資料は古写本から最新刊にいたるまで全てオンラインでオーダーする。手元に届くまでの所要時間は約1時間ほど。蔵書はセント・パンクラスにある施設だけでは収蔵しきれないためボストン・スパ（ヨークシャー）にもおかれている。ここにある資料を求めるときには少し時間がかかるが、おおかた次の日には届く。

イギリスで出版される書籍は献本制度によって大英図書館（その他オックスフォード大学ボードリアン図書館およびケンブリッジ大学図書館など）に収められることが法律で義務づけられている。その蔵書（他資料含む）の総数は約1億5000項目を超えており、いまも増

＊1　コリン・セント・ジョン・ウィルソン（1922～2007）英国の建築家。大英図書館の建築の過程は、『新・大英図書館──設計から完成まで』（ミュージアム図書、1999年）に詳しい。

え続けている。内訳は約１４００万冊の書籍、約35万冊の手稿本（古写本含む）、約３００万の音声資料などである。コレクションの基盤となっているのは大英博物館の生みの親ハンス・スローン卿（１６６０〜１７５３）のスローン・コレクション、ロバート・Ｂ・コットン（１５７１〜１６３１）の蒐集したコットン・ライブラリー、そしてロバート・ハーリー（１６６１〜１７２４）とその息子エドワード（１６８９〜１７４１）の蒐集したハーリー・コレクションである。いずれも多数の重要な古写本、法律文書、巻物などが収められており、リンディスファーン福音書、ヴェスペジアン詩篇、ベオウルフ写本、マグナ・カルタ等々挙げればきりがない。いくつかの重要な文献は図書館ミュージアムの常設展で見ることもできる。遠い過去から幾世代もの時間と空間を超えてそこにある実物を間近で目にする感動は何物にも代え難い。書物愛好家でなくともきっと興奮をおぼえるにちがいない。

多くの著名人が利用

歴史が長くなればゆかりの人物もそれだけ増える。大英博物館読書室《リーディング・ルーム》時代にも数多くの著名人が訪れた。チャールズ・ディケンズ、オスカー・ワイルドなど大英図書館を利用していたのは何も英国人だけではない。なんとなれば夏休みには座席の大半は海外から貴重な資料を求めてやって来た研究者たちによって占められていた。そのなかでもカール・マルクスは30年以上も毎日のように通いつめ、『資本論』を著したことはよく知られている。日本人だって負けてはいない。大英博物館東洋調査部に職員として雇われて入り資料整理に尽力するも、図書館員や他の利用者と諍いを起こして出入り禁止の処分を受けた南方熊楠。日本が誇る文豪、夏目漱石もロンドン留学中、図書館に少しは行ってはいたようだ。現在の建物に移ってからまだ10数年しかたっていないが、これからまた傑出した人物が出てくるであろうことは疑いない。

図書館の現在とこれから

近年は資料の新たな利用法について様々なプロジェクトが企画されている。その一つとして米グーグル社との提携で25万冊の書籍デジタル化が進められている。全文検索が可能になることも大きな魅力だ。これまでに18～19世紀を中心とする数多くの書籍がデジタル化されており、無料のダウンロードも可能である。大英図書館のリン・ブリンドリによればこの事業は「革命的」とまで表現されている。確かにそうで、世界中どこにいてもアクセスできるのだから。これにより今まで手の届かなかった原資料と読者・研究者の関係に大きく影響を与えることになり、研究の促進が期待される。

サブカルチャーの分野にも登場

大英図書館が舞台となっているライトノベル[*2]が日本にあるのを御存知だろうか。かつて大英図書館特殊工作部という架空の部署に所属しており、紙を自由自在にあやつることができる主人公が活躍する。「グーテンベルク」「ファウスト」といった書物や様々な作家の名が頻繁にあらわれるところはこの作品の題名が示している通りか。しかしどう

＊2　倉田英之『R.O.D READ OR DIE YOMIKO READMAN "THE PAPER"』（集英社、２０００～06年）。

やら文学作品とはあまり関係がなさそうだ。またこの作品はアニメ化もされているということだ。

このようにいろいろな角度から楽しむことのできる図書館であるが、旅行でふらっと立ち寄られた方が実際に読書室に入るのは難しいし（閲覧室利用証が必要）、またそんな時間もないかもしれない。ロビーや通路にあふれだした学生や研究者が真剣に書物やコンピューターに向かっている姿を見るだけでも雰囲気を十分味わえる。少しだけでも時間が許すならば季節ごとに変わる展示を見てまわるのがよいだろう。そして見学がおわったら書籍や土産物の充実している売店をぶらついて、それに疲れたら館内のカフェまたはレストランでガラス張りのキングス・ライブラリーを眺めながら紅茶とケーキで一服するのもいいだろう。

（狩野晃一）

◇ブックガイド◇

- コリン・セント・ジョン・ウィルソン『新・大英図書館―設計から完成まで』高橋裕子・山根佳奈・中繁雅子訳、ミュージアム図書、1999年
- Heather Crossly & Ann Young『新・大英図書館への招待』高宮利行監修、石黒太郎訳、ミュージアム図書、1998年

コラム 07

ロンドン大学
――イギリス最大の学府

木村聡雄

ロンドン大学は、ロンドン中心部に位置するイギリス最大の大学である。ロンドンの文教の中心地ブルームズベリ地区は大英博物館で世界的に有名であるが、そのすぐ裏手のブロックに足を運んでみると、白く堂々とそびえる四角い建物が目に入ってくるだろう。それがセネット・ハウス（Malet Street, London WC1）と呼ばれるロンドン大学の本部であり象徴でもある。この建物には研究所、図書館、事務局、講義室、教員研究室などが入っている。カフェテラスもあって、私も留学中にはお世話になったが、ロンドン中心部のせいか値段は決して安くない。最寄駅は地下鉄ピカデリー・ラインのラッセル・スクエア駅（またはノーザン・ラインのグッジ・ストリート駅）である。

ロンドン大学は１８３６年に設立されたが、これはオックスフォード、ケンブリッジ大学に次いでイギリスで3番目に古いもので、２０１１年には創立１７５周年を迎えた。20世紀初頭には、学生数においてすでにオックスブリッジを抜き、それ以来イギリス最大の大学となっている。今や全学生数は12万人を超え、世界有数の大学のひとつである。

その歴史は19世紀初頭のこと、伝統的に英国国教会と結びついた大学であったオックスブリッジに対して宗教色を排したＵＣＬ（ユニバーシティー・カレッジ）が、続いて今度は国教会派のキングズ・カレッジが別々に首都ロンドンで設立されたことに始まる。その後１８３６年に両カレッジは共通の学位を授与することとなった。そこでこの年を創立年とし、この二つのカレッジをロンドン大学の起源とする。ところで学位授与に関しては、オックスブリッジではそれまで男性にしか学位が与えられてこなかったが、ロンドン大学は１８７８年にイギリスで初めて大学として女性に学位を授与したのであった。現在は総長も女性で、１９８１年以来、王室のアン王女が務めている。創立以来カレッジ数は増えて行き、現在はその数18、研究所も10を数える。それらのカレッジや研究所はブルームズベリの本部周辺を中心に、ロンドンの市内に点在している。ロンドン大学の各カレッジの構成は日本の総合大学における学部とはまったく異なっていて、オックスブリッジのそれと同様の形態を維持している。各カレッジはそれぞれ個別の大学という性格も有している。運営・財政面で独立したこれらのカレッジの集合体がロンドン大学を構成し、ロンドン大学という共通の学位を授与しているのである。カレッジごとに専門分野をはっきりと打ち出している一方、日本の大学の学部とは異なり、カレッジ間で研究分野の重なりも少なくない。

ロンドン大学では日本研究も盛んである。我々にとって興味深いカレッジの一つにＳＯＡＳ（スクール・オブ・オリエンタル・アンド・アフリカン・スタディーズ）がある。ここではおよそ５０００名の学生が、日本やそのほかの東洋、イスラム、ユダヤ、アフリカなど非欧米圏の研究を行っている。それぞれの文化の研究対象は多岐に渡る。たとえば日本については、日本の言語や歴史・経済、古典から現代までの文学や芸術、仏教や神道などの宗教、雅楽その他の音楽、さらに日本の文化全般が広く研究されている。

22 あなたは何にミイラれるか!?

——大英博物館

膨大な収集物

　ロンドンの文教地区近くに1759年に開館した大英博物館はとにかく大きい。この博物館は医師で骨董蒐集家のハンス・スローン卿[*1]の遺志によるもので、もとは現在の地にあったモンタギュー・ハウスに彼のコレクションを集めたのがはじまり。全てを一日で見学することはとうてい無理で、できたとしてもあまりの情報量の多さに脳みそがあっぷあっぷしてしまう。大英博物館という場所にあなたはなにを期待するだろうか。古代ギリシャ・ローマか、それともエジプトのミイラに魅入られるのがご趣味か。東洋のコレクションもあり、なじみ深い仏像のお顔に外国旅行で緊張している心も少しはほ

＊1　ハンス・スローン卿（1660〜1753）北アイルランド出身。医師にして蒐集家。チョコレートミルク飲料の発明家でもある。

ぐれる。もし時間があるのであれば日を分けてテーマを選んで限定的に見て回るのがおすすめ。

ゆっくりじっくりみたいのであれば、展示室は限られるが、金曜日の夕方に訪問することをお薦めしたい。通常は開館と同時にたくさんの人であふれる大英博物館も、金曜日の午後5時すぎ、観光客が食事へ向かう時間帯に行ってみれば人はまばら。この国の夕食時間が他のヨーロッパ諸国と比べて比較的早いことにもよるのだろう。昼間のように押し合い圧し合いしなくても真近に、しかもしばしば一対一で世界の至宝に向きあえるなんてなかなか贅沢ではないか。静かにデッサンに励むひとがちらほら。そんななかでもギリシャ室、アッシリア室、エジプト室にはかなり重要なコレクションが収められているので見ない手はない。これらのコレクションにはそれぞれに因縁めいた逸話があり、それを頭にいれつつ見てみると一層面白い。

アテネのアクロポリスにあるパルテノン神殿から運ばれてきた破風をふくむ彫刻群はかつて「エルギン・マーブルズ」（現在は「パルテノン・マーブルズ」）と呼ばれ、スコットランド出身のエルギン伯*2によってイギリスにもたらされた。かの地より幾多の困難を経てイギリスに到着したものの、この古代の傑作は残念なことにしばらく雨ざらしになっていたという。1817年の公開後の反響は賛否両論でバイロン卿は激しい非難の

01 大英博物館エジプト室の展示

言葉を詩にして発表し、かたや処女詩集を出版したばかりのジョン・キーツは美しい曲線を持つ彫刻に魅せられたときの感動を『エルギン・マーブルズを観覧するにあたり』で「くらくらするような苦しみ／痛み」という表現をもって称賛した。近年これらの彫刻群は返還問題にゆれている。有名なところではギリシャの女優故メルクーリ*3の名が挙がるだろう。彼女によって大きく世界に知られることとなった。ブラウン首相のときに返還すると勝手にマニフェストを作って怪しい約束を結んだ人もいたようだ。

必見の目玉コレクションといえば

またアッシリア室には目を見張るばかりのかつては門の一部であったと思われる一対の巨大な半人半牛の像がたっている。しかもこれには羽と長い髭がついており、下半身のあたりにはびっしりと楔形文字が刻まれている。獣狩りの場面を描いている粘土版にも楔形文字が見られるが、このレリーフに描かれているライオンの図は躍動感にとみ、とにかく圧巻。とくに矢に射られたときの構図やライオンから血しぶきが飛び散り崩れゆくその姿に心がざわついている自分に思わずはっとしたりする。これらの作品は紀元前650年前後に作られたものであるが、そんな昔のものとは思えないほど鮮やかなのだ。

なんといっても大英博物館の目玉のひとつは間違いなくエジプト室の「ロゼッタ・ストーン」であろう。「ロゼッタ・ストーン」といえばシャンポリオン。彼はフランス人。この石の発見もフランス人（ナポレオン軍将校ピエール・ブシャール）。どうしてそんな石がイギリスにあるのか。はじめカイロにあったロゼッタ・ストーンは、イギリス軍の接近

＊2 第7代エルギン伯爵トマス・ブルース（1766〜1841）英国の外交官、医師にしてオスマン帝国駐在の特命全権大使時にパルテノン神殿の調査にのりだす。

＊3 メリナ・メルクーリ（1920〜94）ギリシャ・アテネ出身。女優、政治家。文化大臣を務めた。1970年代に彼女が先頭に立ち「パルテノン・マーブルズ」返還要求を行った。

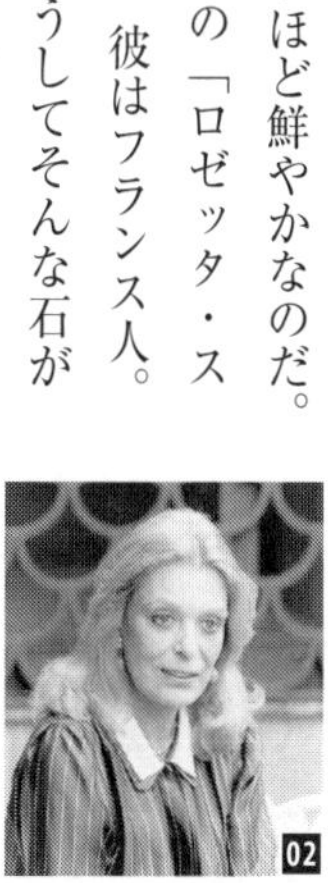

02 メリナ・メルクーリ

によりナポレオンがアレクサンドリアに移したのだけれども、そのアレクサンドリアでイギリス軍に負けてしまった。その停戦協定書にはアレクサンドリアでの蒐集品はイギリスの戦利品となることが書いてあったから、ロゼッタ・ストーンはイギリスのものになったというわけ。この石の表面には三種類の文字[*4]がのっていて、フランス人シャンポリオンによってギリシャ語を参考に古代エジプト文字の解読が進められることとなったのは有名な話。

ピラミッドは収められていないけれども、そのなかにあったミイラはたくさん収められている。古代エジプトの人々は、死後霊魂は永遠に生き続け、のちに肉体に戻ってくると考えていた。そのためにミイラにして保存しようとしたらしい。実はミイラは人間のものだけではないことをご存知であろうか。猫、猿、牛、蛇、鰻など多岐にわたる。目的は定かではないが、きっと可愛いペットや何かであったのだろう。来世において一緒に生き返るなんて現代人には想像もつかないことだ。

ところで、「パルテノン・マーブルズ」のところでも述べたが、これらの収集品は略奪されたものだとか、返還の問題など厳しい意見も多くあるが、それでも文化財の保護という観点から言えば大英博物館という一つの場所にこれらの歴史的に美術史的に重要な作品や遺物が集められ保管、研究されているという事実の重要性は認めなければなるまい。もしここに収蔵されていなかったならば散逸してしまったものや、破壊の憂き目にあっていたであろうものは少なくなかったのではないか。ミイラが列をなして並んでいる部屋にいると、気味はあまり良いものではないが、ふとそんなことを思う。

＊4　三種類の文字とは、ヒエログリフ＝神聖文字、デモティック＝民衆文字、ギリシャ文字。

とにかく大英博物館は建築・収集の歴史、博物館に関わった人々のエピソードなど色々な角度から楽しむことができる。いくら本物がすばらしいからといっても、全てみてまわるのは非常に骨の折れる作業だ。どういうわけかとくに本物を見る時は疲れがどっとでる。

03ミュージアム・タバーン

ひとまわりしたら博物館まえのその名もミュージアム・タバーンというパブで一杯のみながら展示品の数々に思いを馳せるのはいかがか。また、このパブの常連客であった小説家のJ・B・プリーストリィやコナン・ドイルを思い出すのもよかろう。カール・マルクスも常連であったが、このパブで何者かが鏡を割るという事件があり、マルクスはその犯人との嫌疑がかけられているとか。19世紀を代表する思想家でありながら、私生活の些細な事件まで後世に伝えられるのは有名税の一種かもしれない。

（狩野晃一）

◇ブックガイド◇

- ビートたけし『たけしの大英博物館見聞録』新潮社、2002年
- 池澤夏樹『パレオマニア——大英博物館からの13の旅』集英社インターナショナル、2004年
- 出口保夫『物語　大博物館——二五〇年の軌跡』中公新書、2005年

コラム
08

南方熊楠と大英博物館

吉岡栄一

今からみればはるか昔の明治時代のことになるが、大英博物館の読書室でイギリス人を殴った日本人がいた。その日本人とは若き南方熊楠である。当時、熊楠は館員外の参考人か薄給の嘱託職員のような身分で大英博物館に出入りし、みずからの勉学に励んでいたからである。熊楠と大英博物館との接点は、彼の書いた「東洋の星座」という論文が、世界的に権威のある科学雑誌『ネイチャー』に掲載され、無名の東洋人の名前がイギリスでいちやく有名になり、のちに大英博物館の館長になるフランクス卿の知遇をえたことが端緒になっている。

そんなある日、まえから熊楠を小馬鹿にしていたダニエルズという閲覧者が、日清戦争に勝利した日本が露・独・仏の三国干渉によって、手に入れた遼東半島を返還したことについて、熊楠に向かっていやみを言ったからである。たちまち愛国者の熊楠は怒りにかられ、500人ほどもいた大読書室のなかで、ダニエルズの胸倉をつかむと、その顔面に頭突きをくらわしたのである。怒りの根底にあったのは、自分たち東洋人が「概して洋人より劣等視せらるるを遺憾に思い」（南方熊楠『履歴書』）、歯ぎしりしていたからである。

この暴行事件によって館内出入りを禁止されたが、2カ月の入館停止処分がとけると、熊楠はまた1年後に、おなじダニエルズを殴打してしまうのだ。このため熊楠は大英博物館から追放されることになるが、その学才を惜しむ有力なイギリス人たちの嘆願運動によって、条件つきで復館を許されることになるのである。なぜなら、熊楠は若いのにすでに二度も『ネイチャー』誌に論文が掲載されたことがある、世界的にも傑出した在野の学者であり、大英博物館では東洋部の図書部長を助けて、『日本書籍目録』や『漢籍目録』などの編纂に大いに力を発揮したからである。

熊楠はロンドンでは馬小屋に住んでいたが、そんな極貧生活のなかでも日本人としての誇りや、愛国心を失うようなことはなかった。また外国人にたいしてコンプレックスを持つこともなかった。まさに気骨のある明治男の典型である。大学予備門の同期生だった夏目漱石が、ロンドンでひどいノイローゼにかかったのとは対照的に、熊楠は自由奔放でけんか好き、酒好きの知の巨人であり、世界と日本の粘菌学、植物学、民俗学に大きな足跡を残した偉人であった。

こうした破天荒な研究スタイルを維持しながら、超日本的な学問業績を残せたことの根底には、20代から30代にかけての長い海外遊学と放浪体験がからんでいる。南方熊楠は１８６７（慶応３）年に和歌山で生まれた。１８８６（明治19）年にサンフランシスコに渡り、ミシガン州の農業学校や州立大学で遊学し、フロリダでは働きながら植物研究に没頭し、そのあと曲馬団の助手としてキューバや西インド諸島を放浪している。アメリカに5年以上も滞在してから、熊楠はイギリスに渡り、ロンドンだけでも8年ほど生活している。合計すれば海外在留、海外放浪の期間は15年ほどにもなるが、これが世界的スケールの学者を生みだす原動力ともなったのだ。

23

エデュケーション・マジックに浸る旅
――ヴィクトリア・アンド・アルバート・ミュージアム

世界有数のミュージアムの宝庫であるロンドン。それだけに悩ましいのは、訪れるべきミュージアムの優先順位をどう決めるか、という問題である。

ここにとりあげるヴィクトリア・アンド・アルバート・ミュージアム（以下V&A）は、名前こそ広く知られてはいるものの、いざ訪れるとなると後回しになりがちなミュージアムのひとつではないだろうか。そしておそらくその一因は、そこで「何がみられるのか?」が容易にイメージできないことにあるのではないかと思う。そこであえてお伝えしたい。V&Aでは「なんでもみられる!」いやそれどころか、「みるだけでなく、全身で体感できる!」と。

1852年に設立されたV&Aは、装飾美術（デザイン、ファッション、工芸など）の専門美術館として、世界屈指の規模を誇る。いまや400万点を超えるその膨大なコレクションの大もとは、開館の前年、1851年にロンドンで開かれた万国博覧会へとさかのぼる。世界で初めて開かれたこの万博は、23週間の会期中に600万人の観客——当時のイギリスの人口の3分の1にあたる——を集め、大成功に終わった。その巨額の利益を投じて、博覧会に出品された世界の産業と文化の粋を買い集めたのである。

V&Aの館名は、時の女王ヴィクトリア（1819～1901）とその夫アルバート公（1819～61）に由来する。ただ、実際にこの名前に落ち着いたのは1899年のことで、それまでには「生産者美術館」（1852年～）「装飾美術館」（1853年～）、さらには移転を機に場所の名をとって「サウス・ケンジントン美術館」（1857年～）と変遷を重ねてきた。ちなみに、「生産者美術館」とは少々聞き慣れない名称だが、ここでふれておきたいのが、設立当初の目的である。目的は三つ。ひとつは、イギリスの産業デザインの水準を高めること。二つめが、芸術作品を一般に公開して労働者階級にも利用できるようにすること。そして三つめが、大衆の美的センスを向上さ

01 クロムウェル・ロードに面したグランド・エントランス。堂々たるたたずまい

せること――つまりひとことでいうなら「教育」的な役割を多分に担うべく設立された美術館であったということになる。産業革命はイギリスを文字通り「生産者」の国として世界を牽引する存在へと押し上げたが、機械による効率偏重の大量生産が、ときに俗悪で画一的な製品を生み、そうした状況への反発がアーツ&クラフツをはじめとする芸術運動を活発化させたのはよく知られるところである。万国博覧会に出品された各国のすぐれて美的な生産物は、皮肉にもイギリスの産業デザインの弱点を浮き彫りにした。「文学には、普通学校があり、高等学校があり、単科大学があり、総合大学がある。産業にもせめて同じような機会を与えよう。そうすれば、まもなく世界に対して自らの汚名をすすぐことになるだろう」。初代館長のヘンリー・コールとアルバート公による表明文が示すとおり、まさに「教育」の理念こそがV&Aの出発点であり、現代に至ってなおこの館の魅力を支え、発展させ続けているのである。

それを実感できるのが、いまV&Aで最もホットなスポット、「中世・ルネッサンス・ギャラリー」である。2010年に完成したばかりのこのギャラリーでは、紀元300年から1600年、ローマ帝国の衰退からルネサンス末期に至るヨーロッパの芸術デザインの流れを物語る多種多彩な品々を、気鋭の建築家の手による斬新なディスプレイのもとで鑑賞することができる。なかでも、オニキス製のバックパネルを透過するやわら

02

かな光に浮かび上がるステンド・グラスや宗教彫刻の美しさはため息もの。ひとつひとつの展示品を、それぞれにふさわしい最高のシチュエーションで鑑賞してもらうために、いかに心がくだかれているかが伝わってくる。それだけでもじゅうぶんに満足させられるのだが、楽しみはそこで終わらない。ふんだんにちりばめられた教育的アプローチが、展示品と鑑賞者の距離を縮め、みるだけでなく体感する楽しみへと広げてくれるのだ。

　展示室の随所に見受けられるタッチ・パネルとオーディオ・システムは、展示品にまつわるさまざまな情報を、興味に応じてメニュー選択しながら視聴できるように設置されている。たとえば15世紀イタリアの教会の祭壇を展示したコーナーでは、祭壇の細部にわたる解説はもとより、教会を建設した人々の物語、教会の中をツアーできるヴァーチャル映像まで、多彩なメニューが提供される。映像と音声だから、文字を読むのが億劫なお年寄りも、文字の読めない子どもも、誰もが気軽にトライできる良さがある。そうした意味でさらに秀逸なのは、「ハンズ・オン」と呼ばれる、いわば手で触れられる展示である。彫刻のコーナーでは素材となる各種の木や石のサンプルが、テキスタイルのコーナーでは布地のサンプルが用意され、手で触れ

03

02 老若男女が楽しめるタッチ・パネルとオーディオ・システム

03 作品の素材見本をふれて実感できる

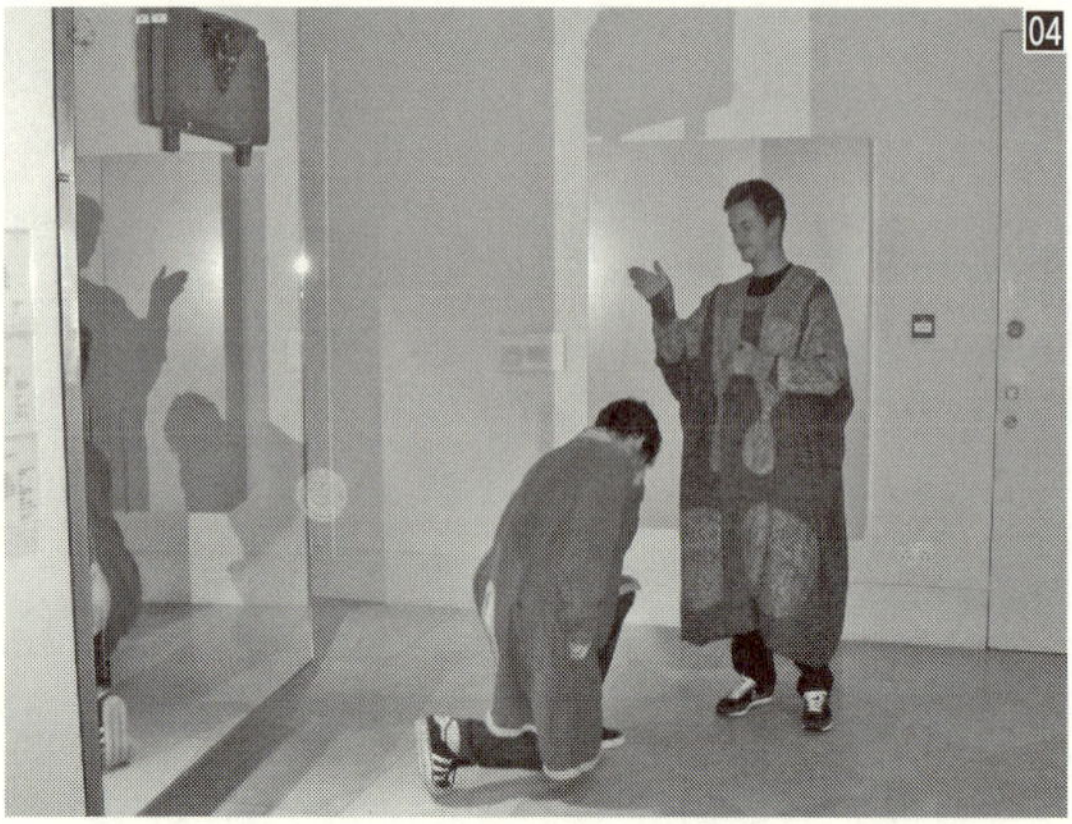

04 再現衣装を身にまとえば、気分は中世にタイムスリップ

て質感をたしかめながら鑑賞することができる。視覚と触覚のマッチングである。なかには、試着できる衣装まである。私が訪れたときには、二人の青年が11世紀のタペストリーから再現されたチュニックを身に着け、寸劇を演じて楽しんでいた。また、装飾写本などの古い書籍類は、通常は開かれた特定のページしかみられないものだが、本の内容を完全にコピーした複製が添えられ、自由にめくってみることができる。このほかにも、彫金作品のレプリカに紙をのせてクレヨンで模様を写し取ったり、装飾意匠に登場する怪物を自分自身でデザインしたりと、当時の芸術からインスパイアされたありあまるほどのアクティヴィティーが待っている。それらにトライするうち、いつしか心も体も、はるか中世ヨーロッパの世界にどっぷりと浸り、旅のスケジュールをあくせくと組んでいたことすら忘れてしまうに違いない。これこそが、あらゆる人々にあまねく芸術を鑑賞する楽しみを伝え、美的感性を育まんと歴史を重ねてきたV&Aのエデュケーション・マジックなのである。

V&Aは日々進化し続けている。２００１年に完成したブリティッシュ・ギャラリーは、テューダー朝からヴィクトリア朝に至るイギリス文化史を一望のもとに見渡せる、まさにV&Aの顔ともいえるスポットである。ここで先んじて試みられたさまざまな教育的アプローチを評価・検証することが、中世・ルネッサンス・ギャラリーのクオリティ・アップにつながっている。このほかにも、2008年に曲線的なケースを用いた目をみはるようなディスプレイで話題を呼んだジュエリー・ギャラリーなど、リノベーションが次々と進行しており、今後ますます目が離せないところである。なお、鑑賞の合間には、ウィリアム・モリスらが手がけた豪奢なグリーン・ダイニング・ルームで、目うつりするほど豊富なメニューをチェックするのも忘れずに。カフェ並みの料金で気軽に味わえる。五感をつかってまるごと体感できるV&A。次回ロンドンを旅する際には、訪れるべきミュージアム・リストの筆頭に書き入れることをぜひお勧めしたい。

（浅川真紀）

◆ブックガイド◆

- エリザベス・エスティーヴ=コール他『スカラ／みすず　美術館シリーズ8　ヴィクトリア&アルバート美術館』田辺徹訳、みすず書房、1992年
- 桜井武『ロンドンの美術館――王室コレクションから現代アートまで』平凡社新書、2008年
- Lucy Trench. *The Victoria and Albert Museum*, V & A Publishing, 2010.

24

感動の共有へ

――ナショナル・ギャラリーの誕生

私はこの美術館を何度訪れたことだろう。一時イギリスの地方に滞在したことがあったが、ロンドンに出る機会があると、時間を作ってはよく訪ねたものだ。ここで名画の数々に会うのは、久しぶりに恋人に会うようなわくわくするものだった。なにしろここは、ルネッサンス前から後期印象派までのヨーロッパ絵画が約2000点も集められている、世界でも屈指の美術館なのである。とくにイタリア本国を除けば、ボッティチェッルリやダ・ヴィンチ、ミケランジェロ、ティツィアーノ、ティントレット、ラファエロといった、イタリアの巨匠たちの名画が見られる、数少ないところだ。必見の絵をいくつか挙げろと言われても、とうてい不可能である。

01

01 ナショナル・ギャラリー

ヨーロッパの美術館の多くは、旧王制時代の支配者が権力と富を誇示するために描かせたり集めたりした絵画が、コレクションの中心になっている。ところがナショナル・ギャラリーのコレクションは、創設以来180年以上にわたって、すぐれた眼識をもった評議員や歴代の館長によって収集されたものと、熱心な個人コレクターから寄贈や遺贈されたものからなっている。イギリス絵画というと、イタリアやフランスのそれに比べるとどうしても一段低く見られてしまうことは否めない。しかしイギリス人には、それを補って余りあるすぐれた美意識と審美眼が備わっていた。それらが形となって表れたものがナショナル・ギャラリーであり、ここのコレクションではないだろうか。

　イギリス人の美意識が高められていったのは、二つの革命を経て社会が落ち着いてきた18世紀からである。上流階級は、〝趣味の規範《ザ・ルール・オヴ・テイスト》〟という、学問と教養に裏打ちされた上品で洗練された趣味のよさを最高の価値とする概念をもっていた。また〝絵のように美しい《ピクチャレスク》〟、〝崇高な《サブライム》〟風景を理想とする自然観をもっていた。そうしたかれらの美意識に適った絵画が、16・17世紀イタリアの古典的な絵画であり、また、イタリアで活躍したフランス人画家クロード・ロランの作品に代表される風景画だった。時間と富をもてあました上流階級は、大陸へ大旅行《ザ・グランド・ツアー》と称する1年以上にわたる長期間の旅行にでかけては、同時代の近代フランス絵画には眼もくれず、イタリアの古典的な絵画を買い集め、それらを山のようにして持ち帰った。そして、かれらが地方に所有する大邸宅《カントリー・ハウス》に飾った。そうすることで、絵画に対するかれらの眼も肥えてゆくようになった。これが、イギリスにイタリアを中心としたヨーロッパ絵画の名品が集まるようになった一因である。

02 ティツィアーノ《バッカスとアリアドネ》

03 クロード・ロラン《アダラムの洞窟のダヴィデと風景》

イギリスで国立美術館の必要性が問われ始めたのは、18世紀の末からである。19世紀になると、ヨーロッパの主要都市にはすでに国立の美術館があった。しかしイギリスの主たる美術愛好家であった上流階級は、個人的なコレクションの収集には熱心であったが、公的な美術館の必要性は感じていなかった。むしろ反対する声さえあった。1823年に絵画のコレクターで知られていたジョージ・ボーモント卿が「適切な設備」を条件にコレクションの国への提供を申し出たときも、政府は関心を示さなかった。

次つぎと集まる珠玉の名画

そんなときの1824年、ロシア生まれの金融業者で絵画のコレクターとして知られていたジョン・アンガースタインが亡くなり、かれの38点のすぐれたコレクションがオランダのオレンジ公に売却されるという話が伝えられた。そのなかには、16・17世紀のイタリア絵画、イギリス人が愛してやまなかったクロード・ロランやルーベンス、レンブラントなどの名画が含まれていた。これで事態は急変し、議会下院でコレクションの買い上げと美術館での展示が決議された。こうして生まれたのが、ナショナル・ギャラリーである。

その後、個人コレクターからの寄贈や遺贈が相次ぎ、さらに買い入れもあって、16・17世紀のイタリア絵画、ルーベンスやヴァン・ダイクに代表されるフランドル絵画、レンブラントなどの絵画を中心とした、この美術館のコレクションの核ができていった。そしてそれまでは仮の建物で展示されていたが、1838年にはトラファルガー広場の

04 ルーベンス《パリスの審判》

05 レンブラント《壁の文字を見るベルシャザール》

北側に、ウィリアム・ウィルキンスの設計による現在の美術館の中心となる部分が新築された。19世紀後半にはネーデルランドやドイツを含む、14・15世紀の作品も系統的に買い入れられるようになった。こうして、ヨーロッパの初期から17世紀までの絵画を中心とした、この美術館のコレクションが築き上げられていった。

この美術館の特筆すべきコレクションに、16・17世紀のオランダ絵画もある。自然を写実的に描いた風景画や、市民の日常生活の一場面を描いた風俗画である。レンブラントなどを除けば、18世紀のイギリスでは、このような絵画はまだ広く受け入れられてはおらず、作品も美術館に収められていなかった。しかし19世紀に入ると、社会で重要な役割を担うようになった専門職や実業家階級がそれらの絵を支持するようになり、ナショナル・ギャラリーもこうした絵画の買い入れに努めるようになった。またコレクターからの遺贈などによって、19世紀後半には、オランダ絵画のコレクションも充実するようになった。代表的なものに、カイプやロイスダール、ホッベマなどの風景画、フェルメールやデ・ホーホの風俗画がある。

18世紀の絵画でイギリス人に好まれたのは、イタリアのカナレットの風景画だった。かれの精緻で端正な風景画は、イギリス人の生真面目で几帳面な性格に訴えるものがあったのだろう。一方、18世紀のフランスでもてはやされていた、ワトーやブーシェ、フラゴナールに代表される、官能的な雰囲気を漂わせたロココ絵画は、——わたしは結構好きであるが——イギリス人には浮薄で不道徳ととらえられ、人気がなかった。その結果、いまでもその分野の収蔵品は少ない。

06ホッベマ《ミッデルハルニスの並木道》

07カナレット《石工の仕事場》

19世紀絵画も、この美術館ではもっとも作品が少ない分野だった。しかし20世紀になって19世紀絵画のコレクションも充実させようという機運が高まり、個人コレクターからの遺贈や作品購入のための多額な資金提供などがあった。これによって、ミレーに代表されるバルビゾン派から、マネ、モネ、セザンヌ、ルノアール、スーラ、ドガ、ゴッホなど、印象派や後期印象派の作品も揃うようになった。

イギリスの画家の作品について言えば、19世紀中頃から膨大な量の寄贈や遺贈があり、1897年にミルバンクに建設された別館テート・ギャラリーで展示されるようになった。そこはその後イギリス絵画と20世紀絵画を中心とした美術館となり、1955年に独立していった。

今度、ナショナル・ギャラリーの名画たちに会えるのは、いつのことだろうか。

（千葉　茂）

08 ゴッホ《ひまわり》

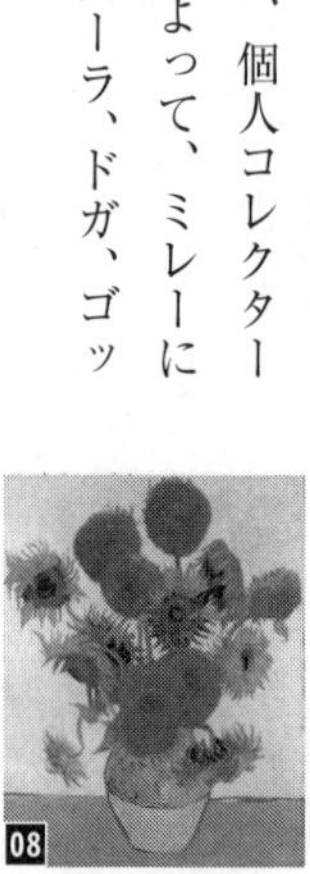

◆ブックガイド◆

- ケネス・クラーク『風景画論』佐々木英也訳、岩崎美術社、1982年
- ニコラウス・ペヴスナー『英国美術の英国性――絵画と建築にみる文化の特質』友部直・蛭川久康訳、岩崎美術社、1981年
- 高橋裕子『イギリス美術』岩波新書、1998年

25

自然からの贈り物

——自然史博物館

生物界で、生存に必要のない物を集めるという習性は、人間だけが持っているものではないか。ある種の物を集めて楽しむだけならば趣味の範囲であるが、詳しく観察して比較・分類してゆくと、学問の領域にまで達する。そして動植物や化石・鉱物など自然界で生まれた美しい物や珍しい物をあつかうのが、ナチュラル・ヒストリーと呼ばれる博物学、自然史である。子供のころ野山でチョウやトンボを追いかけたり、崖をよじ登って化石を、川原できれいな石を、また砂浜で美しい貝殻などを探したりした者にとって是非訪れたいのが、自然史博物館である。

周りを圧するような巨大な建物は、建築家アルフレッド・ウォーターハウスの設計で

01 自然史博物館

１８８０年に建てられたもの。重厚なロマネスク様式で、ヴィクトリア朝の復古調の建物としては、国会議事堂[*1]や、セント・パンクラス駅舎[*2]につぐ傑作とされている。正面入口の両側に立つ塔の高さは52メートル。教会のような、丸いアーチが蛇腹《コーニス》状に重なる入口をくぐると、その先に中央ホールの巨大な空間がある。ホールの両側には太い柱とアーチが連なる拱廊《アーケイド》がつづき、高窓や天窓からはやわらかい光がさしこむ。まるで大聖堂のような荘厳さがある。石造りの大きな空間に、見学者のざわめきが反響する。

ホールの中央で出迎えてくれるのは、全長が26メートルの恐竜と、全長が27メートルの白ナガス鯨の骨格標本だ。この自然史博物館は、植物・動物・鳥類・魚類・昆虫・貝殻・鉱物・岩石・化石・隕石などの標本を７０００万点以上収蔵する、自然史関係では世界でも最大級のものである。

この博物館は、もともとは１８８１年4月18日に、大英博物館の自然史部門として開設された。その母体である大英博物館は、１７５３年にロンドンの医師ハンス・スローン卿が亡くなったとき、彼のコレクションが国に遺贈されたことがきっかけで創設された。そして１７５９年1月15日に現在の場所（ブルームズベリー）にあったモンタギュー・ハウスで公開された。

スローン卿は自然の産物から人工物まで、ありとあらゆる珍しい物や変わった物の大コレクターで、その数は標本などの物品がおよそ8万点にのぼり、書籍も5万冊もあった。それらのコレクションが大英博物館の核となったのだが、半分以上が自然史関係で、哺乳類や鳥類とその卵や巣、魚類、昆虫、鉱物や岩石、化石などの標本からなっていた。

＊1　設計チャールズ・バリー、オーガスタス・ピュージン。

＊2　設計ジョージ・ギルバート・スコット。

02 ハンス・スローン卿

03 チャールズ・ダーウィン

04 アルフレッド・ウォーレス

増え続ける標本

19世紀になると、自然史への関心が高まったこともあり、動植物をはじめとする膨大な量の標本が博物館に寄贈されるようになった。そのなかには、チャールズ・ダーウィンがビーグル号で南半球を探検航海（1831～37）したときに採取した標本や、かれとはべつに独自の研究で進化の自然淘汰説に到達していたナチュラリスト、アルフレッド・ウォーレスのコレクションも含まれていた。博物館はそれらの収蔵品で、はち切れんばかりだった。

そこで1856年に自然史部門の長を務めるようになった、解剖学者で古生物学者でもあったリチャード・オーエン卿は、1858年に、新たに建物を建てて自然史部門を独立させることを計画した。そして1880年にサウス・ケンジントンにその建物が完成し、翌年の4月に一般に公開されるようになった。リチャード卿は、この博物館の生みの親とも言える人物である。

05 リチャード・オーエン卿

06 自然史博物館の展示

収集から研究へ

19世紀に増えたコレクションは、その後データが科学的に整理され、自然史博物館は研究機関としての機能も強化されていった。この博物館のコレクションの母体となったのはスローン卿から遺贈された膨大な量の標本だったが、そのなかの哺乳類や鳥類、昆虫のものは、当時の保管状態が良くなかったことから傷みが激しくなり、その後かなりの物が廃棄を余儀なくされた。幸いにして植物標本は傷みもなく、今でも貴重な資料となっている。

１９３７年に自然史博物館のパトロンの一人だった銀行家のロスチャイルド男爵ライオネル・ウォルター・ロスチャイルドが亡くなると、彼が所有していた膨大な量の動物標本が博物館に遺贈された。そのコレクションは、自然史関係で個人が収集したものとしては最大規模とされ、およそ２５０万点の蝶や蛾の標本、30万点の鳥類の標本が含まれていた。

自然史博物館は１９６３年に大英博物館から完全に独立し、１９８５年には地質博物館が併合され、岩石や鉱物のコレクションがさらに充実するようになった。

自然史を愛した人たち

自然史は、バード・ウォッチングや自然観察まで含めると、裾野の広い学問である。イギリスにはアマチュアのナチュラリストが多く、これらの人々がイギリス独特の味わい深い自然史を支えてきたといえる。

スローン医師が資金を惜しまずにつぎ込んで珍しい物、変わった物を収集した、博物学の巨人的なパイオニアとすれば、イギリスの田園の魅力を伝えた自然史のパイオニアがいる。セルボーン近くのファーリンドンの副牧師だったギルバート・ホワイトである。

07ウォルター・ロスチャイルド

08ギルバート・ホワイト

かれは1751年から周囲の野生生物や博物学的な物を書簡の形で記し、『セルボーンの自然史と遺物』という本にまとめて1789年に出版した。鳥のイラストなどが多数、載せられた版もあり、イギリスの田園の自然を記録したもっとも魅力的な本の一つとされている。

日常生活の身の回りの自然を記録したナチュラリストとしては、イーディス・ホールデンがいる。かの女は1906年に、美しいイラストを入れた日記『1906年の自然記録』を著した。この本は1977年に『エドワード7世時代の女性のカントリー・ダイアリー』として手書きのオリジナル本そのままに復刻された。

メアリー・エニングは、化石コレクターのためにドーセットのライム・リジス近くの海岸で化石を採取しつづけていた。そして1811年に、1億年以上前の魚竜イクチオサウルスの化石を発見し、一大化石ブームを引き起こした。彼女も自然史の発展に貢献した一人といえる。また、20世紀初めに、今日のバード・ウォッチングの基礎を築いたとされる、リチャードとチェリーのキーアトン兄弟のことも忘れる訳にはいかない。

美しい昆虫や鳥、貝殻、鉱物、化石などの標本がならぶ自然史博物館は、私にとって過ぎ去った子供のころの世界へと、束の間、連れ戻してくれるところである。（千葉　茂）

09 イーディス・ホールデン

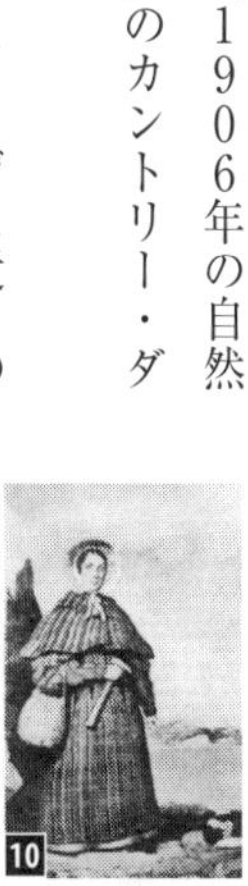

10 メアリー・エニング

◆ブックガイド◆

■イーディス・ホールデン『カントリー・ダイアリー』岸田衿子・前田豊司訳、サンリオ、1984年

■ギルバート・ホワイト『セルボーン博物誌』（上・下）寿岳文章訳、岩波文庫、2006年

26

〝泣ける〟絵画に逢いに
――テート・モダン

絵をみて「泣く」という体験をされたことはおありだろうか。美術鑑賞は、個々人の感覚や感性に拠るところが大きく、それぞれが人生の中で積み重ねてきた時間や経験とも切り離せないものである。描かれた世界の中のなにものかが、それらのパーソナルなものと深く通じあい共振した証として、人はときに絵の前で涙を流すのかもしれない。かくいう私にも、そんな体験がある。忘れもしない、それはロンドンのテート・モダンでの出来事であった。

画家の名はマーク・ロスコ（１９０３～70）。20世紀アメリカを代表する画家のひとりであり、１９５０年代アメリカ抽象表現主義の立役者として知られる。巨大なキャンヴァスに、微妙なニュアンスとマティエールをそなえた矩形の色面が浮かぶその作品は、画家の悲劇的な最期とあいまって、伝説的なインパクトを人々に与えてきた。2007年にはニューヨーク・サザビーズのオークションでロスコの作品が約87億円で落札され、大きな話題を呼んだ。

テート・モダンには、ロスコのための独立した展示室がある。1969年にロスコから寄贈された《シーグラム壁画》と呼ばれる9点の大作が、本人の希望による光を落としたほの暗い空間で、みる人を四方から包み込む。マルーン（えび茶）を基調とした名状しがたいデリケートな色合いの大画面には、窓枠や扉を思わせるようなぼんやりとした矩形が浮かんでいる。みつめるほどに、色彩と形態のあわいに自らの身体が溶け込んでいくような不思議な感覚をおぼえる。やがて、言葉にならない感情が胸の奥底からふつふつとわきあがってきて――気がつけば、熱いものが一筋、頬を伝っていた。

自身の作品が「人々の心の奥底に潜む感情と通じ合う」ことを強く望んでいたというロスコ。その望みが確実にかなえられていることを、画家自身が知ることはあったのだろうか。

《シーグラム壁画》はもともと、1958年にニューヨークのシーグラム・ビルの高級レストランの壁画として制作を依頼されたものである。自分の作品だけで一室を満たすことを長年夢みていたロスコは、

01 テート・モダンのロスコ・ルーム。時を忘れてたたずんでしまう

02 ミレニアム・ブリッジからテート・モダンを望む。巨大な煙突は、火力発電所の建物をリノベーションした名残り。2012年現在、本館南側に新館の増築が進行中

並々ならぬエネルギーを注いで30点を超える作品を仕上げたが、それらが実際にレストランを飾ることはなかった。ロスコ自身が、それを拒んだのである。自らがイメージしていた荘厳な空間と、実際の空間——セレブリティたちが賑々しい会話と食事を繰り広げる——の雰囲気が、あまりにもかけ離れているという理由で。

かくして宙に浮いたロスコ渾身の《シーグラム壁画》だが、そのうち画家が自選した9点が、ロンドンのテート・ギャラリーに寄贈されることとなった。ロスコはそれらを一室に展示することを条件とし、当時の館長ノーマン・リードから送られた部屋の模型を使って展示方法の検討を幾度となく重ねたという——自身は決してみることのない展示を。1970年2月25日、作品がついにロンドンに到着したまさにその日、ロスコは自らの命を絶ったのだった。

2000年5月、ミレニアム・プロジェクトの一環として、ロンドンのテムズ河畔、ミレニアム・ブリッジをはさんでセント・ポール大聖堂の真向かいにあたるサウス・バンク地区に、モダン・アートの一大拠点となるテート・モダンが開館した。それに伴い、

ミルバンクのテート・ギャラリー本館はイギリス美術を専門に展示するテート・ブリテンとなり、それまで本館に展示されていたロスコの作品はテート・モダンを新たな落ち着き先として、世界中から訪れる年間400万人を超える人々を、その唯一無二の絵画空間に迎え入れることとなった。

アメリカで活躍したロスコの作品がイギリスの美術館に寄贈された背景には、理想の展示空間が提示されたことに加え、イギリスのアーティストたち、とりわけ19世紀イギリスの画家、J・M・W・ターナーに対するロスコの深い敬愛の念があったといわれている。1966年、ニューヨークの近代美術館で開かれたターナーの展覧会を訪れたロスコは、「このターナーってやつは、ずいぶん俺をまねてるな」とジョークを飛ばしたという。希代の風景画家であったターナーは、名所絵のような地誌的風景から理想化された古典的風景、自然の猛威をとらえた劇的な風景まで、幅広い画風で人気を博したが、後年は光、水、大気などの自然の諸現象を、形がみえなくなるほどに朦朧とした色彩とタッチで描きだし、相当な物議を醸した。当時は受け入れられがたかったその試みを、20世紀の抽象画家たちは先駆的仕事として再評価した。なかでもロスコはターナーと自身との間に非常な親近性を感じ、ターナーの遺作を大量に所蔵するテート・ギャラリーに、自らの作品を展示することを思いついたようである。ターナーが目にみえる自然のイメージを還元し、純化することで、世界を構成する根源的要素のうちに超越的なるものを感得しようとしていたとするならば、それを人間をみつめることによって行おうとしたのが、ロスコではなかっただろうか。2009年にはテート・ブリテンで二人展が企画され、はじめて両者の作品があいまみえることとなった。

マーク・ロスコ、本名マーカス・ロスコウィッツはユダヤ系移民であった。故郷ロシアでのユダヤ人迫害から逃れアメリカに移住してからもなおその生活は危険や不安と隣り合わせであった。自らに課せられた不条理の只中で、高校時代のロスコはギリシャ悲劇を読みふけり、大学中退後には美術学校に通うかたわら演劇学校で役者修行をしたこともあった。１９４０年代には、ギリシャ悲劇を題材にした作品も手がけている。

いにしえより人類が経験してきた根源的な感情を、ドラマを通して共有しあう演劇の世界。それに魅せられたロスコもまた、画布のうえにひとつのドラマを構築しようとしていたのではないだろうか――すべての人が、自らの役柄、自らの存在を見出すことができるようなドラマを。そして、そこで流される涙は、もはや自分ひとりだけのものではないのかもしれない。

「私の絵の前で泣く人々は、その絵を描くときに私が味わったのと同じreligious experienceをしているのです」ロスコのいうreligious experienceとは、どのような体験をさすのだろうか。religionの語源であるラテン語のreligioには、結び合わせるという意味があるという。ロスコの作品を通じて、私たちはいかなる結びつきを得ることができるのか。それを知るための鍵は、テート・モダンの一室にある。

（浅川真紀）

◆ブックガイド◆

▪川村記念美術館企画・監修『マーク・ロスコ』淡交社、２００９年

▪マーク・ロスコ著、クリストファー・ロスコ編『ロスコ　芸術家のリアリティ――美術論集』中林和雄訳、みすず書房、２００９年

▪桜井武『英国美術の創造者たち』形文社、２００４年

▪桜井武『ロンドンの美術館――王室コレクションから現代アートまで』平凡社新書、２００８年

コラム 09

バーナード・リーチと高村光太郎

川成　洋

イギリスにおいて「スタジオ・ポタリーの父」と呼ばれているバーナード・リーチ（1887～1979）が、少年時代に抱いていた「画家」になる夢から、「陶芸家」に大きく変貌するきっかけとなったのは、1907年9月、ロンドンでの若き日の彫刻家、高村光太郎との運命的な邂逅であった。それにしても、リーチ自身の出自も平均的なイギリス人と大いに異なっている。

リーチは、1887年、香港で生まれる。父はオックスフォード出の弁護士。誕生後まもなく母と死別し、日本で英語教師をしていた祖父に引き取られ、京都や彦根で祖父母に育てられる。2年後父の再婚により父のいる香港に戻る。1897年、10歳の時にイギリス本国に帰る。カトリック系のパブリック・スクール、ボーモント・カレッジに入学するためであった。16歳でこのカレッジを卒業し、ロンドンのスレイド美術学校に入学し、いよいよ絵画一筋の勉強をと思ったとたん、翌年父親が死去する。父の「銀行員に」という遺志に従うために、美術学校を退学し、18歳の時、香港上海銀行ロンドン支店に就職する。だが、芸術家の多いチェルシー地区に下宿し芸術家の気分を味わうものの、やはり「画家」への夢が捨て難く、一念発起、窮屈な銀行員生活に終止符を打ち、ロンドン美術学校に入学する。19歳で、将来の自分を見据えての旅立ちであった。この学校で、彼はエッチングを学ぶ。

入学以来、自分の出生地の東洋、そして日本への強い憧憬を持ち続けていたリーチが教室でラフカディオ・ハーンの本をひも解いていると、そこに日本人の留学生、高村光太郎が姿を現す。ある夕方、リーチは、キングズ・ロードにある彼のアトリエのドアをノックする。だが返事がない。以下『東と西を超えて――自伝的回想』によると――

今度はもっと強くノックしたら、廊下をゆっくりとやって来る足音が聞こえてきた。ドアが半分程開き、とても静かに彼は言った。「すまんね。私は瞑想しているんだ」と。確か彼は「禅」という言葉を使ったと思う。私はわびを言った。「明日説明してあげよう」と彼は答えた。次の日、初めて禅宗について、少しばかり説明を受けた。

これを機会に、また2人の下宿も同じチェルシー界隈だったことも手伝って、時に20歳のリーチ、それに24歳の光太郎、2人の友情は急速に深まった。だが、その翌年、リーチは美術学校を退学し、同様に光太郎もパリに移り住む。

そしてその翌年1909年3月、リーチはドイツの定期客船の3等船客として、日本へ旅立つ。エッチングの印刷機を持参し、エッチングを教えることで生計を立てる予定であった。光太郎は、父の光雲をはじめ、正紀直彦（東京美術学校校長）、岩村透（東京美術学校教授）、水野葉舟（小説家）、石井柏亭（画家）、川崎安（『日本美術』編集発行人）宛の紹介状を認めたのだった。光太郎の紹介状がリーチの文化人との間の人脈形成に大いに役立ったことは言うまでもない。「高村がお茶に来た。彼になんて磁力があるのだろう。私は彼の個性にひきずられてしまう。とても愛すべき人物だ」――リーチの1911年3月3日の日記、である。

初来日したころのバーナード・リーチの《自画像》。（エッチング、1914年、日本民藝館所蔵）

第Ⅴ部

芸術都市ロンドン

27 ナショナル・シアター

――世界に開かれたイギリス国民の文化の砦

１９７６年春初めてイギリスを訪問のとき、3月16日にテムズ川南岸にナショナル・シアターの三劇場のうちの一つ、リトルトン劇場がいち早く開場。そこで3月17日にイプセンの『ヨーン・ガブリエル・ボルクマン』を、18日に『ハムレット』を観た。この開幕にあわせて旅行を企画したわけではなかったが、ラッキーだった。イギリスの持ち時間が3日しかない私に、丁度ロンドン大学で研修中の友人が、生誕地ストラトフォードに行くより貴重な体験となるだろうと勧めてくれた『ハムレット』はすでに完売ではあったが、上演当日、朝9時に当日券を売り出すというので、並んで獲得。ピーター・ホール演出、アルバート・フィニー主演、3時間50分のノーカット版の『ハムレット』

はダイナミックで圧倒された。柿落としの他の演目はベケットの『幸せな日々』、ピンターの『誰もいない国』、ベン・トラヴァースの笑劇、ジョン・オズボーンの新作で、六作からなるレパートリー・システムであった。

その後、同年10月には、オリヴィエ劇場、翌年3月4日にコテスロー劇場が開場した。三劇場はそれぞれ特色がある。1160席からなる最も大きな劇場であるオリヴィエ劇場は、俳優のローレンス・オリヴィエの名前を冠しているが、彼が、ギリシャの古代遺跡エピダウロスの野外劇場に足を運び、それをモデルに作らせた劇場である。張出しの舞台のまわりに扇形の階段式の観客席が設けられている。890席からなるリトルトン劇場は、近代演劇のプロセニアム方式を取っており、前方に舞台、それに直線的に真っ直ぐ対峙している客席が続く。二階席は一階席の上にせり出した形になっている。最後にコテスロー劇場であるが、400席の実験劇場となっている。張出し舞台を観客が三方から囲むシェイクスピアのエリザベス朝の劇場をイメージしている。これらの特徴は、実際劇場に出掛けた時も意識しないと把握するのが難しいが、バックステージ・ツアーに参加するとその構造がよく見えてくる。

ナショナル・シアター誕生には、実は大変苦難な歴史がある。最初にそのような国立劇場を提唱したのは、ロンドンの印刷業者で、はるか1848年に遡る。グランヴィル・バーカーなどが詳細な具体的プランを発表したのは、1903年のことだった。二度の大戦を経て、何度か軌道修正して、1962年に初代ディレクターにローレンス・オリヴィエを配して、新しい劇場ができるまでは当面オールド・ヴィック劇場を借用し

01

て発足するという合意に達する。1971年オリヴィエが病気で倒れ、1973年引退後、ロイヤル・シェイクスピア・シアターの創設者で演出家であったピーター・ホールが後を継いで、3年後の新劇場開設にこぎつけた。1976年当初から開演前に1階のロビーでバロック、ジャズ、フォークなどの音楽が自由に楽しめるような空間が工夫されている。このやり方はフランス方式ということで、イギリスでは、初めてここで取り入れられたそうである。カフェテリアで好みの食事を注文し、ゆったりとしたロビーで、食べながら、談笑しながら、色々な楽器や歌が聞こえてくるのはなかなか楽しいものである。この頃は、夏には野外の前庭でラテン音楽のライブがおこなわれてもいる。

01 ウォータールー・ブリッジより眺めたナショナル・シアター。黄色地にオレンジ色でNational Theatreと描かれた横断幕が、オレンジ色のパラソルとともに、川縁のプラタナスの並木の緑を背景として華やかさを演出しているナショナル・シアターは、25周年を迎える1988年までタイトルにロイヤルをつけることを許されなかった。現在はロイヤル・ナショナル・シアターともいうが、2002年に一般の国民への視線を重視し、ロイヤルの威光を前面に出さないような方向を表明している。テムズ川南岸の劇場を船出させたピーター・ホールが15年間かけて基礎を築いた後、1988年に引退する。「この強固なコンクリートの建物はどんな弾圧に会おうとも永遠にここに存在し続けるであろう」という言葉を残して。リチャード・エアーがそのあと10年間を引き継ぎ、1997年にトレヴァー・ナンが5年間牽引役を引き受けたあと、2003年から、ニコラス・ハイトナーがバトンを渡され現在に至っている。

2013年で50周年を迎えるナショナル・シアターの大きな流れをまとめて一言で言えば、多様性への道程であったといえよう。当初から大きな柱であったシェイクスピアの上演も、1997年に同じテムズ川南岸にグローブ座が開設されたあとも、少なくとも年に1本は注目される演出で人々の目を引いている。2010年10月から翌年3月までは現演出家ハイトナーによる主演俳優にロリー・キニアを迎えた現代服の『ハムレット』上演が絶賛された。1986年頃から、海外公演も盛んになり、ヨーロッパだけでなく、アメリカ、カナダまで遠征するようになる。海外の劇団を招聘してのフェスティバルがすでに1987年には開催されているが、日本からも蜷川幸雄の『マクベス』と『王女メディア』が上演されている。蜷川は2002年には、『ペリクリーズ』の公演も果たし、好評を博している。1991年からは、目や耳の不自由な人に配慮した公演も行うようになった。また、好評を得た公演をウエスト・エンドに移して長期に公演を行う形態も取られている。最近では、『軍馬ジョーイ』が爆発的人気をさらって、2007年の初演ながら、2011年の現在でも、ウエスト・エンドで上演され続けている。第一次世界大戦のときの馬と少年の情愛を描いているが、等身大の馬の操り人形が舞台を縦横に闊歩するさまが受けている。『オイディプス』のようなギリシャ悲劇、『女の平和』のようなギリシャ喜劇、シェイクスピアのみならず、彼と同時代の劇作家の作品、『フェードル』のようなフランス古典劇などとともにイギリスの伝統的風習喜劇から英米の現代劇まで積極的に取り上げて、演劇の活性化に貢献している。「多様性は現代社会の多様性を反映したものである」とハイトナーは答えているが、新たな劇作家の発掘と育成にも懸命である。

（髙杉玲子）

◇ブックガイド◇

- 坂本和夫、来住正三編『イギリス・アメリカ演劇事典』新水社、1999年
- Kennedy, Dennis, ed. *Oxford Companion to Theatre & Performance*. Oxford UP, 2010.
- NationalTheatleホームページ　http://www.nationaltheatre.org.uk/9786/stage-by-stage/the-beginning-18481962.html～http://www.nationaltheatre.org.uk/9791/stage-by-stage/south-bank-20032010.html

28 往事の上演、今ここに
——シェイクスピア・グローブ座

ロンドンのテムズ川南岸に面するサザーク地区のバンクサイドに現代建築の室内劇場とは全く趣を異にした特異な劇場が建てられている。このシェイクスピア・グローブ座は、アメリカ人演出家・俳優サム・ワナメイカー（1919～93）が主導して完成した、シェイクスピア時代の劇場グローブ座の復元である。[*1]

ワナメイカーは元のグローブ座の跡地に銘板があるだけで、人々に忘れ去られているのを残念に思い、グローブ座再建の夢を抱き、1949年に、シェイクスピア・グローブ・トラストおよびインターナショナル・シェイクスピア・グローブ・センターを設立し、劇場の再建、教育センター、常設展の実現に邁進した。再建を巡る賛否両論、資金難、

＊1　シェイクスピア・グローブ座の住所は、21 New Globe Walk, London, SE1 9DTであり、最寄りの地下鉄駅は、ディストリクト・ラインおよびサークル・ラインのマンション・ハウス駅（徒歩10分）、ノーザン・ラインおよびジュビリー・ラインのサザーク

01

劇場復元のための資料の乏しさなどの多くの困難に直面したが、イギリス国内外からの資金援助もあり、彼の死の翌年、1994年にシェイクスピア・グローブ座が開場した。*2

外周が20面体の樫材を使った木造建築であり、外壁は漆喰塗りである。劇場の外周は3層の桟敷席であり、その内側に、立ち見客用の平戸間と呼ばれる中庭があり、その真ん中まで方形の舞台が突きだしている。

舞台への出入り口は、舞台後方の真ん中と左右にある。舞台前方の左右に大理石の模様が描いてある2本の大きな木の柱が立っていて、太陽、月、十二宮図が描かれている「天」と呼ばれる舞台の上の天井を支えている。舞台の上にはバルコニーがある。

観客は舞台前方、左右の3方向から舞台を見ることになり、俳優は3方の観客を意識して演技することになる。かやぶき屋根が桟敷席と舞台の上だけにかかっていて、平戸間の上は天空である。照明は太陽光線だけであり、夕刻にはフラッシュライトが補助として使われるが、これはあくまで太陽光線を再現するためである。音響効果の装置はな

駅（徒歩15分）、セントラル・ラインのセント・ポール駅（徒歩15分）である。

＊2　シェイクスピア・グローブ座では、5月から10月の第1週まで劇の上演が行われ、冬には教育活動が行われる。

01 シェイクスピア・グローブ座

く、俳優は自分の生の声だけで演技しなければならない。

このような劇場の上演は、現代の主流の額縁舞台の屋内劇場の上演とは大いに趣を異にすることは容易に理解できるであろう。

かつてのグローブ座開場

410余年昔、シェイクスピアの劇団はグローブ座の建設とともに、変貌を遂げて、宮内大臣一座となった。一座は株式組織となり、興行師の息子バーベッジ兄弟があわせて50％の株を、残りの株を座付き役者兼俳優のシェイクスピアと4人の役者が所有した。株主たちは劇団の運営全般に合議制で関わり、利益を持ち株数に応じて配当した。

グローブ座上演のために書かれたシェイクスピア劇は、『ジュリアス・シーザー』『ハムレット』『十二夜』『オセロー』『尺には尺を』『リア王』『マクベス』『アントニーとクレオパトラ』『ペリクリーズ』『シンベリン』『冬物語』である。

1603年には、ジェイムズ1世がパトロンの国王一座となり、ますます発展した。グローブ座の収容能力は、2000人から3000人であった。日光を照明源に使い、午後2時に上演が始まった。

舞台装置がほとんど使われなかったため、劇作家は登場人物の台詞によって、場面の時間と場所を指定し、観客の想像力に訴えた。

グローブ座の客層は、1ペニー払って平土間で立ち見をする社会の下層の客から、さらに1ペニー、2ペンス、3ペンスを払って桟敷席で観劇する身分の高い客まで、多岐にわたっていたが、シェイクスピア劇は全ての階層に対して訴求力を持つ、幅と奥行きの広さを備えていた。

グローブ座は1613年に『ヘンリー8世』の上演中に火災を起こし消失したが、直ちに再建された。しかし、1642年にピューリタン革命を受けて閉鎖された。

シェイクスピア・グローブ座

400年の時の隔たりを経てのグローブ座再建に際しての困難は、具体的資料が何も残っていないことだ。

そこで、再建のための研究チームは、オランダ人ド・ウィットによるスワン座のスケッチ、グローブ座の一部とローズ座の発掘調査結果、グローブ座が描かれているロンドンの鳥瞰図、シアター座の解体とおそらくはグローブ座建設に関わった大工の棟梁がある興行師と交わした劇場の建築契約書、グローブ座上演の劇の中の劇場への言及等を活用して、シェイクスピア・グローブ座の建築概要を決めていった。

劇場はシェイクスピア時代の建築技術を用いて建設された。しかし、火災に備えて、スプリンクラーと、多くの非常口を設けねばならなかった。桟敷席は、座り心地を良くするために、1席あたりの面積を大きくし、収容人数は桟敷席857人、平戸間700人、計1557人である。

新しい可能性

＊3　2012年は、ロンドン・オリンピックを記念して、特別企画がある。まず、4月21、22日にケープ・タウンのアンサンブルによる、物語詩『ヴィーナスとアドーニス』の6つの言語によるアダプテーションの上演があり、その後、シェイクスピアの誕生日の4月

シェイクスピア・グローブ座は、柿落としに『ヘンリー5世』を上演した。演出は、有名な映画版『ヘンリー5世』の監督・主演をした名優ローレンス・オリヴィエの息子リチャード・オリヴィエであり、息子が父親をどのように乗り越えるか関心を呼んだ。すべて男優による上演であった。シェイクスピア時代には女優がおらず、女性役は声変わりする前の少年が演じたことを踏襲するものであって、この劇場がシェイクスピア時代の劇場の復活であることと符節を合わせている。

初代芸術監督マーク・ライランスはこのようなシェイクスピア時代の上演を復元する「オリジナル」な上演と演出家に現代的解釈による演出を許す「フリーハンド」の上演と2本立てであった。

シェイクスピアをはじめとするエリザベス朝演劇の他、この劇場のために書かれた劇をも上演した。舞台と観客は同じ日光という照明で照らされ、一体化しやすくなることが明らかとなった。俳優は観客がよく見えて、観客を強く意識するようになるのだ。観客が舞台に近いことから、舞台と観客との相互作用が盛んである。

2005年に第2代芸術監督に就任したドミニック・ドロムグールは「現在主義」の方針を掲げ、主として現在の瞬間との関わりを重視した上演を行っている。

シェイクスピア・グローブ座では、シェイクスピア劇の真の意味が再発見されるとともに、シェイクスピア時代から現代に至るシェイクスピア受容の全歴史とシェイクスピアを取り巻く現代の文化的状況とが相呼応し、シェイクスピア劇の新しい可能性が提示されている。[*3]

（小林清衛）

23日から始めて、6月9日まで、シェイクスピアの37の戯曲が37の言語で上演される。世界各地の劇団がこの特別企画に参加する。

◆ブックガイド◆

▪小田島雄志訳『シェイクスピア全集』白水Uブックス、1983〜85年

▪松岡和子訳『シェイクスピア全集』ちくま文庫、1996〜2012年

▪河合祥一郎『ハムレットは太っていた!』白水社、2001年

▪玉泉八州男『シェイクスピアとイギリス民衆演劇の成立』研究社、2004年

▪中野春夫『恋のメランコリー――シェイクスピア喜劇世界のシミュレーション』研究社、2008年

29 「二つの舞台」を訪ねて

――『ロミオとジュリエット』の初演劇場

シェイクスピアの幻の劇場

「おおロミオ、ロミオ、なぜロミオなの」。13歳の少女の言わずと知れた嘆きの台詞である。この話題作が、初演以来、人気を集め、興行日には、劇場を取り巻く若者たちの人だかりが絶えなかったであろう事は、１５９７年の第一・四つ折り本のタイトル・ページからも窺い知れる。実際、この年の代表的話題作として、フォルスタッフに扮した役者とともに、この悲劇の登場人物たちも街を練り歩いたらしい。

シェイクスピアの常小屋あるいはホーム劇場と言えば、だれでもサザークのグローブ座を思い浮かべる。しかし１５９９年８月に柿落としを迎えたグローブ座は、それ以前

＊1　『ロミオとジュリエット』の初演年代は１５９６年前後と言われている。

01 次の文字が読み取れる。'The site of this building forms part of what was once the precinct of the Priory of S. John the Baptist, Hollywell. Within a few yards stood from 1577 to 1598, the first London

に一座の十八番になっていた『ロミオとジュリエット』の初演劇場ではない。[*1] 実はグローブ座以前に、若きシェイクスピアにとっての最初のホーム劇場があったことは、あまり知られていない。『夏の夜の夢』『ベニスの商人』『ヘンリー4世・一部』『同二部』などの代表作とともに、『ロミオとジュリエット』もまた、そこから巣立っている。

地下鉄のオールド・ストリート駅で降りて、同名の通り沿いに進むとカーテン・ロードに至る。この通りの近代的なビルの柱に二つの銘板があって、ここにシェイクスピアに縁ある劇場があったことを示している。エリザベス朝初の本格的な劇場シアター座は、これまでの調査から、この裏手にあったらしい。当時劇場はプレイハウスと呼ばれていたが、シアター座は、1576年、興行主ジェイムズ・バーベッジによって、シティーの北東、市議会の管轄外になるショーディッチ地区の借地に建てられた。彼はこのプレイハウスを、ローマ時代の円形劇場アンフィシアター、あるいは当時の世界地図シアタラムに因んで、「ザ・シアター」と名付けたといわれる。この劇場は、以降60余年にわたって、ロンドンの劇場建築様式のいわば原型となり、その舞台様式もその後の戯曲制作激増の触発剤になったと言う。その舞台構造を念頭に執筆された戯曲は、シェイクスピア作品に限っても10本に及び、彼の前期戯曲の構造全体を性格づけるものとして、また、グリーンやマーロウなど、やがて隆盛を極めるエリザベス朝演劇の苗床として、この劇場が果たした歴史的役割は大きい。当時はイギリス演劇の草創期で、翌年には隣地にカーテン座も建てられたが、シアター

01

building specially devoted to the performance of plays and known as "The Theatre."
「この建物を含む一帯はかつて、ホリウェルの聖ヨハネ・バプテスト修道院の境内であった。この数ヤード内に、1577年から1598年にかけて、初めて演劇上演に貢献し、「シアター座」として知られるロンドン建築物が所在していた。」

座は演劇専門の舞台を有し、収容観客数も当時としては最大規模の小屋であった。

にもかかわらず、その所在はおろか、その内部構造を直接伝える資料はほとんどない。一つだけ、オランダのユトレヒト大学所蔵の、当時のシアター座を素描したと思われるスケッチによれば、たしかに円形無蓋で、舞台奥は、スワン座のように、高楼だが、それ以上は不分明らしい。とはいえ、ここに一つだけ手がかりがある。グローブ座建設のために、シアター座から古い木骨などの建築資材をサザークまで運ぶよう依頼された大工棟梁は、シアター座の基礎部の区画面積を測り、それをもとに、グローブ座建設用地に杭を打った。古木骨を充当したことから、その大きさは必然的にそれまでの劇場とほぼ同じ規模となった。それゆえ、グローブ座の初期構造は、そのまま今はなきシアター座の輪郭を再現していることになる。

１５９７年、芝居小屋を、掏りと喧嘩と売春の巣窟と決め込む地主ジャイルズ・アランからは、結局契約更新を取り付けることができないまま、バーベッジはその年の2月に亡くなっている。閉鎖を余儀なくされたシアター座は、それから2年間、亡霊のように立ち尽くし、その間一座が糊口を凌いだ先は隣のカーテン座の「心もとない俄か舞台」であった。

１５９８年12月暮れ、地主のアランがサセックスへ帰省しているのを見計らって、座員と大工はシアター座の木造骨組みを解体し、木骨などの建築資材を、グローブ座再利

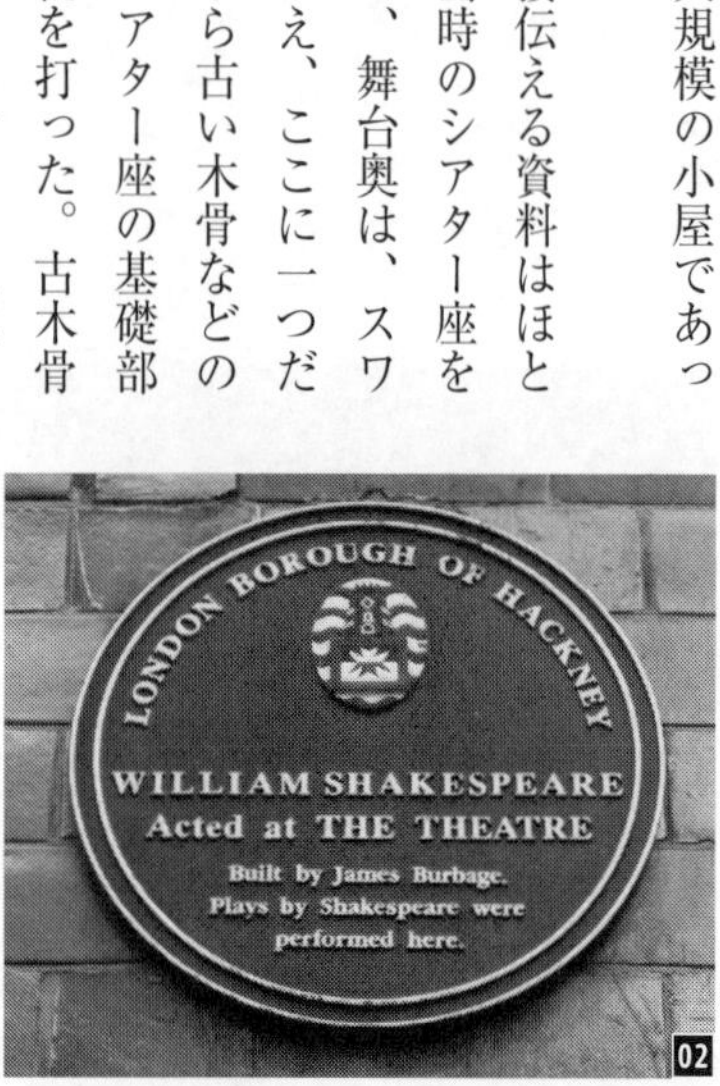

02 次の文字が読み取れる。'William Shakespeare / Acted at The Theatre / Built by James Burbage. / Plays by Shakespeare were performed here.'「ウィリアム・シェイクスピアはジェイムズ・バーベッジの建てたシアター座で役者を務めていた。シェイクスピアの劇はここで上演された。」

用のために移動、名称と所在地を新たに、名高い舞台へと生まれ変わっていく。一方、23年間、演劇の草創期を代表してきたシアター座は、街からも人の記憶からも忽然と姿を消し、以降、歴史の文献を除けば、かつての所在地すら不明のまま、今日に及んでいる。

考古学者の執念

ところが、その歴史的建造物の所在の解明に乗り出した考古学研究員グループがある。ロンドン考古学博物館の研究員たちである。彼らは、1999年と2008年に、跡地と思しき地区の調査を手がけている。とは言え、「跡地と思しき地区」に至るまでには、一人の古物研究家の業績が大きい。ショーディッチ地区の最も古い地図で1682年のものであったから、1576年の所在地について、彼はどのようにして当たりをつけたのか。

1914年、この問題に初めて取り組んだW・W・ブレインズは、その方法として、まず陸地測量調査図の町名などで当たりをつけた土地から、各時代のその土地に関連する登記簿、遺言、遺贈明細、譲渡証書などの公文書を一つ一つ遡って、各々の時代の地図と照合し、最終的に地図のない時代の地区の特定の地所に辿り着く。その結果、1576年建造のシアター座は、今日のニュー・イン・ブロードウェイ近辺に所在したという仮説に至った。2008年の発掘は、このブレインズ仮説を検証するためのものであった。

三箇所の発掘から判明した大きな成果は、多角形の外壁と内壁らしき基底部の痕跡が確認されたことであろう。遺跡の形状、年代、所在など、どれをとってもまず、シェイクスピアの最初の劇場に所属するものであることはほぼ間違いないとみられている。

ブレインズの仮説では、シアター座は西の修道分院群、南の古いグレート・バーン（納屋を利用したドサ回り芝居小屋）に隣接していたことから、入り口は北東部に位置し、役者が西日に邪魔されない配慮からか、舞台はその入り口に向き合う西側であったようだ。これは今日知られているエリザベス朝の劇場や芝居小屋の典型的な位置取りで、したがって、その建築様式も同時代を代表し、グローブ座にも受け継がれたものと思われる。すなわち、どちらも直径82フィート（100フィート説もある）の楕円形で南西に伸びていたが、シアター座が一面平均30フィートの八角形構造であったのに対し、初代グローブ座は一面15フィートの十六〜二十角形であった。

『ロミオとジュリエット』はそんなシアター座で初めて上演された。今日、グローブ座を見るとき、その背後にいつもシアター座が息を潜めているのを感じる。そこで産み落とされた13歳の少女の切ない嘆きは、今ではグローブ座で木霊している。グローブ座はいわば衣替えしたシアター座である。屋台骨が同じだというだけでなく、シアター座もグローブ座も、その小屋の名称に同じ一つの理念、つまり、「世界は一つの舞台」という理念が込められているからだ。この発掘作業からそのことを知るとき、シェイクスピアとその仲間たちが自分たちの芝居小屋に託した想いの深さに、しばし立ち止まりたくなる。そこは地下鉄リバプール・ストリート駅やショーディッチ・ハイストリート駅からも歩いていける距離なのでぜひ立ち寄って欲しい。

（伊澤東一）

◆ブックガイド◆

- フランセス・イェイツ『世界劇場』藤田実訳、晶文社、１９８７年
- Michael Dobson and Stanley Wells ed. by; *The Oxford Companion to Shakespeare*, Oxford, 2001.
- *Current Archaeology*, No. 225, December 2008. Current Publishing.
- Andrew Gurr; *The Shakespearean Stage 1574-1642*, Cambridge, 2009.

30 ヘンデルと《水上の音楽》

――ロンドンに愛されたドイツ人作曲家

イギリス王室関連報道のBGMとしてよく流れてくる、ノーブルかつ華やいだ音楽――広く親しまれているその曲は、イギリス固有の民俗舞踊の名がついた〈アラ・ホーンパイプ〉だ。作曲者はドイツ出身のゲオルク・フリードリッヒ・ヘンデル、《水上の音楽》の中の1曲である。それにしても、なぜヘンデルがイギリス王室と結びつくのだろうか?……子供のころに「バッハ＝音楽の父、ヘンデル＝音楽の母」という図式が刷り込まれた私にとって、ヘンデルの印象は「西洋音楽史という大樹の根幹を担うところのドイツが生んだ偉大な作曲家」というものであった。その彼が、実質的には自他共に認める「イギリスの作曲家」なのだと知ったのは、だいぶ後になってからのことである。

バロック音楽の巨匠バッハとヘンデルは、奇しくも同じ1685年に生を享けているのだが、ヘンデルの生き方は、中部から北部ドイツの範囲内で活動を続けたバッハとは対照的だ。18歳にして故郷ハレを飛び出し、ハンブルクのオペラで働き、22歳でイタリアへ。3年半後にインスブルックを経てハノーファーに赴き（1710年）、かの地の宮廷楽長に就任するも、すぐに休暇を取ってデュッセルドルフへ、そして当時ヨーロッパ随一の都市であったロンドンに渡る、という活発なフットワークを見せているのだ。

この頃のロンドン経済はまさに発展期。新興ブルジョア階級が増大し、他国からも職を求める若者たちがやってきたほか、イギリスは宗教面でも比較的寛大だったために宗教的亡命者の移住先ともなっていた。「ロンドン・ドリーム」とでも言おうか、ここでは外国人でも夢が見られるマーケットが形成されていたのである。音楽の世界も例外ではなく、消費層が厚く需要があったために、多くの音楽家たちが外国（特にイタリア）から集まってきた。ロンドンは、その経済力をもって芸術を「買い取り」、文化の一大発信地となり得たのであった。

さてハノーファー宮廷楽長の肩書のままロンドンに到着したヘンデルは、間を置かず、イタリア語の新作オペラ《リナルド》を上演して大成功をおさめ、アン女王に認められる。以後、イギリス王室とは生涯にわたって親密な関係が続いていく。行動的で社交性があると同時に、周りに流されることなく自分の道を開拓する知性としたたかさを持つ――これはきっと今も昔も、国際人として生きていくのに必要な条件だ。そして〝国際都市〟ロンドンは、それをいかんなく発揮できる街であった。みずからの価値を自覚し

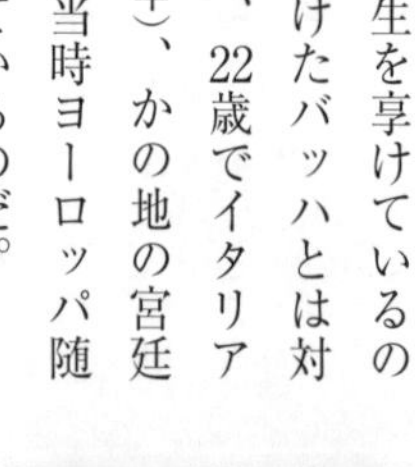

01 ヘンデル（ハドソン画、1749年）

ていたヘンデルは、ハノーファーで宮廷楽長になった時すでに、雇主であるハノーファー選帝侯ゲオルクがいずれは王位継承法に従ってイギリス国王となることを、しっかりと見据えていたはずである。また、選帝侯のほうも、ヘンデルにイギリス王室の内部事情を探らせる意図があった、もしくは、きたるべき王位継承の準備をする役目を担わせていたという説が有力のようだ。アン女王が死去し（1714年）、選帝侯がジョージ1世（在位1714～27）としてイギリス国王に即位するとすぐに、王室に温かく迎えられていることからも、ヘンデルが職を放棄する形でロンドンに滞在していたことは選帝侯を怒らせるどころか、むしろ役に立っていたとみてよいだろう。

みずから興行主にもなるほど力を傾けたオペラのほか、教会音楽、器楽曲など様々なジャンルで作曲活動を続けたヘンデルだが、王室から依頼される仕事はしばしば、劇場での演奏を前提とした作品では実現が難しい、スケールの大きな音楽表現を試すことのできる機会となった。その代表例が、野外祝典のための音楽――ジョージ1世の舟遊びのために作曲された《水上の音楽》と、次のジョージ2世（在位1727～60）の治世にアーヘンの和約締結（1748年）を祝うイベントで披露された《王宮の花火の音楽》である。

《水上の音楽》が初演された時の舟遊びには、政治的な意図もあったらしい。英語も解さない粗野な〝よそ者国王〟は国民に不評だったため、この機に顔見せをして親しんでもらおうという、人気取りの意味合いがあったようなのである。このような舟遊びは何度も催されたが、ヘンデルの《水上の音楽》が演奏されたことが分かっているのは2

02 テムズ川舟遊び（1717年）でのヘンデルとジョージ1世（ハマン画）

回。1回目は1717年7月17日で、2回目は、ジョージ2世の長男である皇太子フレデリック・ルイスの結婚式の前日、1736年4月26日とされる。

1回目の舟遊びは、以下のように行われた。国王は夕刻8時頃、ホワイト・ホールから船に乗り込み、テムズ川を上ってチェルシーに到着。食事をとったのち、午前3時にふたたび船に乗り、4時半にセント・ジェイムズ宮殿に帰着した。御座船の隣には総勢50名もの音楽家たちが乗った船が随行し、《水上の音楽》を披露したのだった。国王はこの音楽をたいそう気に入り、往路で2回、復路で1回の計3回演奏された。全曲のうち、実際にどの曲が使用されたのかということまではわかっていないが、管楽器を多用した華やかな音楽が水上をすべる船から響くさまは、さぞかし雅だったことだろう。この舟遊びによって国王の人気が上がったかどうかはともかくとして、《水上の音楽》は、300年経った今もまさに「ロイヤル・イメージ」と結びついて人々に愛される、ヘンデルの代表作の一つとなったのだった。

ヘンデルは1727年にイギリスに帰化し、名実ともに「イギリスの作曲家ジョージ・フリデリック・ハンデル」となる。その後4カ月を待たずして、ヘンデルのよき庇護者だったジョージ1世は急逝し、息子のジョージ2世が即位する。ヘンデルは、上流階級との交流を密にしながらも、積極的に慈善活動を行うなど弱者にも心を向け、人間愛にあふれた音楽を書き続けた。そして、オペラから英語によるオラトリオの世界に転身、《メサイア》を頂点に多くの傑作を遺し、イギリスに見事なオラトリオ文化を根付かせたのだった。

1759年4月6日、《メサイア》の上演から帰宅したヘンデルはそのまま病床に臥す。そして14日、静かに息を引き取り、6日後、歴代の国王や女王が眠るウェストミンスター寺院に埋葬された。その葬儀には実に3000人もの人々が足を運び、イギリスの誇る大音楽家との別れを惜しんだという。

ヘンデルが生涯の半分を過ごし、数々の名作を生みだした家の2階部分は、現在「ヘンデル・ハウス博物館」として公開されている（ブルック・ストリート25番地）。（下山静香）

◇ブックガイド◇

- 海老沢敏・稲生永監修、音楽之友社編『ガイドブック 音楽と美術の旅 イギリス』音楽之友社、1995年
- 三澤寿喜『ヘンデル』音楽之友社、2007年
- ドナルド・バロウズ編『ヘンデル 創造のダイナミズム』藤江効子・小林裕子・三ケ尻正訳、春秋社、2009年

コラム 10

ホルスト〈ジュピター〉

下山静香

中世・ルネッサンス期、イギリスはヨーロッパにおける音楽の先進国であった。しかしその後、音楽を「創作する」よりも「消費する」場としての役割が強くなったこともあり、イギリス音楽界は長く不振の時代が続いていた。その状況から脱するきっかけとなったのが、E・エルガー（1857～1934）、R・ヴォーン・ウィリアムズ（1872～1958）、G・ホルスト（1874～1934）をはじめとする、19世紀末から20世紀前半に活躍した作曲家たちだ。この頃ヨーロッパ各地でみられた「国民楽派」には位置づけられない彼らだが、自国の古い教会音楽や民謡に作曲の素材を求めるなど、その作品にはイギリス人としてのアイデンティティが感じられるものが多い。ともあれ彼らの登場によって、イギリスバロックの天才H・パーセル（1659～95）から実に200年を経て、真の「イギリス音楽のルネサンス」がやってきたといえるのである。

グスターブ・ホルスト

なかでも世界中で知られる人気曲といえば、なんといってもホルストの〈ジュピター〉――管弦楽組曲《惑星》の第4曲〈木星〉だろう。特に有名なのが、おごそかな雰囲気を持つ中間部（アンダンテ・マエストーソ）の旋律。日本でも平原綾香などが日本語の詞で歌いヒットしたことでさらに浸透した感があるが、聖歌にも通じる荘厳性と素朴で民俗的なたたずまいが共存したこの旋律線は、本質的な部分でイギリス的なものを感じさせると思うのは私だけだろうか。

事実イギリスでは、この旋律は《祖国よ、私は汝に誓う（I Vow to Thee, My Country）》という英国讃歌として大変親しまれているほか、イングランド国教会の讃美歌にもなっているのである。歌詞は、外交官C・スプリング＝ライスが第一次世界大戦中に書いたもので、第1番では祖国イギリスへの愛を歌い、第2番は理想郷である天国、すなわち〝キリスト教徒の祖国〟への讃歌となっている。故ダイアナ妃の結婚式（1981年）や葬儀（1997年）でも演奏されていたことが思い起こされるが、彼女はこの曲をとても好んでいたという。

また、1991年には《ワールド・イン・ユニオン》のタイトルで新たに歌詞がつけられ、以降、ラグビー・ワールドカップの公式テーマソングとなっている（そういえば、ラグビーはイギリス発祥のスポーツだ）。「主義や肌の色を超えて、世界が一つになれるといい……」そんな夢を謳う歌詞も、この曲が擁する広がりある世界にふさわしいものだ。

さて、このようなヒットメロディを生みだしたホルストだが、彼自身の人生は地道なものだったようだ。グロスターシャー州チェルトナムに生まれた彼は、王立音楽大学で音楽を学び、30歳から亡くなるまでロンドン近郊のセント・ポール女学校で音楽教師をしながら作曲を続けた。一方、ヒンズーをはじめする複数の宗教や哲学に興味を持ち、神秘主義的な思想を持っていたホルストは、1913年頃、当時注目を集め始めていた占星術に出会う。彼の興味の対象は常に、「音楽に示唆を与えてくれるもの」だったが、占星術を研究するうちに、そこから作曲につながる多くのインスピレーションを感じ取ったのだった。

組曲《惑星》の作曲は1914年に着手されたが、まず、〈海王星〉以外の6曲はピアノデュオのために、〈海王星〉はオルガン曲として書かれた。その後オーケストレーションが施され、1918年9月にロンドンのクィーンズ・ホールで行われた私的演奏会で初演された。全7曲にはそれぞれ、ローマ神話の神々に相当する惑星の名（火星、金星、水星、木星、土星、天王星、海王星）と、副題がつけられている。〈木星〉の副題は「悦びをもたらす者」。確かに、ジュピターは神々の王（主神）であり、悦びを与えるイメージにぴったりだ。ハ長調で書かれた輝かしい音楽は、踊り出したくなるような祝祭的な雰囲気に満ちあふれ――そしてあの中間部では、しばし立ちどまり、胸に手を当てて祈りたくなる。

　宇宙の壮大さ、そしてそこで生かされている人間の悦びを感じさせてくれる〈ジュピター〉。きっとこれからも、様々な形で人々に愛されていくことだろう。

コラム 11

BBCプロムス
――アリーナ席もあるクラシック音楽の夏の祭典

高杉玲子

　イギリスは春先になると、ＢＢＣプロムスのプログラムが本屋さんの店頭に並び出す。２０１０年、イギリスに3月末から9月初めまで研修に出掛けていた私のケンブリッジの滞在先でも、そうであった。イギリスの夏の一大イベントとして、7月から9月にかけて8週間に及ぶクラシックの音楽祭がある。場所はロイヤル・アルバート・ホールである。

　そのことを知ったのは、不覚にもその前の年であった。ボックス・オフィスでピアノを聴きたいというと勧めてくれたのが、プロム64で、3部構成に

ケンジントン・ガーデンズ側から見たロイヤル・アルバート・ホール

なっていて、ロンドン・フィルのオーケストラの前後に、2台のピアノのための連弾曲が挟まれているというものだった。最後はブラームスの交響曲第一番という豪華版であった。クラシックの音楽会というのに、何という大きさであろう。内部に入ってみて、まず、その規模の大きさに驚かされた。日本の場合、上野の東京文化会館とかサントリーホールなど2000名余の座席数であるが、8000人の収容能力があるという。次に仰天したのは、私の席はステージからみて斜め右横の1階席であったが、正面にアリーナ席と言って立ち見席のあることだった。これは当日券で、5ポンドという安価で売り出されるものである。円高だから、1ポンド130円と計算しても650円である。

そもそも、プロムとはプロムナード・コンサートの略である。この語は、ロンドンの公園での野外演奏会に起源がある。時は18世紀に遡る。オーケストラの演奏のとき、聴衆はまわりをぶらぶら歩いても咎められなかった。1895年興行主ロバート・

ニューマンは、その雰囲気を室内コンサートに取り込み、クィーンズ・ホールで10週間連続演奏会を開催することを企画した。そのとき、採用された指揮者が26歳の若者ヘンリー・ウッドであった。最初は室内であっても、演奏中、歩くだけでなく、飲食や喫煙も認められていたそうである。それが、ステージ正面のアリーナ席と天井桟敷のギャラリー席の立ち見席に反映されているということだ。

ヘンリー・ウッドはそれから50年に渡って１９４４年まで指揮し続けた。１９４１年に、空爆にあった会場にかわって、ロイヤル・アルバート・ホールが使われることになる。１９２７年からはＢＢＣがこのコンサートを運営していくことになり、戦争中撤退していたこともあったが、現在に続いている。

一般券は5月上旬から売り出される。このアルバート・ホール以外にも、昼間、室内楽が開催されているし、ケンジントン・ガーデンズと反対側にあるロイヤル・カレッジ・オヴ・ミュージックで、開演2時間前にトークやレクチャーが無料で提供されている。ＢＢＣはテレビやラジオで中継放送しているし、各地の公園で大型スクリーンを設置し、演奏を皆に届けている。

私のプロムス2年目は、インターネットを駆使してチケットを検索し、シューマンの生誕２００年を記念して開かれた演奏会に参加した。前半はシューマンの管弦楽曲とピアノ・コンチェルト、休憩のあとに、ドボルザーク、ヨハン・シュトラウス親子の名品が続き、最後には聴衆から手拍子が沸き起こる楽しさであった。オーケストラはＢＢＣフィルの演奏だったが、指揮者が直前亡くなり、代役を立てての見事な演奏だった。２０１１年は8月の終わり、3連休の日曜日にメンデルスゾーンのオラトリオを聴いた。次回はぜひ、プロムスの最後の夜に挑戦したいものである。

31 ウエスト・エンドの劇場街を歩く

——演劇都市ロンドン

演劇の国

演劇検閲法という法律が、かつてイギリスにはあった。その主旨は、芝居の脚本の当局による事前検閲と、劇場数を制限することにあって、文人たちが政府に盛んなヤジを飛ばしたスウィフトやジョンソンの時代、すなわち18世紀の中ごろに、エスカレートする政治風刺に業を煮やした時の政権によって定められた。驚くべきことにこの法律は、1968年まで、廃止されなかった。すなわち、新聞やラジオという強力なメディアが普及したのちも、劇場が国民を動かす大きな潜在力を秘めていたことが分かる。

イギリス人の生活と演劇とはそれだけ固く結ばれている。大学での文学史の授業でそう教えられて、のちに初めて日本からヒースロー空港に着いたとき、ターミナル・ビルに入って最初に目にした英語の文字が演劇の宣伝であったことを、今でも忘れられない。ロンドンにはやはり質の高い多くの劇場があって、イギリス人ばかりではない、日本からも演劇ファンが空を越えてゆく。練りに練られたアンサンブルを堪能できる演劇やニューヨークを凌ぐ華麗なるオペラ。ロンドンの劇場は見巧者たちを飽きさせない。

日本人が驚くのは、演劇が政府を焦がすほどの熱を帯びた古き良き時代との歴史のつながりが、一つ一つの劇場にまだ息づいていることである。ロンドンのブロードウェイとも呼べるウエスト・エンド地域は、演劇とオペラのメッカであるが、そこにある由緒正しい劇場のいくつかを、東から西へと訪ね歩いてみよう。

01 1812年、完成当初のドゥルリー・レイン劇場、内部の様子

軒を連ねる名門劇場

ストランドとその北に弧を描いて走るオールドウィッチという二つの通りを中心とした地区は、かつて劇場街の中心地であった。それだけに、由緒ある劇場が多い。「シアター・ロイヤル・ドゥルリー・レイン」は、1660年に初めての勅許を受けた。17世紀の清教徒革命で、イギリスでは演劇が一度ご禁制となった。しかし、王政が復古する

とご法度の芝居も晴れて解禁となり、国王チャールズ2世はこの劇場に勅許状を与えた。数回の焼失や閉鎖の危機を経て、現在の「ドゥルリー・レイン」が作られたのは1812年のことで、ここでは《マイ・フェア・レディ》や《風と共に去りぬ》、あるいは《42ストリート》や《ミス・サイゴン》など、大型ミュージカルの数々が上演されてきた。

コヴェント・ガーデンに近いボゥ・ストリートには「ロイヤル・オペラ・ハウス」がある。創建は1732年のことで、もともとは「コヴェント・ガーデン劇場」と呼ばれた勅許劇場だった。18世紀を代表する劇作家であるジョン・ゲイの『乞食オペラ』やヘンデルの作品がここで上演されて、オペラ・ハウスとしての地位を確立させた。ここもやはり数度の焼失を経験しているが、アテネの神殿を思わせる堂々たる建物には高級車とタキシードの紳士がよく似合う。なお、「ロイヤル・オペラ・ハウス」で上演されるオペラはすべて原語で演じられるが、コヴェント・ガーデンからロング・エイカーを下ってセント・マーティンをさらに下ったところにある（トラファルガー・スクエアとナショナル・ギャラリーのそばにある）「イングリッシュ・ナショナル・オペラ」では、その名の通り、主に英語に翻訳されたオペラを上演される。

さて、ウエスト・エンドの中心部を南北に走るチャリング・クロスは、書店街としても名高いが、ここにも素

02

02 ロイヤル・オペラ・ハウス

晴らしい劇場を訪ねることができる。トラファルガー・スクエア手前の角に立つ「ギャリック」は、18世紀が生んだ名優デイヴィッド・ギャリックにちなんで命名された劇場だ。1889年にイタリア・ルネッサンス様式で建立されたこの劇場は、優れたプロデューサーを多く生み出してきたことでも知られている。

　ペル・メルからヘイマーケットに入ると、通りのまず左側に見えてくるのが「ハー・マジェスティーズ」だ。1705年、イタリアン・オペラを上演する劇場としてスタートした。ここでは著名なミュージカルの多くが連続して上演されてきた。現在は、《オペラ座の怪人》がロングランされている。（初演は1986年の秋のことだ。）向かいたつのが「シアター・ロイヤル・ヘイマーケット」で、外観の優美さと歴史の古さで二つの劇場は競い合っているかのようだ。「ヘイマーケット」が建てられたのは1720年のことで、例の演劇検閲令の発端となった作家ヘンリー・フィールディングの劇を上演して、一時は閉鎖に追いやられている。1760年にようやく条件付きで3番目の勅許劇場と認められ、1812年にはジョン・ナッシュによる現在の優雅な建物が完成した。

シャフツベリー界隈

03 シアター・ロイヤル・ヘイマーケット

ウエスト・エンドの劇場探訪の最後は、シャフツベリー・アヴェニューの劇場街で締めよう。1887年、まさに大英帝国の威光輝かしいヴィクトリア朝の真っただ中にシャフツベリー・アヴェニューが開通して、劇場街の中心がストランド・オールドウィッチからここへ移ってきた。だから、これまでのウエスト・エンドの劇場と比べると、歴史は浅い。（とはいってもどこも1世紀を優に超える歴史があるのだが。）ここはピカデリー側から「リリック」（この地域で最も古い劇場）、「アポロ」（音響に優れたミュージカル用の劇場）、「ギルグッド」（とても優美な内外装を誇る）、そして「クィーンズ」（戦災を受けて近代的な建物に生まれ変わった）という四軒の劇場が軒を連ねている。

もちろん、ウエスト・エンド以外のロンドンにも、訪れるべきすぐれた劇場は多い。ストランドからウォータールー・ブリッジを南に渡ったサウスバンクには、「ナショナル・シアター」がある。イギリスが国立劇場を持つべきかどうか、200年に及ぶ長い議論の末に1976年にオープンした複合施設であり、大きさの違う3つの劇場があるほか、無料の音楽会など気楽に楽しめる催しものも多いから、芝居目的でなくても訪れる価値はある。（夜になれば美しくライトアップされることも有名だ。）

劇場街をそぞろ歩き、面白そうな芝居を実際に見物してみる。たとえ言葉がわからなくてもいい。劇場の空気を吸いながら、周りの観客たちと同じ時間を過ごしてみよう。そうすることで見えてくるロンドンが、本当の姿に一番近いはずだから。

（白鳥義博）

◆ブックガイド◆

・壌晴彦・ワークショップMOM編著『ロンドンウエスト・エンド物語――英国演劇・ミュージカルへの招待』PHP研究所、1993年

第Ⅵ部

文学都市ロンドン

32

シェイクスピアが『マクベス』を書いたわけ

――国王暗殺の陰謀

国会議事堂と国王衛兵

　初めてロンドンを訪れる者が先ず足を運ぶのがウェストミンスターであろう。もちろん衛兵の交代時間であればバッキンガム宮殿、高い入場料を気にしない人はロンドン塔と意見は分かれるであろう。だが、多くの人がビッグ・ベン、ウェストミンスター寺院、国会議事堂を一緒に見学できるウェストミンスターに足を向けるのは自然である。ところで、国会議事堂の中を見学した人は、その警備の物々しさに驚いたことであろう。自動小銃を担いだ武装警官や、持物検査の厳重さに先ず圧倒される。これほど厳重になったのは、１９７４年のＩＲＡによるテロ事件以来であるが、議事堂爆破事件はこれが最

01

初ではない。

現在でも議会の開会前に、国王衛兵《ヨーメン・オブ・ザ・ガード》という古めかしい制服に身を固めた衛視が議事堂の地下室等を点検する儀式があるが、これは1605年に、カトリックの過激派による議事堂爆破というとんでもない陰謀があったからである。以来、国王衛兵はこの儀式を連綿と続けているが、それにもかかわらずIRAのテロは防げなかった。

火薬陰謀事件と『マクベス』

シェイクスピアの4大悲劇の一つに、スコットランドの王位簒奪を描いた『マクベス』がある。数あるシェイクスピア劇の中でスコットランドを舞台にしているのがこの作品だけというのはちょっと気になる。実はシェイクスピアにはこの作品を書かねばならないわけがあったのである。

1603年にエリザベス1世が死ぬと、スコットランドからジェイムズ1世が乗り込んできてステュアート王朝が始まった。王朝が変わるということは、どこかの国の首相が交代するのとは違って社会全体の変革を意味していたから激動であった。しかし、シェイクスピアの所属した宮内大臣一座は、巧みにこの難局を乗り切って、国王一座として国王の特別な庇護を受けることに成功した。国王の勅許の威力は抜群で、シェイクスピア一座の上演回数は飛躍的に増大した。

こうした中で1606年8月7日、ジェイムズ1世はデンマーク王クリスチャンを歓迎するためにハンプトン・コートで芝居を見せることを計画した。国王一座にとって、

01 国王衛兵《ヨーメン・オブ・ザ・ガード》
02 火薬陰謀事件の首謀者たち

03

この御前公演の成否は一座の命運を握るものであった。

その前年に起きた火薬陰謀事件は、国王が議会に出席する11月5日の開院式を狙って、国王も議員もすべて暗殺しようという途方もない陰謀であった。一味は地下の石炭貯蔵庫に36樽もの火薬を運びこみ、準備万端整ったものの、思わぬところから情報が漏れて、11月5日の未明に実行役のガイ・フォークスが逮捕された。彼の自白から一味も逮捕されて事なきを得たが、この大事件は人々の心に鮮明に焼き付いていた。

神によって聖油を注がれた国王の命を狙うことがいかに恐ろしい大罪であるか、王位簒奪を実行したものがいかに哀れな末路をたどるか、そんな芝居ができれば、国王はさぞ喜ぶことであろう。そのような一座の思惑にぴったりだったのがスコットランドの実在の人物であるマクベスを主人公にした悲劇であった。しかも、ジェイムズ1世の先祖はマクベスに殺されたバンクォーである。これらの要素を巧みに織り込んで書かれたのが『マクベス』であった。このような背景を全く知らなくても『マクベス』は楽しく読めるが、ちょっと注意して読み込むと作品からはいろいろな事実が見えてくる。

03 処刑場に引かれる陰謀事件の首謀者たち

04 ヘンリー・ガーネット

気品と栄誉に満ちた将軍マクベスは、魔女の予言に惑わされて国王を殺し、劇の発展とともに野心と殺戮の鬼と化す。しかし、国王を殺したときマクベスの手についた血はどうしても洗い流すことができないし、血のついた短剣を隠そうとした妻の場合も、手についた血を洗い清めることができない。やがて、妻は後悔の中で発狂して死に、マクベスも絶望の中で非業の最期を遂げる。このように全体的な主題は国王殺しがいかに恐ろしい罪かを示すものだが、細かく読んでゆくとこの作品にはさまざまな要素が盛り込まれている。

例えば有名な「門番の場面」に、「神様のためと称して国王に反抗しやがって。そんな二枚舌、天国じゃ通用しねぇぞ。さあ、入れ二枚舌野郎め」、と二枚舌を使って巧みに罪を逃れる人物を揶揄した台詞がある。

これは火薬陰謀事件で逮捕されたヘンリー・ガーネット神父が裁判で「詭弁《エキヴォケイション》」を弄して世論の反感を買ったことを槍玉に上げたものである。彼は陰謀を知っていたにもかかわらず、宗教的職務によって知り得た情報を他に漏らしてはならないという教会法を楯に、陰謀を当局に知らせなかったのである。イエズス会では強制された場合には真実をすべて話す必要はないと言うのが彼の主張であった。なお、ガーネットはあだ名をファーマーと言ったが、「首をくくった農夫」云々も彼をあてこすったものである。

ジェイムズ1世の先祖であるバンクォーに対する配慮も見られる。3幕4場では宴会の場面で、バンクォーの幽霊が自分の席に座っているのを見たマクベスは恐怖のあまり、あらぬセリフを口走る。幽霊はマクベスの目にしか見えないために、人々はマクベスの

04

正気を疑うのである。4幕1場では、バンクォーの子孫が国王になるという予言が正しいかどうかをマクベスが問うと、魔女は8人の幻影を呼び出す。それは国王の服装をし、その最後にはバンクォーがいて予言が正しいことを暗示する。この8番目の王がジェイムズ1世であるとされる。

『マクベス』には魔女が登場するが、これも国王に配慮したものである。スコットランド王時代のジェイムズ（6世）は『魔人論』という本を書くほどこの種の超常現象に興味を持っていた。また、迷信深く、王妃のアンが結婚のためにスコットランドに来る途中で嵐にあったのは魔女のせいだと信じていた。魔女が人間の運命を左右すると信じる国王に配慮して魔女を描いたとすれば、今日からみれば不可解な魔女にも納得がゆくというものである。また4幕3場では突然、「瘰癧《キングズ・エヴィル》」という病気が話題になる。これは、国王の手が触れると治るというこの病気にジェイムズ1世が関心を寄せていたことに配慮したものだという。『マクベス』は4大悲劇の中で最も短い作品だが、これはジェイムズ1世が気が短く、長い上演は最後まで我慢ができなかったためと言われている。このような制約がありながらも傑作を書くことができたシェイクスピアはやはり天才と言うべきか。

（石原孝哉）

05 ジェイムズ1世

◆ブックガイド◆

- 小津次郎編『シェイクスピア・ハンドブック』南雲堂、1969年

コラム
12

ペストの大流行とデフォーの
ドキュメンタリー小説

長尾輝彦

1665年のロンドンのペスト大流行を題材にしたデフォーの小説『ペスト流行年の日誌』は、小説でありながら、歴史上最も信頼できるペストの記述であると言われる。ペストに見舞われたロンドンがどんなものであったか、見てみよう。

ペストはまずネズミの間で流行し、そのネズミの血を吸ったノミが、人の血を吸って感染がおこる。この感染経路は当時知られていなかった。しかし、患者に近づくと感染することは経験的にわかる。潜伏期間が極端に短く、1週間か10日で症状が現れ、体中のリンパ節が大きくふくらんでくる。この症状が現れると後は数日の命であり、治療の方法がなかった。対策は「ペストから逃げる」ことしかなかった。

感染が始まると、人びとはいっせいに疎開を始めた。議会もオックスフォードへと難を逃れた。しかしロンドンには、その日暮らしの生活の中で、避難したくてもできない人たちが大勢いて、この人たちがペストの犠牲者になった。市の当局が、患者のでた家を閉鎖するという方策をとる前は、ペスト菌が頭にまわって痴呆状態になった人が町中をうろついたりしたらしい。

そのような例のひとつ。ペストにかかった男が親しい友人の家を訪れる。錯乱状態とまではいかないが、理性の歯止めがきかなくなっている。召使いが、今、上の階で夕食の最中ですと答えると、男は勝手のわかった家なので、自分でつかつかと上がり込み、一家団欒中のドアを開ける。いくら親しいとはいえ、時刻も時刻なので、皆驚いて立ち上がる。男は、どうぞそのまま食事を続けてください、ただお別れに

ペストの流行（家屋の上階部分が道路にせり出した当時のロンドンの街並み）

来ただけですから、と言う。家族はその友人がアメリカにでも行くのだろうかと思い、どちらにいらっしゃるのですかとたずねる。男は、そうなんです、行っちゃうんです。ペストにかかりましてね。もう一日と持たないでしょう。あの世行きです、と答える。友人が死にかけているとあれば、涙の別れとなるところであるが、ことペストとなるとそうはいかない。女や子供たちは悲鳴を上げて部屋を飛び出し、家中を逃げ回る。家の主人はそこまでは取り乱さないが、真っ青になってその場に立ちつくす。できることならその友人を階段の下に突き落としてやりたいのだが、そばに寄ればうつるかも知れない。拳を握って立ちつくすのみ。男は男で「そうですか、皆さんはそこまで冷たい人たちだったんですか」と言って階段を下りて出て行く。男が出て行った後に、硫黄や火薬粉を燃やして煙を立てたり、みんな別々の部屋にこもって着替えたりと、大騒動になる。

患者の出た家を閉鎖するという方策がとられるとこのようなことはなくなったが、ペストの恐ろしさが減じたわけではない。ペストの怖さは、健康に見える人でも感染していて、菌をばらまいているかもしれないという点である。目に見えない矢が飛んでくるようなもので、いつ感染するかわからない。何とか見つける方法はないかと、医者たちが研究したあげく、作者の友人の医者で、「息をかいでみればそのにおいでわかる」と主張する人がいる。しかし、と作者は言う。いったい誰がそのにおいをかぐ勇気を持っているか。においをかいで、ペストだとわかっても、そのときにはすでにそのペスト菌を自分の胸の奥深く吸い込んでしまっているではないか。作者はあることないこと混ぜておもしろおかしく語っているが、大筋のところは、事実に忠実に従っている。

猛威をふるったペストも寒くなると下火になり、翌年から疎開していた人たちが少しずつ戻ってくる。そしてペストもそろそろ終わりだと思った1666年9月2日、ロンドンは未曾有の大火におそわれる。往復ビンタとはまさにこのこと。が、これが古い街並みとペスト菌を焼き尽くし、その後の都市再建計画によって、18世紀中葉、ジョンソン博士が「ロンドンに飽きたと言う人がいるなら、それは人生に飽きたということだ」と言って謳歌したような快適な都市空間が生まれることとなった。

33

セント・パンクラス・オールドチャーチにまつわるエピソード

――詩人シェリーとメアリー・ウルストーンクラフト

1812年、詩人のパーシー・ビッシュ・シェリー（1792〜1822）は、メアリー・ウルストーンクラフト（1797〜1851）と出会い、恋におちいる。当時、チャペル・テラス5番地に下宿していたシェリーは、彼に多大な感化を与えた無政府主義的思想家ウィリアム・ゴドウィン（1756〜1836）の眠るセント・パンクラス・オールドチャーチをしばしば訪れていた。一方、メアリーは自分を出産した直後に産褥熱で亡くなった女権思想家である母の墓地に足しげく通っていた。ひるがえって、二人が出会う以前のシェリーの足跡をたどってみたい。

シェリーはウェスト・サセックスの裕福な大地主の長男として生まれ、イートン校に

01

進学するが、校風になじめず、科学書やプラトンなどの古典を読み漁り、妹との合作詩集や、ゴシック・ロマンなどを匿名で出版する。1810年、オックスフォード大学に入学し、ゴドウィンやトマス・ペイン（1737〜1809）らの革命思想に影響を受け、自由な宗教批判の必要性を説いたパンフレット『無神論の必要性』を執筆・配布したため、在学僅か半年で退学させられる。1811年、復学を強く主張する父親と対立し、ロンドンへ出奔し、妹の学友で16歳のハリエット・ウェストブルックとエディンバラへ駆け落ちして結婚する。翌12年、アイルランドにわたり、カトリック教徒解放運動とアイルランドの独立闘争を支援する。13年、世界改革の情熱を歌い上げた『クイーン・マブ』を上梓し、その翌年、前述のように、メアリーと知り合った。二人が愛を育んだのは、ごく自然の成り行きだといえよう。彼はメアリーの父ゴドウィンのフランス革命に共鳴した『政治的正義に関する探究』（1793年）や、特権階級の不正義を告発した小説『ガレブ・ウィリアムズ』（1794）などを愛読していたし、メアリーの母は『女性の権利の弁護』（1792年）や『娘たちの教育についての考察』（1787年）などを上梓し、女性解放運動の先駆者としてその名を不屈にしていたのだから。

02

01 ウィリアム・ゴドウィンの肖像
02 1815年のセント・パンクラス・オールドチャーチ

さて、シェリーは、別居中のハリエットが1814年に入水自殺したという報を受けて、その2年後の16年に正式に結婚する。

メアリーの父ゴドウィンは、人類の進歩を確信しつつ、死の迫っていることを自覚する。80歳を迎えた1836年の春のことである。前年の冬中、体力が衰え、風邪を罹患し苦しんでいた。3月26日付けの彼の日記には、その苦しみが切々と綴られている。発病してから10日後の1836年4月7日に彼は静かに息を引きとる。そして9年前にしたためられた遺書に従って妻の眠るセント・パンクラス・オールドチャーチの墓地に埋葬される。鉄道拡張工事のために墓碑銘だけを残して、1851年、遺骨はボーンマスの娘メアリー・シェリーと同じ墓に移葬された。

ところで、ここから『クイーン・マブ』以後のシェリーとメアリーの執筆活動に言及しなければならない。まずはシェリーから始めよう。理想美を追求する孤独な芸術家の魂を描いた長詩『アラスター』は1816年に発表された。この作品の題名はギリシャ語で「復讐の霊」を意味する。理想美を憧れてやまない詩人が、その理想美の姿を現実から離れた魂の中に求めて、ついには幻滅と絶望の果てに死ぬ、というのが主題であるが、作者のシェリーは霊と理想のない現実の世界を悲しむと同時に、自己中心の理想主義を非難している。1818年に出版された『イスラム教徒の叛乱』は圧政と自由との

03 メアリー・シェリーの肖像
04 ウィリアム・ゴドウィンの墓

戦いを通して愛に満ちた未来への希望を象徴的手法で謳った長詩である。また短いながらも人口に膾炙されている「西風によせるオード」（1819年）は、木の葉を散らし、雲を走らせ、波を起こすが、秋の陽の烈しい西風の自由奔放な姿に詩人は己の心を重ね合わせ、死んだ思想を吹き飛ばし、種子をまき散らし、やがて人類に新しい生命を燃やすのだ、と謳い、「冬来たりなば、春遠からずや」と結んでいる。

1820年には「自由に寄せるオード」「ヒバリによせて」「雲」などの短詩や、宮廷の腐敗ぶりと大衆弾圧とを痛撃した劇詩『オエディプス・ティアンナス』などを書き、翌年シェリーはジョン・キーツ（1795〜1821）の哀悼詩『アドネイス』を書き、同年執筆の『詩の擁護』（1840年に出版）は、友人T・L・ピーコックの詩の効用性への攻撃に対する反論として、詩における想像力の自立性とその道徳的機能とを論じ、「世の立法者」としての詩人の態度を明確にしたもので、イギリス詩論中の古典として評価されている。

次に、メアリーに移ろう。彼女はシェリーとの結婚後、D・ラドナー（1793〜1859年）の編集する『キャビネット・エンサイクロペディア』（133巻、1830〜49年）などに寄稿した。『フランケンシュタイン』（1818年）が彼女の代表作である。その他自伝風小説『ロイド』（1835年）などの作品がある。

ここで、怪奇小説《ゴシック・ロマン》の傑作と言われる『フランケンシュタイン』に触れ

04

ておこう。バイロン（1788〜1824）とシェリー夫妻がスイスで夏を過ごしている時、つれづれなるままに物語った怪談を、夫の勧めに従って長編小説に仕立て上げたもので、この作品により彼女の名は今日に至るまで広く知られるようになった。また幾度となく映画化されたことは周知のとおりである。

無生物に生命を与える術を知ったジェノヴァの物理学者フランケンシュタインは、死人の骨から1つの人間の形をつくるが、この怪物は人間以上の力を持ち、人々に危害をおよぼし、ついには自らの創造主であるフランケンシュタインをも殺害する。また彼女は夫亡き後には、彼の詩集（全4巻、1839年）を編集した。

以上見てきたように、メアリーの母は女権拡張運動の暁鐘として、父ゴドウィンは革命思想家として、夫シェリーは急進的思想家・詩人として、メアリー自身は怪奇小説《ゴシック・ロマン》『フランケンシュタイン』の書き手として、これからも読み継がれてゆくであろう。

（鏡味國彦）

34

ジェイン・オースティンと秘められた楽曲

――奏でられる調べ

ジェイン・オースティンの旅は、まずロンドン郊外の彼女の村から始めるのがよい。ロンドン・ウォータールー駅からウィンブルドンを通る列車の旅。オールトン駅に降りた夏の日、目の前には英国らしい風景が広がり、すこし曲がりくねった道が続いていた。車で5分、健康的に歩いても約25分でチョートンのオースティン博物館に着く。ロンドンに続く道を背景に小さな恋物語の続きを創作すれば気分は小説家。

ジェイン・オースティンの魅力

紆余曲折を経ながらの結婚物語がハッピーエンドを迎えるという結末に惹きつけられ

てやまない多くの読者がいる。その理由のひとつには、一喜一憂しながら、若い女性たちが織りなす出来事を自分も体験している気分になる瞬間があるからかもしれない。そのドラマティックな瞬間、魅力的な時間を作り出した作家ジェイン・オースティンのブームがまた始まっている。21世紀を迎えてもなお、オースティン作品は世界中の研究者や愛好者によって新事実が発見され、想像力が加えられることで新たな解釈や魅力を世に問うているようだ。その清々しく魅力的なヒロインたちが、時代や人間に向けたオースティンの透徹したまなざしによって作り出され、幾度も時空を超えて、メッセージを携えて舞い降りてきたのである。

「オースティン再び！」と英米で人気が集まった時には、出版界ばかりか映画やテレビの放映でも彼女の世界を彩る人々を、ロンドン郊外にある小さな村で暮らす数家族の姿を、200年を越えて現代に甦らせたものである。中流階級の牧師の娘として、6冊の長編小説を書き記した人生の中で、自らを投影したようなヒロインのように、ジェインの心も夢や恋へのときめきに打ち震えたのだろうか。オースティンのファンだというアン・ハサウェイが映画で演じる美しいジェインと書簡や資料に描かれる作家ジェインを想い、その心をチョートンの館に感じてみたい。

知られざる恋

2010年公開の《ジェイン・オースティン 秘められた恋》はジェイン・オースティンとトム・ルフロイの恋物語で、彼女の小説はこの愛から生まれたと思わせるほど

01《ジェイン・オースティン 秘められた恋》DVD（監督：ジュリアン・ジャロルド／出演：アン・ハサウェイ、ジェイムズ・マカヴォイ／ウォルト・ディズニー・ジャパン、2010年）
02ジェイン・オースティン
03トム・ルフロイ

の余韻が残る映画である。《ジェイン・オースティン 秘められた恋》は１７９５年のクリスマス休暇にトムがハンプシャー訪問して以降、ジェインは再会することはなかったという定説に異議を唱える初めての伝記だと作者ジョン・スペンスは序文に述べている。また姉カサンドラが彼女の手紙の大部分を処分したために、１７９６年秋から１７９８年秋までの手紙はお悔やみの手紙1通だけだということが、脚本家にこの時に何かが起こったかもしれないと想像させたとも語っている。映画の筋や出来事はフィクションだが、ジェインとトムの恋物語はジェイン・オースティンの心に忠実だと信じていると。

映画は１７９５年のクリスマスの頃に、法律を学ぶ青年トム・ルフロイと牧師の娘ジェインのあまり感じの良くない出会いから始まり、舞踏会や恋の芽生え、駆け落ちと展開する数カ月の悲恋物語として描かれている。その結末は女流作家ジェイン・オースティンと長女ジェインを紹介するアイルランド高等法院主席裁判官トム・ルフロイとの再会である。

トムとの会話は『高慢と偏見』のダーシーを、舞踏会の雰囲気は『分別と多感』の場面を、当時流行の駆け落ち事件や都会の青年はウィッカムやウィロビーを彷彿とさせる。

ロンドンでの再会

「彼は来週の金曜日にはロンドンに戻るでしょうから」と１７９６年1月の手紙にあるように、その後、ジェインはトムと会わなかったのかとその短い恋の行方が気になり、この空白の2年間とも言える時間を遡り、残された手紙や資料から埋めてみると、２人

01

02

03

にはロンドンやハンプシャーのスティーブントンで会う機会があったかもしれないのである。

６カ月後の１７９６年７月、オースティンは兄エドワード、フランクとの旅行の途中ロンドンに寄り道をしている。この時には、トムが住んでいたロンドンのコーク通りやオールド・バーリントン通りを知っていたこと、また１７９８年の秋にはトムが叔母ルフロイ夫人を訪ねていることも知っていたからである。しかし、ロンドン滞在の手紙は短くその内容は曖昧でトムについては触れていなかったらしいし、夫人がトムの来訪をジェインに教えないようにしていたことから、ジェインがトムの婚約――１７９７年にアイルランドに戻り友人の妹メアリー・ポールとの婚約――を知っていたのかは残念ながら想像の域を出ないのである。だが、２人の恋の行方を暗示する楽譜・楽曲がチョートンの館にある。

音楽の謎

１８０９年の転居後、オースティンが代表作品を書き上げたのが、現在ジェイン・オースティン博物館になっているチョートンの館である。この館を管理しているジェイン・オースティン・メモリアル・トラストはオースティン自身が書き写した楽譜や原稿はもとよりオースティン家が所有していた作品を包括的に解説した『ジェイン・オースティンの音楽』を出版しているが、この中で「所蔵されている曲から想像すると」と断りながら〝だれもアイルランド人を愛さない〟と繰り返す歌や〝舞踏会が最後〟と歌う曲を紹介している。その他にもアイルランドの数曲が1790年代付であるという。ロンドンから離れたハンプシャーに住む牧師の娘がダブリンで出版された曲をどのように収集したのかが不思議である。オースティン家の好んだ音楽を辿りながら、思いがけない真実や謎に遭遇するたびに、なぜかロンドンのポートレイト・ギャラリーにあるオースティンの小さな肖像画が浮かんできた。そして彼女の瞳を想い人知れず奏でた楽曲と恋を問いかけたいような衝動にかられた。

チョートンの朝

「ピアノフォルテを買うつもり」と手紙にあるように、チョートンの館（ジェイン・オースティン・ハウス）の居間にはオースティンが購入したのとよく似ているクレメンティピアノが設えてある。その譜面台には彼女が書き写した楽譜が展示されている。その傍らで彼女が奏でるピアノを聴くのが好きだった姪のキャロラインは、ジェインの一日は音楽で始まり、朝食前に練習したことをよく覚えていると音楽好きの一面を語っている。

　トムへの第一印象は「彼はとても紳士的で、美男子で感じのよい人です」と率直に、また舞踏会での彼と

04 チョートンの館の居間にあるピアノ

の戯れが話題になっていることやルフロイ家ではからかわれて逃げる彼の姿を、軽く冗談っぽく書き送ったカサンドラ宛の手紙があるが、かなり真剣に慕っていたとの回想もある。ハンプシャーでの舞踏会を最後に、ロンドンさらにアイルランドへと遠くなるトムを慕い、その真心に寄り添うことがあったのだろうかと考えてきた。

アイルランドへも続く薄水色の空を見上げ、小奇麗な中庭から居間を覗くと、ジェイン・クリスマスと名づけられたトムの長女を思い描きながら、ピアノの前に佇むオースティンのシルエットが浮かんでは消えたような気がした。

（佐藤郁子）

◇ブックガイド◇

- ジェイン・オースティン『自負と偏見』（上・下）中野好夫訳、新潮文庫、2006年
- ジェイン・オースティン『分別と多感』中野康司訳、ちくま文庫、2007年
- ジョン・スペンス『ビカミング・ジェイン・オースティン』中野真理訳、キネマ旬報社、2009年

35

天才たちの霊が群れ集うハムステッド

——キーツとコウルリッジの出会い

ロンドン中心部から北へ6キロメートルほどのところにあるハムステッド[*1]という地域は、古来、多くの文人、芸術家、学者たちが出会い、交遊した場所として有名である。その北東部に広がる広大な丘陵地は、ハムステッド・ヒースと呼ばれ、鬱蒼《うっそう》とした森と広々とした草原、そして池あり、谷ありで、まるで原始の自然を偲ばせるかのような雰囲気を保ちながら、その高所[*2]からは脈動する首都ロンドンの光景を一望のもとに見渡すことができるのである。このようなユニークな特色のゆえに、これまで多くの芸術家や学者たちに思索と霊感をもたらしてきたし、また市民の散策の地としても今なお愛されているのである。

＊1　Hampstead　綴りにpが入る。

＊2　そのいくつかの山稜の1つはロンドン1の高所となっている（といっても標高130メートル）。

1819年4月のある日曜の午後、このハムステッド・ヒース北東部ハイゲートの小道で、散策中の2人の天才詩人がばったりと出会うことになった。1人は若干23歳の駆け出しの詩人であるが、イギリス・ロマン派の大詩人として名を残すことになるジョン・キーツ[*3]である。もう1人は46歳で、イギリス・ロマン派の詩人・批評家として当時すでに文壇に揺るぎない地位を築いていたサミュエル・テイラー・コウルリッジ[*4]である。キーツはハムステッド側からヒースを横切ってハイゲート側へ向かう散歩の途中で、向こうからコウルリッジがいつもの「お気に入りの散歩道」をヘンリー・グリーンという友人を伴って歩いてくるのに出くわしたのである。キーツはたまたまグリーンとは病院で医学の見習いをしていたころ面識があったこともあり、その畏敬すべき大先輩詩人のコウルリッジとの散歩に加えてもらう許しを得て、一緒に2マイルほど歩くことになった。キーツが弟夫婦へ宛てた手紙によると、その間コウルリッジはいつもの百科全書的博覧強記の雄弁を示し、まるで「長老参事会員の食後の散歩といった歩調で」、おびただしい事柄について話し続けたという。「その2マイルのあいだにコウルリッジはたくさんの話をした……ナイチンゲール、……詩的感覚について――形而上学――さまざまの種類の夢――悪夢――触感を伴う夢……――怪物――人魚――……。」（田村英之助訳）

コウルリッジ自身もこのときのキーツとの出会いを回想している。それによると、キーツは別れて少し歩き出してから戻ってきて「コウルリッジさん、あなたの手を握ったという思い出を残させてください」と言って来たので、コウルリッジは求めに応じ握手を交わしたという。そしてキーツが去ったあと、連れの友人のグリーンに向かって

01

*3　John Keats（写真01）（1795～1821）。ロンドンの貸馬業の長子として生まれる。25歳で結核に倒れるという短い生涯にもかかわらず、英詩史に残る数々の不滅の作品を書いた。代表作に「ギリシャの古い壺に寄せるオード」、「ナイチンゲールに寄せるオード」、「秋に寄せて」などのオード群、未完の長詩『ハイペリオン』などがある。

02

「あの手には死が潜んでいる」と叫んだという。

キーツは、事実、このときから2年もたたないうちに肺結核のために25歳の生涯を終えることになる。前年暮れに肺結核で死んだ弟トムの看病で感染していたのである。しかしその短い生涯で英詩における金字塔というべき作品を数多く残し、しかもその傑作のほとんどがこの約2年間のハムステッド居住中、集中的に書かれているのである。とりわけコウルリッジとあの小道で出会った1819年の4月から5月にかけては、「ナイチンゲールに寄せるオード」をはじめとする不滅のオード群を次々と続けざまに生み出した時期だったのである。そのことを考えると、コウルリッジがキーツとの握手の感触に死を予知してあげた叫びは、まさに詩人の直感によって発せられた戦慄の叫びであったといえよう。1819年はキーツの内部で死と創造とが同時にすさまじい勢いで育まれせめぎ合った年なのであった。1819年は文字通りキーツの詩作のアヌス・ミラビリス（驚異の年）となっている。同時にこの年はファニー・ブローンとの恋愛と婚約という人生の絶頂期でもあった。いっぽう、死は戦車のごとく容赦なく押し寄せてくる。秋頃から、結核の兆候を見せ、翌1820年2月に激しく喀血し、7月上旬には医師にイタリアへの転地療養を命ぜられ、10月ナポリに着き、翌1821年2月に永眠、ローマのプロテスタント教会に埋葬されて、その疾走する奔流のごとき生を終えることになるのである。

ハムステッドでの出会いはこのキーツとコウルリッジの場合のような孤独な散歩での出会いのみではない。画家のヘイドン家にはワーズワース、チャールズ・ラム、キーツ

＊4 Samuel Taylor Coleridge（写真02）（1772～1834）。友人ワーズワースとともに『叙情民謡集』（1798年）を著しイギリス・ロマン主義の先駆をなした。「クブラカーン」、「老水夫行」などの幻想詩や、また『文学評伝』（1817年）などの批評により、近・現代の詩と批評に計り知れない影響を及ぼしている。

などのロマン派のきら星のごとき巨匠が集まり、その出会いの場となり、進歩派批評家、編集者のリー・ハント家にはシェリー、ゴドウィン、ハズリット、そしてキーツ、ヘイドンなど大勢が行き来し賑わったのである。ハムステッド周辺のパブも彼らの絶好の交遊の場であったが、中でも有名なのはヒースの北の高台にあるパブ、スパニヤーズ[*5]である。バイロン、キーツ、リー・ハント等ロマン派の詩人のたまり場であり、現在も雰囲気のあるパブとして人気がある。

ハムステッドは、以上のように19世紀ロマン派詩人たちだけでも語り尽くせないほどの多くの出会いと交遊の場を提供したのであるが、それはこの時代に限ったことではなく、17世紀から現在に至るまでそうであり続けたのである。そのすべてを辿ることは不可能である。今回は、キーツの旧居キーツ・ハウス見学とその周辺に散らばる文人たちの旧宅を訪ね歩くことと、ハムステッド・ヒースを散策しながら、キーツとコウルリッジのあの出会いの散歩道を経て、コウルリッジのハイゲートの旧居まで訪ねるという2つの目標に絞ってみることにしよう。

それにはキーツ・ハウスは後回しにして、まずコウルリッジ詣でを午前中に済ませたい。できるだけ早朝に地下鉄ノーザン・ラインのハムステッド駅に着くようにしよう。[*6] 駅を出てからのコースは時間や好みで選ぶことにして、とにかく、あのキーツとコウルリッジの出会いの道（たぶん、ミルフィールド・レイン）に出よう。その北東、ハイゲートのザ・グローヴという通りに出るとようやくそこの3号にコウルリッジが晩年を過ごした家にたどり着くことになる。コウルリッジは阿片中毒の治療のために医師のギルマン

＊5　Spaniards Inn ロンドンを見渡す庭付きのパブ。ディケンズの小説やブラム・ストーカーの『ドラキュラ』にも言及されている。

＊6　まずヴェイル・オブ・ヘルスにはぜひとも寄ってみるとよい。ここのバイロン・ヴィラズ1号に小説家D・H・ロレンス、ヴィラ・オン・ザ・ヒース3号にインドの詩人タゴールの旧居があるからである。
　その後のコースは時間にゆとりがあれば、大回りしてパブ、スパニヤーズや、ケンウッド・ハウス（壮大な邸宅で、フェルメール、ターナーなどの名画や、庭にはヘンリー・ムーア等の彫刻が展示されている）にほんの短時間だけ立ち寄るのもよいだろう

＊7　時間が許せば、す

の家に、引き取られて介護を受けていたのである。このザ・グローヴ3号の家にはコウルリッジの雄弁を聞くべく国内国外から多くの信奉者が集まるようになり、「ハイゲートの哲人」と慕われながら晩年を過ごすことになる。1834年、63歳で永眠し、この家の向かいの聖マイケル教会[*7]に埋葬されている。

さて、コウルリッジの墓碑銘を眺め、墓参りを済ませたら、再びヒースに戻って、今度は往きとは違う道を選んで、第2の目標であるキーツ・ハウス見学に向かおう。

キーツ・ハウス[*8]は、現在はキーツ記念館として公開されているが、この家は元々、すぐ近くの下宿に弟たちと住んでいたキーツが弟トムの死後、1818年末に移り住むことになった2軒建て住宅である。この隣り合わせの片側に8月に知り合った恋人のファニー・ブローンが翌19年4月3日に母と一緒に移り住んできて二人の愛が育まれていったのである。キーツはこの8日後の4月11日におそらくこの家からハムステッド・ヒースの散策に出かけて、あのハイゲートの小道でコウルリッジと出会ったのである。そして5月には、あの「ナインチンゲールに寄せるオード」がやはりこの家で書かれることになる。キーツがファニー・ブローンに熱烈なラヴレターを書くようになったのは

03

ぐ近くの有名なハイゲート墓地を訪れることもできる。コラム03「ハイゲート墓地に眠る人」参照。

＊8 Keats House（写真03）向かって右半分に恋人のファニー・ブローン母娘が住み、左半分にキーツと友人のブラウンが住んでいた。最近4年がかりの改装工事が済み、建物も庭も当時の雰囲気に近いものになり、再スタートしている。行く前に開館日時を確認しておく必要がある。2012年度は夏時間で火曜～日曜、午後1時～5時、冬時間は金曜～日曜、午後1時～5時となっている。

この年の夏からであるが、それからわずか1年後、イタリアへの転地療養へ出発する前月の8月に書かれたと思われるファニーへの最後の手紙から引用しよう。「最愛の少女よ、／あなた無しでぼくが少しは幸福になれる何らかの方法を、あなたに発明してもらいたいものです。……あなたのように健康な人には、ぼくのような神経と気性が経験する恐怖がどんなものであるか、わかるはずはないのだから。……ハムレットがオフィリアに『尼寺へ行け、尼寺へ！』と言った時、ハムレットの胸中は今のぼくとおなじように、惨めな気持ちでいっぱいだったのだ。……（田村訳）」

キーツハウスでしばらくキーツを偲んだあとは、その周辺にかつて住んだことのある作家たちの家々を時間の許す限り、かつ、気の向くままに訪ね歩いてみるとよい。そのほとんどが徒歩15分以内ほどのところに集中している。主だった作家を羅列してみると、ウェル・ウォーク40号に画家ジョン・コンスタブル[*9]、14号に詩人ジョン・メイスフィールド、チャーチ・ロウ17号には小説家H・G・ウェルズ、小説家ウィルキー・コリンズが、そしてグローヴ・ロッジには小説家ゴールズワージー、アバネシー・ハウスには小説家R・L・スティーヴンスンなどが挙げられるだろうが、その他にも数え切れない作家が入れ代わり立ち代わり住んでいたことを知り驚かされることであろう。

すでに日も暮れかかり、われわれの一日がかりのハムステッド巡りも終わりにしなければならない。森や丘、曲がりくねった路地や坂道を1日さまよいながら、そこで出会った多くの天才（ジーニアス）[*10]たちの霊と土地の霊（ゲーニウス・ローキー）[*11]たちに別れをつげて…。

（渡辺福實）

＊9　John Constable（1776〜1837）多くのハムステッド風景を描いている。

＊10　英語 genius（語源は同じ綴りのラテン語ゲーニウス「生まれた時から人に付き添う守護霊」）

＊11　ラテン語 genius loci（直訳すると「場所の霊」、「土地に住む守護霊」）

◆ブックガイド◆

■ジョン・キーツ『詩人の手紙』田村英之助訳、冨山房百科文庫、1977年

■パディ・キッチン『詩人たちのロンドン』早乙女忠訳、朝日イブニングニュース社、1983年

■『対訳コウルリッジ詩集』イギリス詩人選（7）、上島健吉編、岩波文庫、2002年

コラム 13

チェルシー界隈の文士たち
——ブルー・プラークを中心に

小林直樹

チェルシーはテムズ川の北、ロンドンの南西に位置する地域で、メイフェアに次ぐ高級住宅街である。ケンジントン・アンド・チェルシー王立区の南部、テムズ川に近い地域である。国立陸軍博物館、ファッショナブルな店が軒を連ねるキングズ・ロードなどの名所がある。古くより高級住宅街であったため、多くのブルー・プラークが存在する。ブルー・プラークとは、イギリス国内に設置された銘板で、著名な人物が住んだ家、歴史的な出来事が起こった場所などに、建物の歴史的なつながりを伝えるために設けられたものである。青地に白い文字で居住した人物の名前、生没年などが記されている。チェルシーには、文人たちのブルー・プラークも多く存在する。

　国立陸軍博物館のすぐ側、タイト・ストリートには、詩人、作家、劇作家として知られるオスカー・ワイルドのブルー・プラークが刻まれた家がある。ダブリンに生まれ、若くしてロンドンの社交界の寵児となった彼は、結婚の翌年、ここに居を構えている。『ドリアン・グレイの肖像』『サロメ』といった傑作はここで書かれている。ワイルドは家庭を持つ一方で、１８９１年頃から年下の青年、アルフレッド・ダグラスと親しく交際するようになる。１８９５年にはアルフレッドの父、クィーンズベリー侯爵が、ワイルドを息子との卑猥行為との咎で告発し、ワイルドは逮捕され、服役するが、その時までここに暮らしている。実際ワイルドが逮捕されたのは、アルフレッドと宿泊していたブロンプトンのカドガンズ・ホテルである。

　テムズ川に沿ったチェイニー・ウォークには、19

世紀を代表する二人の女流作家、ジョージ・エリオットとギャスケル夫人のブルー・プラークがある。ギャスケル夫人はこの地に生まれるが、生後1年ほどここに居住する。ジョージ・エリオットは最晩年の数カ月をここで暮らしている。

テムズ川に近い一角には、『衣装哲学』『フランス革命史』などの書で知られる、スコットランド生まれの著述家トマス・カーライルが暮らした家がある。彼は死に至る50年近くをこの家で過ごす。死後15年後、この家はヴィクトリア朝の生活様式を伝える博物館となっている。夏目漱石はイギリス留学中にこの地を訪れ、後に「カーライル博物館」を書いている。

カーライル邸からさらにテムズ川に近い一角、チェイニー・ウォークに面して、カーライル・マンションと呼ばれる六階建ての赤煉瓦造りの建物がある。この名は、当然、トマス・カーライルにあやかったものである。作家のヘンリー・ジェイムズ、詩人、批評家のT・S・エリオットなど、多くの文人がここで暮らしている。

キングズ・ロードの少し北側には、作家A・A・ミルンのブルー・プラークが刻まれた家がある。ロンドン生まれのスコットランド人のミルンはケンブリッジ在学中から雑誌に寄稿を始め、ユーモア誌『パンチ』の編集に関わり、やがて作家として独立する。１９２０年にこの地に暮らし始め、同年に一人息子クリストファー・ロビンが生まれる。１９２６年から、この一人息子のために書かれたのが、くまのプーさんを主人公とする作品群である。ミルンはこの家に１９３９年まで暮らしている。

また００７シリーズの主人公、ジェイムズ・ボンドはチェルシーの一角に住んでいるという設定になっているが、当然ブルー・プラークはない。

36 ブルームズベリー地区で学んだ文学者・思想家たち

――ブルームズベリー・グループを中心として

ブルームズベリーといえば、この地を根城に、20世紀初頭のイギリスが世界に発信した「ブルームズベリー・グループ」という名の先鋭的知的・芸術的集団を想起せざるを得ない。その重鎮である文芸・美術評論家クライブ・ベル（1881～1964）、その妻で女流画家のヴァネッサ・ベル（1879～1961）、ヴァネッサの義弟夫妻にあたる、社会評論家のレオナルド・ウルフ（1880～1969）、その妻の小説家のヴァージニア・ウルフ（1882～1941）といった錚々たる人物を中核にして、主にケンブリッジ大学卒の、20世紀のイギリスの知性を代表する面々であった。[*1]

ブルームズベリーは、通常、ユーストン・ロード（北側）、グレイズ・ロード（東側）、

＊1　ほかに小説家E・M・フォスター（1879～1970）、画家のダンカン・グラント（1885～197）、美術評論家のロジャー・フライ（1866～1934）、伝記作家のリットン・ストレイチー（1880～1932）、経済学者のJ・M・ケインズ（1883～1946）など。

シオボルズ・ロード、その延長線上にあるブルームズベリー・ウエイ及びニュー・オックスフォード・ロード（南側）、トテナムコート・ロード（西側）に囲まれたかなり広い地域を指す。この地区は、大英博物館やロンドン大学などのあるところであり、かつてはシティーの外側に位置する空気の良いところであった。歴史家のジョン・ストライプ（1643〜1737）は、1720年に「ここはロンドンのどこよりも健康によい場所として医者たちに推薦されている」と記している。また女流作家のジェイン・オースティンも『エマ』の登場人物の1人であるイザベラ（彼女もブルンスウィック・スクエアに住む）に、「ここはロンドンのどこよりも優れた所よ——他の所には住みたくないわ。子どもを住まわせるにはこれほど満足のゆく場所はないといってもいいくらいよ」と言わせている。空気が良いという理由と、大きな邸宅を立てるのに充分なスペースがあるという理由で17世紀末までにサザンプトン・ハウス（後にベッドフォード・ハウス）、モンターギュー・ハウスなどの豪邸がブルームズベリーの野に建てられた。20世紀初頭にはこの地区はセントラル・ロンドンの一部となり、オースティンの時代より混雑してきたけれども、今なお魅

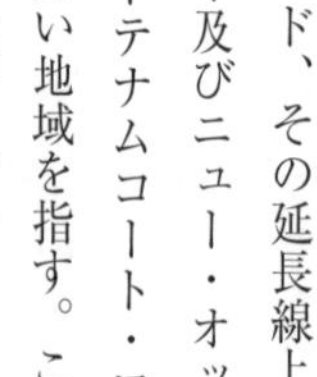

01 ブルームズベリー・グループの住んだ家
02 ヴァージニア・ウルフ

力的で、エレガントなスクエアやガーデン、建築物が随所に見られる。

ブルームズベリーを語るには、まず大英博物館から始めるのが妥当であろう。この博物館は、膨大な資料を残して亡くなったサー・ハンス・スローン（1683〜1753）の遺言に従って1753年に建てられた。我々が現在見る威風堂々たる建物は古いモンタギュー・ハウスの跡地に建てられたものである。あの有名なドーム型の大英博物館付属リーディング・ルームは1857年に完成され、同年5月2日にオープンされた。ウィリアム・M・サッカレー（1811〜63）は、このリーディング・ルームについて、「わたしは、サン・ピエトロ大寺院やセント・ポール寺院、ソフィア教会やパンテオンなどあらゆる種類のドームを見てきたが、万巻の書の上にかけられたブルームズベリーの、すべてを包みこむようなドームほど心を打たれたものはない。ここにはすべての人のためになんという平和、なんという愛、なんという真実、なんという幸福が、またあなた方やわたしのためになんという寛大な親切心が溢れていることか！」と、記している。この図書館はコピー・ライト・ライブラリーといわれ、全イギリスで出版された書籍は版元から自動的に献本されることになっている。オックスフォードとケンブリッジ両大学図書館も同様な特権を有している。

過去にリーディング・ルームを利用した文学者には、ジョージ・エリオット（1819〜80）、オスカー・ワイルド（1854〜1900）、トマス・ハーディー（1840〜1928）、バーナード・ショー（1856〜1950）らがいる。ショーは、最初の5篇の小説と戯曲の処女作『やもめの家』（1892年）をここで書きあげ、H・G・ウェルズ（1866

〜1946）も、静寂で居心地が良いのと、自宅の電気料を節約するためにここを利用した。さらに、ジョージ・ギッシング（1857〜1903）はここを、『三文文士』（1898年）の中で「本の影の谷間」と賞讃して利用していた。

ところで、デビッド・ロッジ（1935〜）という現代作家はまことに興味深い小説を上梓した。それは、イギリスの童謡「ロンドン橋倒れる」をもじった『ブリティシュ・ミュージアム倒れる』（1965年）である。この小説でロッジは、イギリスの伝統的なコミカル・ノベルの要素にジェイムズ・ジョイスらが開拓した「意識の流れ」の手法を加味し、リーディング・ルームで学位論文を書こうとしている3人の子持ちのカトリック教徒の大学院生のアダム・アップルビーの「一日」を巧みに描き出し、高い評価を受けた。

次にリーディング・ルームを利用した思想家に触れておこう。カール・マルクス（1818〜83）は、1849年パリからロンドンに亡命し、以後30年間、リーディング・ルームの17番の席で読書と執筆に専念する。あの世界的な名著『資本論』もここで脱稿した。またロシア革命の最大の立役者レーニン（1870〜1924）も「ジェイコブ・リヒター」という仮名で、3番の席を占めていた。彼は感謝をこめて、リーディング・ルームほどよい場所を考えることはできないと語ったといわれている。また「偉大なる魂」という尊称を持つインド独立の父ガンディーもロンドン大学やリーディング・ルームで勉学にいそしんだのだった。

03 ディケンズ記念館の展示品

04 フェーバー・アンド・フェーバー社のあった場所

04

ブルームズベリー地区で人気のある施設はダウティー・ストリート48番地のディケンズ記念館やロンドン大学の各カレッジである。ロンドン大学は女性に対して進歩的な姿勢を取ったことで知られている。元来、この地区はフェミニズムとは無縁でなかった。

　最後に、この地区と関係のある文人で無視できないのは、現代史の流れを大きく変えたといわれるT・S・エリオット（1888～1965）である。彼は1925年から死の直前までラッセル・スクエア24番地のフェイバー・アンド・フェイバー社の編集者・ディレクターとして辣腕を振るっていた。現在この社屋は、ほかの多くの建物と同様にロンドン大学に吸収された。そして多くの芸術家や作家たちがこの地区から離れたようだ。その代わりに、この地区には、以前より地味で学問的雰囲気が漂っており、かつてブルームズベリーで創造されたものを研究する熱心な研究者や学生で溢れている。

（鏡味國彦）

37

T・S・エリオットのロンドンを歩く

――〈非現実の都市〉ロンドン

01 T・S・エリオット、1926年。フェイバー・アンド・フェイバー社の外で

2002年に21年間のロングランの幕を下ろしたミュージカル《キャッツ》の歌詞の原作者として知られるT・S・エリオット（1888～1965）はアメリカ合衆国のミズリー州セント・ルイスに生まれた。1906年、ハーヴァード大学に進み、フランス文学、古代哲学などを学び、フランスの象徴派の詩人シャルル・ボードレール（1821～67）に親しむ。その間、アーサー・シモンズ（1865～1945）の『象徴主義の文学運動』（1899年）を読み、ジュール・ラフォルグ（1860～87）に出会って、エリオットは独自の詩体を発見した。

1914年、オックスフォード大学マートン・コレッジでF・H・ブラドリー（18

46〜1924）の哲学の研究に従事したが、その頃、エリオットはロンドンに在住していたアメリカの詩人エズラ・パウンド（1885〜1972）に出会い、詩人としての才能を認められた。1917年からロンドンのロイド銀行に勤務し、パウンドの勧めもあって、エリオットはロンドンで詩人として生きることを決意した。

1917年、最初の詩集『J・A・プルーフロックその他の観察』を出版したが、1919年には批評論集『聖林』を発表する。そして1922年、過労のためロイド銀行を3カ月間休職し、スイスのローザンヌで静養中に新しい作品が創作された。現代詩の金字塔『荒地』が誕生したのである。

『荒地』にはエリオットがよく知るロンドンの光景であるロンドン・ブリッジ（『荒地』第一部「死者の埋葬」、第五部「雷の言ったこと」）、シティー界隈（第一部「死者の埋葬」）、テムズ河畔（第三部「火の説教」）が描かれている。

（1）〈非現実の都市〉

冬の夜明けの褐色の霧の下、
ロンドン・ブリッジを群衆が流れていった。たくさんの人、
死神にやられた人がこんなにもたくさんいたなんて。
短いため息が、間《ま》をおいて吐き出され、
どの男もみんなうつむいて歩いていた。
坂道を登り、キング・ウィリアム通りを下《くだ》り、

セント・メアリー・ウルノス教会の九時の時鐘が
最後の鈍い音をひびかせるほうへ流れて行った。
（「死者の埋葬」[*1]）

「〈非現実の都市〉」の「都市」は都市《シティー》を意味すると共に、ロンドンの金融街《シティー》を意味する。エリオットが勤務したロイド銀行はロンドン・ブリッジ近くのシティーにあったが、エリオットがロイド銀行へ通勤する途中見たものは、地下鉄のキャノン・ストリート駅から一斉に吐き出され、ロンドン・ブリッジを渡り、シティーのオフィスに向かう大勢の人々であった。

そうした情景は、特に「冬の夜明けの褐色の霧の下」では、〈非現実の都市〉として エリオットの眼に映った。キャノン・ストリート駅を出て、ロンドン・ブリッジを渡り、シティーに向かう人々をエリオットはダンテの『神曲』の「地獄篇」に描かれる亡者たちに見立てている。ロンドン・ブリッジはかつては人々が生活する建物が立っている生きた橋であったが、今では群衆が「短いため息」をついて、「うつむいて歩き」ながら行き交う、死の橋となったのだ。

キング・ウィリアム通りとロンバート・ストリートの交差点には当時、セント・メアリー・ウルノス教会があったが、ロイド銀行に通勤する間、エリオットは毎朝この教会の前を通ったという。セント・メアリー・ウルノス教会の九時の時鐘は毎朝、エリオットが聞いた時鐘でもあるのだ。

（2）河辺のテントは破れ、最後の木の葉の指先が

*1　T・S・エリオット『荒地』岩崎宗治訳、岩波文庫、87頁。

つかみかかり、土手の泥に沈んでいく。風が
枯葉色の地面を音もなく横切る。妖精たちはもういない。
美しいテムズよ、静かに流れよ、わが歌の尽きるまで。
（「火の説教」[*2]）

秋の夜のテムズ河畔。若者たちがテムズ川の河辺で逢い引きをし、立ち去った後の秋の夜の光景が描かれる。テムズの河畔には夏の夜に若者たちが残した「川面に浮かぶ空き瓶」や「煙草の吸い殻」、「絹のハンカチ」や「サンドイッチの包み」は今はなく、逢い引きをする「妖精たち」の男友達である「シティーの重役連の彷徨《さまよ》える御曹司《おんぞうし》たち」も今はいないのだ。

「美しいテムズよ、静かに流れよ、わが歌の尽きるまで」という詩行はエドマンド・スペンサーの詩「プロサレイミオン――婚約の歌」のリフレイン（折り返し）であるが、ルネッサンスの詩が祝賀する貴人の愛は現代の若者たちの不毛な情事と対比されている。

（3）エルサレム　アテネ　アレキサンドリア
ウィーン　ロンドン
〈非現実〉　（「雷の言ったこと」[*3]）

『荒地』でエリオットが描く都市はすでに崩壊した古代の都市（エルサレム、アテネ、アレキサンドリア）から現代の都市（ウィーン、ロンドン）に及ぶが、いずれも〈非現実〉の

＊2　同、96頁。
＊3　同、111－2頁。

都市として描かれる。現代の都市ロンドンも崩壊の危機に瀕していて、「ロンドン・ブリッジが落っこちる落っこちる落っこちる」（「雷の言ったこと」）と歌われる。

『荒地』は第一次世界大戦後の荒廃した世界を描いた詩として解釈されるが、１９１０年代の終わりから20年代の初頭にかけてロンドンで生活したエリオットの内的世界、心象風景が『荒地』には描かれているのである。

（竹中昌宏）

ブックガイド

- T・S・エリオット『荒地』岩崎宗治訳、岩波文庫、2010年
- 桜庭信之・井上宗和『〈写真集〉ロンドン』大修館書店、1981年
- 小池滋『ロンドン』文藝春秋、1992年

38 永遠の少年の誕生
――ケンジントン・ガーデンズとピーター・パン像

ケンジントン・ガーデンズとピーター・パンは、幾重にも深く結びついている。そこはピーター・パンの物語が誕生し、ピーター・パンの像が置かれ、そして今やピーター・パンのテーマ・パークがある場所だ。

この公園は、細長く蛇行するサーペンタイン池をはさんでハイド・パークの西に広がる。西端には王室の邸宅ケンジントン宮殿、南にはヴィクトリア女王が夫を偲んで建てたアルバート記念碑、北には噴水が目映いイタリア庭園、そして中央には白鳥が羽を休める大きな円池《ラウンド・ポンド》がある。ハイド・パークでは東西にのびるサーペンタイン池は、優美な橋を境にケンジントン・ガーデンズに入って北に湾曲し、ロングウォーターと名前を変える。そしてそのほとりに、ピーター・パン像は気づかずに通り過ぎてしまいそうなほど、ひっそりと立っている。

その像は1912年5月1日に一夜で姿を現した。『ピーター・パン』の作者サー・J・M・バリ（1860～1937）が同時代の彫刻家に依頼したもので、どこか哀しげなピーター・パンが木の幹に立ち、小動物や妖精たちに取り巻かれて、笛を吹く姿が表現されたブロンズ像だ。派手な除幕式などは一切なく、バリはその朝の『タイムズ』紙に「今朝、サーペンタイン池のカモに餌をあげようとケンジントン・ガーデンズを訪れる子どもたちには、驚くことが待っています」という一文から始まる短い記事を載せただけだった。像が置かれたのは、『ケンジントン・ガーデンズのピーター・パン』の中で、サーペンタイン池の中州に暮らすピーター・パンが、ツグミの巣を船にしてケンジントン・ガーデンズにたどり着いた岸辺だ。

永遠の少年ピーター・パンの名前を知らない人はほとんどいないだろうが、作品誕生の経緯は意外にも複雑だ。ピーターは『小さな白い鳥』（1902年）という随想的小説26章のうちの6章分に初めて登場する。しかし、そのピーターは生後7日で子ども部屋からケンジントン・ガーデンズへと飛び立った赤ん坊で、公園内で鳥や妖精たちと暮らしている。そこには妖精ティンカー・ベルも海賊フック船長もインディアンの娘タイガー・リリーも一切出てこない。バリはケンジントン・ガーデンズの

01

赤ん坊ピーターを、ネバーランドで迷子の男の子たちと暮らす永遠の少年として、1904年12月初演の劇『ピーター・パン』の主人公に変身させた。そして劇の予想外の人気を受けて、『小さな白い鳥』の6章を、アーサー・ラッカムの挿絵を入れた『ケンジントン・ガーデンズのピーター・パン』（1906年）として独立させる。その後、劇を小説として書き直した『ピーターとウェンディ』（1911年）、そして心理描写までを詳細に記した戯曲『ピーター・パン』（1928年）を世に送った。私たちに馴染み深いのはこの小説と戯曲に描かれた内容だ。

もちろん戯曲や小説にも、その前身の『ケンジントン・ガーデンズのピーター・パン』との繋がりが見られ、キスと指ぬき、妖精の誕生、軒下のツバメの巣など、印象的な挿話は共通している。中でも一番哀しいのは、ケンジントン・ガーデンズで暮らしていたピーター・パンが母親の元へ帰ってみると、自分のベッドにはすでに新しい赤ん坊が眠っていたという挿話だ。バリの描く一連の『ピーター・パン』作品の底流には、ディズニー映画ではわからない静かな哀しさが流れている。それは成長しなければならなかったダーリング夫妻の、ウェンディの、そしてフック船長の大人たちの哀しさであるとともに、成長しないことを選んだピーター・パンの子どもの哀しさでもある。

バリ自身もケンジントン・ガーデンズの近くに住んでいた。

01 早春のケンジントン・ガーデンズ。円池を臨む
02 哀しげなピーター・パン像（筆者撮影）

02

愛犬ポーソスを連れてケンジントン・ガーデンズを散歩している時に、ルウェリン・デイヴィス家の男の子たちと知り合い、彼らとの交流の中からピーター・パンの物語は形作られた。ジョージ、ジョン（愛称ジャック）、ピーター、マイケルという彼らの名前は、そのまま物語の主要な登場人物の名前にもなっているほどだ。物語の誕生の経緯は、ジョニー・デップ主演の映画《ネバーランド》（2004年）にフィクションを交えてうまく描かれており、ケンジントン・ガーデンズで実際に撮影が行われた場面も本当に美しい。

2000年にはケンジントン・ガーデンズの北西角に子ども好きだった故ダイアナ妃を記念してダイアナ・メモリアル・プレイグラウンドが作られた。それは『ピーター・パン』の小さなテーマ・パークで、海賊船やインディアン小屋、樹上の小屋などがあり、子どもたちが自由に遊べる空間となっている。入り口付近では妖精の樫の木《エルフィン・オーク》が子どもたちを迎えてくれる。樹齢900年とも言われる大きな樫の切り株には数々の妖精や小動物が彫られ、ピーター・パン像の台座にイメージが繋がる。大都会ロンドンの「緑の肺《グリーン・ラング》」と

03 ダイアナ・メモリアル・プレイグラウンドの海賊船
04 ピーター・パン像の後ろ姿

も呼ばれる一続きの公園――セント・ジェイムズ・パーク、グリーン・パーク、ハイド・パーク、ケンジントン・ガーデンズ――の中でも最も落ち着いた雰囲気があり、ピーター・パン像、海賊船、そして妖精の樫の木に飾られたケンジントン・ガーデンズは、やはり一番おとぎの国に近い場所であろう。

ロングウォーターのほとりでピーター・パン像を見つけたなら、木立を背景にしたピーター・パンの姿を前から見るだけではなく、背後に回ってロングウォーターに臨み笛を吹いているピーター・パンの後ろ姿もぜひ見てほしい。それは『ピーター・パン』の物語を、ピーター・パンの視点から読むのと、フック船長の視点から読むのとでは全く解釈が違うのと同様に、驚くほど異なる印象を与えてくれる。木立に静かに抱かれている姿よりも、やはりピーター・パンにはロングウォーターから広がる無限の世界を見渡す姿の方が似合う。「それは愛らしい湖で、底には溺れた森

04

◆ブックガイド◆

■アンドリュー・バーキン『ロスト・ボーイズ――J・M・バリとピーター・パン誕生の物語』鈴木重敏訳、新書館、1991年

■スーザン・ビビン・アラー『「ピーター・パン」がかけた魔法　名作を生んだ作家の伝記シリーズ1』奥田実紀訳、文溪堂、2005年

【映画】

《ネバーランド》マーク・フォースター監督、ジョニー・デップ主演、2004年

が沈んでいる。岸からのぞき込めば、木々がすべて逆さまに生えているのがわかるだろう」（『ケンジントン・ガーデンズのピーター・パン』第1章）。ピーター・パンが見つめる川面に映った木々が、溺れて沈んでしまった森だと信じることができるのならば、ネバーランドの存在も遠いものではなくなるだろう。文学作品を読む愉楽は、普通の風景に何かしら次元の異なる特別な意味を与えることなのだ。

（沢辺裕子）

第Ⅶ部

暗黒都市ロンドン

39 エリザベス朝ロンドンの暗黒街

――スリにご用心

昔は巾着切り

ロンドンは比較的に安全な街で、観光客も安心して旅行を楽しむことができる。だが、これはパリやローマなど他のヨーロッパの諸都市に比べればの話であって、日本に比べればやはり犯罪は多い。置き引きは当たり前、地下鉄などの人ごみにはスリが獲物を狙って虎視眈々としているから、注意を怠ってはいけない。

スリを英語でピックポケットという。文字通り、ポケットから財布を抜き取ることである。しかし、シェイクスピアが活躍していた頃、スリはカットパースといわれていた。彼のロマンス劇『冬物語』にはオートリカスという悪党が登場するが、「耳も目も手もそろってすばしこくなくっちゃ、カットパースにゃなれねえ」という文が見える。カットパースは文字通りに訳せば「巾着切り」で、『オックスフォード大辞典』には1362年に登場している。一方ピックポケットの初出は1591年である。このころから、服にポケットを付けるようになり、それに伴ってスリも、次第にカットパースからピックポケットに代わっていったことがわかる。

ところで、オートリカスのセリフにもあるように、スリは熟練の技術を必要とする犯罪であった。腕を磨くためのスリのための学校があったことがジョン・ストウの『ロンドン通覧』に言及されている。ストウによれば、ウオットンなる人物はビリングズゲート近くのスマーツ・キーで酒場を経営していたが、商売が左前になったので、こともあろうに巾着切りの技術を教える塾を副業としたのである。秘密の部屋には、実習用の巾着、ポケットなどが壁に掛けられていた。中には硬貨がいれられ、周りには小型のベルや、鈴がつけられていて触れば音がするようになっていた。ここから音を立てずに硬貨を掏り取れば晴れて卒業というわけである。

『エリザベス朝時代の犯罪者たち』（乳原孝著、嵯峨野書院）はロンドンのブライドウエルの矯正院の記録を研究したユニークな本であるが、そこにはエリザベス朝の犯罪の実録が数多く収

01 巾着切りのセルマンはウオットンの塾で腕をみがいたが、国王の臨席するホワイト・ホールでスリを働き、逮捕された

録されている。その中からスリに関する事例を紹介する。

「ハニー・リーは同じ月曜日にチープ・サイドで二シリング八ペンスの入った財布を擦った。モウチャチュー、別名トーマス・ウィリアムズは一週間後の月曜日に、チープ・サイドに居住する金細工師のデンハン氏の店で財布を擦った。常習のスリであるジョン・バースはある男性のポケットから財布をもぎ取り、その男性を川に突き落とした。中には五ポンド入っていた。このことを彼はオーウェン・ヴォーガンに話し、ヴォーガンにスリをやらせようと思って、ナイフを与えた」

この本に収録してある事例から、たいていのスリには仲間や親方がいて、彼らはスリの上前をはねたり、盗品をさばいて金に換えたりする。親方はスリ――少年であることが多い――に食べ物や住居を与えて面倒を見る一方、渡さないと治安判事に突き出すなどといっておどした。仲間にも上下関係があり、少年の取り分は少なかった。スリの技術は、ナイフの使い方で試され、巾着の紐を切るのであるが、時に体を傷つけ、ペニスを切ることなどもあった。

男装の女スリ

スリは少年の専売特許ではなく、女のスリもいた。彼女は本名をメアリー・フリスというが、モル・カットパースという通り名のほうが知られていた。彼女は、男装で剣を身に着け、羽根つき帽子に長煙管といったいでたちで街を闊歩した。煙草を吸った最初の女性であるといわれている。

彼女が男装をしたのは、まだ小娘のころ、馬の曲芸師の宣伝のために、男装して馬に乗りチャリング・クロスからショーディッチを練り歩いた。ところが女性が男装するとはけしからんと、教会裁判所に呼び出され、裁判の結果セント・ポール大聖堂の前でさらし者になった。それ以降は、男装の罪はすでにあがなっているとばかりに開き直って、生涯を男装で通した。その生涯は波乱万丈、しかも当時としては甚だ長命で、エリザベス、ジェイムズ、チャールズ1世、共和国時代を通り越してチャールズ2世の時代の1659年まで生きた。そのために、多くの伝記が書かれ、トマス・デッカーとトマス・ミドルトンの合作劇『女番長、またの名を女怪盗モル』の主人公にもなっている。

モルの人生を見れば当時の裏社会の実態をつぶさに見てとれる。駆け出しのころのスリは、何人かが組になって仕事をする。通例は三人一組で、めぼしい相手を見つけるとー人が難癖をつけてケンカを売る。この役をバルクといった。二人がもみ合っているときに、仲間に加勢したり、仲裁したりするふりをして、相手から巾着を切り取るのがファイルで、最も熟練を要するとされた。巾着は素早くもう一人の仲間であるラブに渡される。ラブは巾着を持って現場を脱出し、安全なところに逃げる。相手がスリに気づいて騒いでも、誰も財布は持っていな

02

02 モル・カットパース。デッカーとミドルトンの本『The Roaring Girl or Moll Cutpurse』の口絵

いから、捕まる心配はない。モルは最初からファイルであったというから「素養?」があったのであろう。やがて、剣術、馬術などの技術を覚え、押しも押されもせぬ女丈夫になっていった。

裏では辻強盗などもやったらしいが、表向きはまじめな商売をやっていた。フリート街近くの川沿いに店を構え、万屋よろしく何でも扱っていたが、実はこの商品は盗品であった。第三者に売ることもあったが、たいていは被害者に手数料を支払わせて盗品を買い戻させた。言ってみれば表社会と裏社会のつなぎ役で、当時の社会にしては「必要悪」であった。というわけで商売は繁盛し、大金持ちになった。

しかし、彼女が人気があったのはただの仲買人ではなく、時には強きをくじき弱きを助けることもあったし、なによりも筋金入りの「王党派」として鳴らしたことであった。ロバート・チェインバーズの『イギリス古事民俗誌』(加藤憲市訳、大修館書店)によれば、1639年にスコットランドから凱旋するチャールズ1世がたまたま店の前を通りかかると、店から飛び出して、王の手をしっかりと握り、それに恭しくキスをした。その日、自費を投じてそこの水道に、王の凱旋祝いとして葡萄酒を流して人々にふるまった。王党派に敵対していた議会派の大物、ストラッフォード伯が裁判にかけられると、サザークの闘牛場に、ストラッフォードという名の雄牛を送り込んで、犬をけしかけた。モルは、一時3000ポンドもの大金を持っていたというが、形勢不利な王党派を支援して、惜しげもなくバラまき、死んだときには100ポンドも残っていなかったという。

(石原孝哉)

◆ブックガイド◆

- 乳原孝『エリザベス朝時代の犯罪者たち——ロンドン・ブライドウェル矯正院の記録から』嵯峨野書院、1998年
- ロバート・チェインバーズ、『イギリス古事民俗誌』加藤憲市訳、大修館書店、1996年

40 暴徒たちのロンドン

――ヘンリー・フィールディングと18世紀の二つの暴動事件

乱の国

2011年の夏、オリンピックを1年後に控えたロンドンで、暴動がおこった。警察への抗議のデモがエスカレートして、町の一部が破壊されたのである。襲撃と放火の光景は日本でも繰り返し報道された。秩序の国・イギリスというイメージを信じる人にとって、火に包まれる市街の映像は驚きだったのではないか。しかし、たとえば300年近く前のロンドンでは、暴動は決して珍しくはなかった。

暴徒のことを英語で「モッブ」(mob)と呼ぶ。この言葉はラテン語の「刺激に敏感な、移動する群衆」(*mobile vulgus*)という言葉に由来する。ふとしたきっかけで制御不能な力となる人々の群れは、まさにこの名で呼ばれるのが適切であった。モッブの時代とも呼ばれる18世紀のロンドンで、頻発する騒擾行為と関わった文人の一人に、イギリスを代表する小説家であるヘンリー・フィールディングがいる。彼がロンドンの治安判事でもあったことは有名だが、フィールディングとモッブの関係を通して、250年前の荒れるロンドンを眺めてみよう。

ペンレスの暴動事件

フィールディングとの関係で最も興味深いのが1749年の夏に起こったボサヴァーン・ペンレス事件だ。7月1日、数名の水兵がストランド街の売春宿でトラブルを起こした。侮辱されたと感じた水兵たちは同士を集め、売春宿を次々と襲撃し、放火した。この暴動は数日後に鎮圧されて、治安判事であったフィールディングがボゥ・ストリートで首謀者たちを取り調べた。すると、フィールディングの法廷は釈放を求める水兵たちに囲まれて、大変な騒ぎとなったから、暴動の再発を恐れた治安判事は騒擾取締令を発令しなければならなかった。9月になると、フィールディングによって告発された主犯格の男たちのうち、2名に死刑判決が下された。そのうちの一人がボサヴァーン・ペンレスという若い鬘職人だった。彼は襲われた売春宿から盗み出したとおぼしきリネン類を持って逃げようとしたところを捕えられたのだった。窃盗の容疑が量刑を重くしたのかもしれないが、しかし10月18日にタイバーンで処刑されたとき、刑場に集まった市民たちはペンレスに同情の気持ちを寄せていたという。

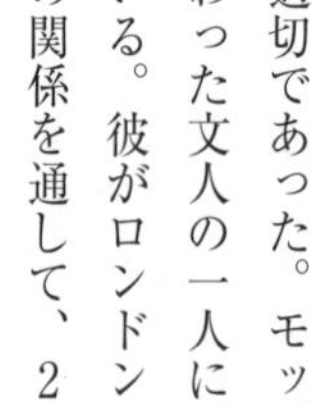
01

01 ヘンリー・フィールディング（Doug Coldwell作）

02 ボゥ・ストリートの治安判事法廷。19世紀の様子

03 現在（2006年）の治安判事裁判所

フィールディングはペンレスの処刑を全面的に支持していた。ある新聞紙上で暴徒化する群衆を「モッブという勿体ぶった名前で認められてきた、国家における第四の階級を構成する、あの巨大にして強力な集団」と定義した彼は、感情的な群集の声が政治的な力を持ち、ロンドン全市街が火の海と化すことを懸念していた。

03

支配者の立場に立つとき、モッブは困った存在でしかない。しかし、被支配者の側からすれば、破壊的な行為でしか表明できない意見があるのかもしれない。誤解を恐れずに言えば、２０１１年のロンドン暴動の発端は、警官による黒人男性の射殺事件であったのだから。フィールディング自身、このパラドックスに気付いていたようだ。別のところで彼は「正義の剣をモッブに渡した方が公共の利益にかなうと思う人がいるかもしれない」と書いている。そして、ペンレス事件の4年後、とても皮肉なことに、フィールディング自身がモッブの「総大将」と目され、騒擾事件への関与が疑われる事態が訪れたのである。

エリザベス・キャニングと暴徒たち

ことの発端はあの有名なエリザベス・キャニン

02

04 法廷で尋問を受けるエリザベス・キャニング

グ事件であった。1753年の1月下旬、ロンドン郊外のエンフィールド・ウオッシュで売春宿を営んでいた女性が逮捕された。エリザベス・キャニングという若い女性を娼婦にする目的で拉致監禁していた容疑をかけられたのである。たしかに、キャニングは1カ月間、姿を消していた。治安判事フィールディングが関係者から事情聴取をして、キャニングの証言通りに売春宿の一味を拉致監禁の犯人と断定したのだ。

審理が進み、様々な証言が法廷で披露されると、法廷の外側は、ペンレス事件の時のように、群衆に取り囲まれた。実は一味のひとりにジプシーの老婆がいて、ジプシーへの人種偏見のせいで人々は最初からその老婆たちを重犯人と決めつけていたようだ。老婆には憎しみがぶつけられ、逆に誘拐監禁されていたというキャニングには惜しみない同情が寄せられた。しかし、ジプシーの老婆にアリバイのあることがわかると、キャニングの証言の信憑性が疑われて、事件は当時のロンドン市長クリスプ・ギャスコイン卿によって再審理されることになる。

ギャスコイン卿の回想によると、市長が再捜査を必要と考えたのは、キャニングの話が疑わしかったからというだけではなくて、裁判所を取り囲む「猛り狂ったモッブが、裁判において保障されるべきあの侵すべからざる自由を脅かしたから」だという。だが皮肉にも、キャニングの偽証罪をさばく彼の法廷が、暴徒化した群衆に襲われる羽目に陥ってしまった。1754年4月29日、オールド・ベイリーの中央刑事裁判所は、暴徒に囲まれた。キャニングの支持者たちがギャスコイン卿への怒りを爆発させたのである。匿名の筆者によるパンフレット『勝利を得た真実』によれば、一日の裁判が終わった夜、ギャスコイン卿が裁判所から出てくると、「猛り狂ったモッブは彼に襲いかかった。口汚い罵りの言葉が投げつけられ、石や泥が浴びせられた。生命の危険を感じた卿は、避難場所に駆け込まなければならなかった」。2日後の法廷からギャスコイン卿と陪審員に護衛がついたが、それでも示威行為は収まらなかったので、とうとう騒擾取締令が発令された。

キャニングの支持者がモッブとして認知される危険な集団へと姿を変えるに従って、彼女の証言を信用して逮捕状を出したフィールディングも危うい立場に立たされることになった。つまり、法の番人であるべき治安判事が、モッブの首謀者ともみなされ得る立場に立たされたのである。従って、1753年春の事件発生当時にはパンフレットを出版してまでキャニングの証言の正しさを擁護したフィールディングは、翌年の春には暴徒化した彼女の支持者たちとの訣別を宣言しなければならなかった。1754年4月27日に彼の上司にあたるニューカッスル侯爵へ宛てた手紙の中で、フィールディングは「あのどうしようもなく頑固な馬鹿ものの集団になにか助言してやるつもりなど、まったくありません」と明言している。

フィールディングが「第四権力」と呼んだモッブがもし存在しなかったら、ペンレス事件やエリザベス・キャニング事件はどのように処理されたのだろうか。キャニング事件が起こった直後に出版された匿名の筆者によるパンフレットの中に興味深い一節がある。「エリザベスという名前の女性に取りついた悪霊を、一人のジプシーが追い払った。するとその悪霊は上京して、フィールディング判事やドッド医師やホワイト・チョコレート・ハウスに集うモッブ、それにロンドンのモッブ全体に取りついて、みんなおかしくなってしまったのである」。

事件とかかわりをもったすべての関係者に憑依した悪霊とは、一体何だったのだろうか。暴徒に襲われて炎上する2011年のロンドン市街の映像を見ながら、その答えを求めてしきりに考えた。

（白鳥義博）

◆ブックガイド◆

- 近藤和彦『民のモラル——近世イギリスの文化と社会』山川出版社、1993年
- Shoemaker, Robert B. *The London Mob: Violence and Disorder in Eighteenth-Century City England*. Hambleton, 2004.

41 大英帝国の光と影
——ジキルとハイドのロンドン

巨大都市ロンドンの陰影

ある英語の質問サイトで興味深い書き込みに出くわした。「『ジキル博士とハイド氏』の舞台が、作者スティーヴンソンの故郷エディンバラではなくて首都ロンドンなのは、どうしてですか?」やがて匿名氏がこんな回答を寄せていた。「ロンドンの富、繁栄、力、秩序はジキルを、ロンドンの犯罪と霧はハイドを、それぞれ象徴している。それに、ロンドンぐらい広い都市でないと、ハイドのような奴が悪さをして回れないだろう?」

確かに、『ジキルとハイド』は、ロンドンでなければ成立しない物語かもしれない。分裂した二つのキャラクターを描き分けることで、スティーヴンソンは体面と本音、科学と野蛮といったヴィクトリア朝大英帝国の光と影の相克を告発しようとした。このことはあまりにも有名であるが、二面性に苦しむのは人間だけではなく、大都会もまた同じであった。人間心理というよりむしろ都市生活に密着した文学として、『ジキルとハイド』を読み直してみよう。そこからどのようなロンドンの陰影が見えるだろうか。

ペンギンなど原書版『ジキルとハイド』の編集者が指摘しているように、スティーヴンソンの描くロンドンはあまり具体的ではない。たとえば、ロンドンの地名がほとんど出てこない。もちろん、いくつかの例外はある。ジキルとアタスンの共通の友人であるラニオンの住まいは、キャベンディッシュ・スクエアにある。オックスフォード・サーカスのすぐ北側にあるこの高級住宅街には、著名な医院が多くあったといわれている。しかし、アタスンの家があるというゴーント・ストリートは仮名であるし、ジキル本人の住所も特定されていない。

ジキルの家を訪ねて

ジキルの生活環境についても、不確かなことが多い。彼が住んでいる界隈は、もともとは高級住宅街であったようだが、現在ではやや胡散臭い住民も多く、寂れているようだ。つまり、良くはないが悪くもない地域である。こうしたあいまいな状況は、善人が悪人と一体であるという物語の核心の伏線なのかもしれない。そして人格の二重性は、住まいの構造にも反映されているようだ。ジキルの本宅は快適に作られている。玄関ホールは暖炉の火で温められ、高級な家具が揃えてあるので、アタスンはそこを「ロン

01 ロバート・ルイス・スティーヴンソン（1850～94）

02 『ジキルとハイド』のポスター（1880年代）

ドンでいちばん居心地のいい空間」[*1]だと思っている。この本宅の裏に、別棟がある。この建物について筆が及ぶと、スティーヴンソンの描写はだいぶ写実的になる。本邸と別棟の間に中庭がある。かつては庭園であったこの中庭も、今では荒れ果てている。別棟は研究棟と呼ばれていて、もともとは誰かの病院であったようだが、これも今は荒れている。その玄関は、繁華街から入り込んだ裏通りに面している。そこに浮浪者がたむろするせいか、壁など薄汚れていて傷だらけだ。

ジキルの家を訪ねるとき、ハイドは裏通りに面したこの裏口から出入りする。見る者になぜか奇妙な嫌悪感を催させるというハイドは、表通りとは無縁であり、やはり都会の影の部分と密着した存在なのである。そんなハイド本人の家は、例外的なことに、ソーホーにあると特定されている。ソーホーは、ラニオンの住まいがあったキャベンディッシュ・スクエアから遠くないが、雰囲気はまったく異なっていた。もともとは狩猟地であった土地に17世紀になるとフランス人ら外国商人が住みつき、やがてロンドンでも有数の歓楽街として知られるようになった。あやしげな商売をする店も目立ち、ある種のいかがわしさが漂うこの街は、ハイドに似合いの場所である。そんなロンドンの影の部分を描写するとき、スティーヴンソンの筆は途端に迫真性を帯びて饒舌になる。殺人を犯したハイドをアタスンが追いつめる場面を読んでみよう。「やがてソーホーの薄汚れた街並が迫ってきた。

＊1　引用はすべて夏来健次訳、創元推理文庫版より。

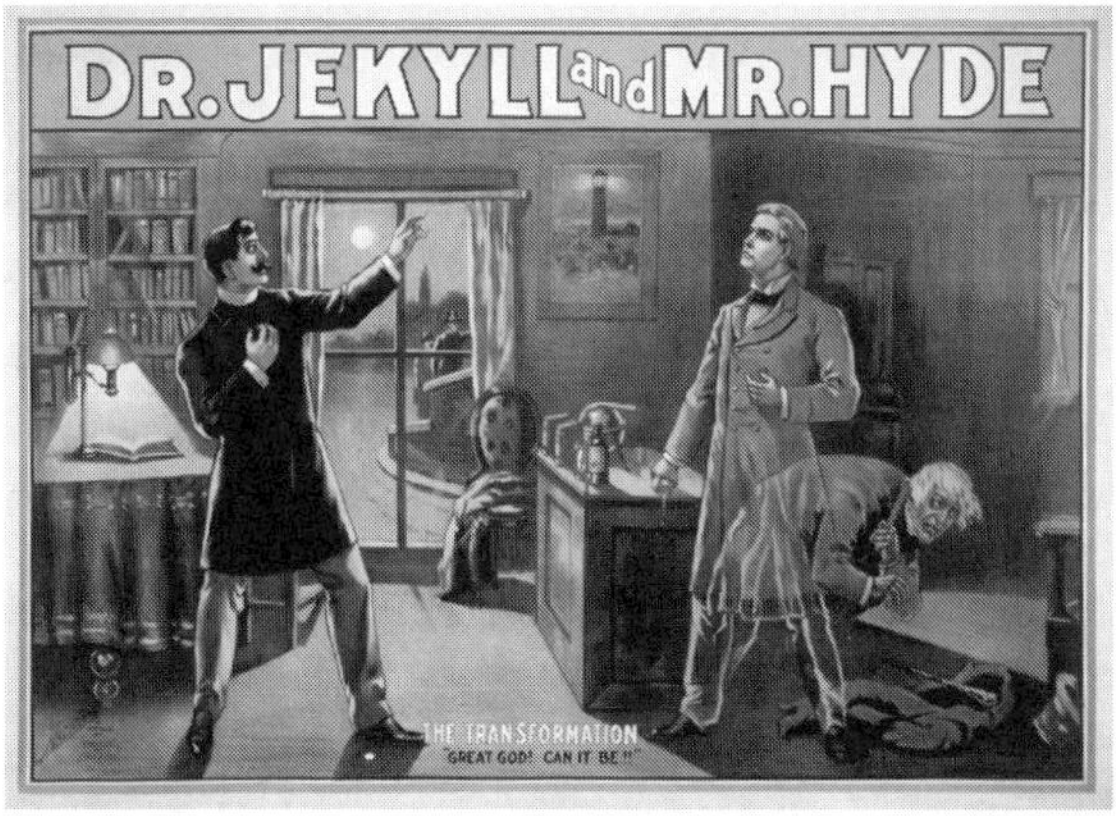

02

泥っぽい路面、だらしない風采の通行人、一日じゅう消されることのない街灯。またぞろ侵入する薄闇に抗するためにすぐ点けなおさねばならない。それらのすべてがアタスンの目にはさながら悪夢の街のように見えた」。

悪夢の町に潜む醜い犯罪者。物語のサスペンスは、ロンドン名物である霧によって、さらに高められる。たしかに、霧はハイドを象徴し、読者の恐怖心を募らせるために効果的に使われているようだ。アタスンが足を踏み入れた「悪夢の町」ソーホーをやがて深い霧が包み込む。「建物の戸口にはぼろを着た浮浪児がたむろし、さまざまな肌の色をした女たちが鍵を手にぶらさげて通りをゆきかい、朝酒をひっかけに出かけていく。と思うと霧がたちまちのうちに戻ってきて琥珀色の幕をおろし、薄汚い界隈を視界からさえぎろうとする」。ハイドの居所がソーホーであることの意味は明白である。「薄汚い」影の要素を隠蔽することで、ヴィクトリア朝大英帝国はその体面を保っていた。しかし、霧の幕が開かれたとき、そこに姿を現すのはハイドであり、ソーホーであった。

03 リージェンツ・パーク

リージェンツ・パーク

興味深いことに、ジキルがハイドに変身する破局の場面は、リージェンツ・パークに設定されている。これも具体的な地名が言及される数少ない例のひとつであるが、ロンドンの北西部にあって市内最大の広さを誇るこの公園は、1812年当時摂政《プリンス・リージェント》であったジョージ4世の命を受けて顧問ジョン・ナッシュが建築した。1828年にはロンドン動物園が園内に開かれている。小説の最後には、こんなジキルの告白が記されている。「さわやかに晴れた一月のある日のことだ。踏み歩く路面では霜が溶けはじめ、頭上には雲ひとつなかった。リージェンツ・パークには冬鳥のさえずりが満ちあふれ、早くも春の甘い香りがただよっていた。（略）そんなときだった、身のうちのどこかであの獣が記憶のかけらを舐めはじめたのは」。何とも牧歌的な光景であるが、ジキルの中の「獣」の部分を目覚めさせたのは、一体何なのだろうか。リージェンツ・パークの南側にはロンドンでも指折りの高級住宅街・メリルボーンが広がっており、19世紀の中ごろには多くの医師たちがここに富裕層向けの医院を構えていたという。美しく整えられたロマンチックな庭園と、外側に広がる数々の華麗な邸宅。薄ら汚れたソーホーとは対極的な都市の表面に接したとき、何かの化学反応のようにハイドが目覚めたのは、皮肉なことである。

光が影をよみがえらせ、表と裏が逆転する。リージェンツ・パークの美しい景色を背景に何ともおぞましい変身の場面を描くことで、スティーヴンソンはハイドのロンドンとジキルのロンドンが実はひとつのものであることを、読者に悟らせようとしたのではないだろうか。

（白鳥義博）

◆ブックガイド◆

- ロバート・ルイス・スティーヴンスン『ジキル博士とハイド氏』夏来健次訳、創元推理文庫、2001年
- Robert Louis Stevenson. *The Strange Case of Dr Jekyll and Mr Hyde*. 1886. Ed. and Intro. by Robert Mighall. Penguin, 2002.

コラム 14

ロンドンと切り裂きジャック

須田篤也

現在、ロンドンのイースト・エンドは、2012年のロンドン・オリンピックのメイン会場エリアとして開発が進み、また様々な観光ガイドに紹介される機会も多い地区となっている。しかし、100年余り前は、そこは今とは異なった様相であった。

19世紀、イギリスは世界に先駆け産業革命を達成し、様々な点で人々の生活は便利になり豊かになった。その一方で、工業化に伴うロンドンへの人口の流入によって、職も住居もない劣悪な環境の中で飢餓に瀕した生活を強いられた貧民が溢れていた。工場の出す煤煙や排水が大気や河川を汚染し、貧民の生活をさらに悲惨なものとした。当時のイースト・エンドは、そうした貧困や不衛生、そして犯罪の渦巻く地区であり、こうした悲惨な社会背景のもとに、史上初の快楽殺人とも性犯罪とも言われる「切り裂きジャック」による連続殺人事件は起こった。被害者が、その最下層の住人、生きるために身を売らざるを得なかった女性たちだった点も、この事件を特徴付けるものである。ディケンズの小説に描かれるような貧困や狂気が、そこには現実のものとしてあった。

事件は、1888年の8月末からの約2カ月間に、5人の娼婦が鋭利な刃物で残酷に引き裂かれ殺害されるというものであった。事件を伝える新聞の報道がロンドンの人々を恐怖に陥れると同時に、その興味を掻き立てた。徐々に整えられてきた教育環境を背景に印刷出版文化の大衆化が進み、大衆ジャーナリズムとしての新聞は、その種類と発行部数を急増させた時代であり、その何よりの題材は犯罪、とりわけ殺人であった。

そもそもヴィクトリア朝文化においては、殺人が人々の興味の対象、いわば大衆にとってある種の娯楽となった一面がある。恐怖を煽るセンセーショナル・ノベルが好んで読まれたばかりでなく、ディケンズ、エリオット、ハーディといった文学史に名を連ねる作家の作品にさえ、しばしば殺人の場面が描かれる。また、マダム・タッソーの蠟人形館では殺人犯の人形が呼び物となり、1867年まで続いた罪人の公開処刑は多くの人々を熱狂させた。そして、現実に殺人事件が起これば、ブロードサイド（瓦版）が扇情的に事件を伝え、新聞がその経過を詳細に報じた。「切り裂きジャック」は、そうした事件の代表的なものだった。

同時に、それは社会の目を最下層の貧民の暮らしに向けさせた。それが社会状況の改善の必要性を人々にどれほど認識させたかは別であるが。貧困が社会の問題として取り上げられ始めた時代ではあったが、それは、まだ全く不十分だった。

警察の懸命な捜査と人々の多大な関心にも関わらず、事件は迷宮入りとなった。それから120年以上経つ現在に至っても事件への興味は尽きない。そして、虚実が混同するものも含め、様々な犯人像が浮かび上ってきた。例えば、ワイルドの『ドリアン・グレイの肖像』に事件を示唆する描写があるという説もある。同時代に同じロンドンを舞台として描かれた名探偵ホームズ（原作者コナン・ドイルは、この事件に触れていない）との対決も創作されてきた。

しかし、犯人探求の興味もさることながら、そうした調査研究が、被害者やその周りの人々の貧困と犯罪に満ちた生活環境を映し出し、ヴィクトリア朝の繁栄の裏にあった悲惨な現実を示す資料ともなっている点を見逃すわけにはいかない。換言すれば、そこから、人間に内在するグロテスクで残虐な歪みと同時に、社会に内在する不合理で残酷な歪みを知ることができる。この点において、「切り裂きジャック」は、人間の、そして社会の上辺の装いを切り裂き、その裏の姿を曝け出したと言えまいか。

42

「魔都」ロンドン

――ロンドン、アレイスター・クロウリー、黄金の夜明け団

ロンドンと魔術と言えば、エリザベス一世時代の数学者・占星術師ジョン・ディーの魔術用道具の数々が、大英博物館に所蔵されていることは広く知られている。また、コートールド美術館所蔵のタロット・カードも有名である。近年では、キングズ・クロス駅から魔法学校へ向かうハリー・ポッターを多くの人が想起するのであろうか。実は、ロンドンは遠い昔から魔術の町であり、現在も多種多様な魔術師と秘密結社が活動している場所なのである。そもそもヨーロッパには魔術・秘密結社の歴史があるから――もちろん、魔術にせよ秘密結社にせよ、それら自体も原始時代からの、恐ろしく長い歴史があるのだが――、ヨーロッパ屈指の大都市ロンドンに、そういったものが何も関係し

ていないと考える方がおかしいのであるが。

歴史の流れの中で魔術や結社も多様化が進んできたが、これまでにロンドンを拠点に活動した魔術師、秘密結社の中でも、とりわけ有名なのは「史上最大の魔術師」とも称されるアレイスター・クロウリーと、現存する魔術団体の基礎を作ったと言われる「黄金の夜明け団」であろう。

サマセット・モームの小説『魔術師』のモデルとなった人物として知られている魔術師・詩人・登山家・探検家のアレイスター・クロウリーは、ウォリックシャーに生まれた。厳格なキリスト教教育を受けたことへの反発で、反キリスト教思想や魔術に興味を持つようになり、ケンブリッジ大学卒業直前に「黄金の夜明け団」に入団している。

薔薇十字団の流れを汲む秘密結社「黄金の夜明け団」の設立は1888年。創設者はフリーメーソンの牧師A・F・A・ウッドフォード、イギリス薔薇十字教会会員で検死官のW・W・ウエストコット、軍事研究家・魔術師のG・S・メイザーズの3名であった。当初は和気あいあいとしたオカルト愛好会的な性格が強かったのだが、次第に秘儀研究会、魔術結社へと変容してゆくことになる。内部では、教義の習得によって昇格試験を経て位階を上ってゆくという、まさにハリー・ポッターの魔法学校のようなシステムが採られていたことは興味深い。

「黄金の夜明け団」は結団直後から団員数が増加し続け、順調に活動を展開してゆくが、メイザース――パリ旅行中に「秘密の首領」からの霊的通信を受け取り、自らを「秘密の首領」の代理人と称した――と他の幹部との確執により内部分裂が始まり、ついにパリに住み着いたメイザースとロンドンの主要メンバーとの間の激しい対立へと発展した。アイルランドのノーベル賞詩人W・B・イェイツはロンドン派の有力なメンバーであったが、メイザースが自らの信奉者であったクロウリーをより高位の会員にしようとしたときに、「魔術結社は少年院ではない」と語ったとも言われる（ちなみに、イェイツはごく短い期間であったが、「黄金の夜明け団」の首領であった）。1900年、対立は「プライス通りの戦い」と呼ばれる争いへと向かう。メイザースに心酔していたクロウリーは、この「戦い」においてプライス通りの団の本部の鍵を奪い、部屋をたびたび占拠するなどしたが、結局、メイザース側は敗れ、メイザースと共に若きクロウリーは団を追放されてしまう。この「戦い」では対立する両派による魔術攻撃の応酬があったとされ、クロウリーの持っていた護符が変色した、あるいは雨具が突然発火した、などという逸話も残っている。抗争に敗れた後、クロウリーは世界各地を転々とし、魔術修行を積み、数多くの魔術を会得し、多くの著作を遺すことになるが、しばらくして袂を別ったメイザースとも魔術の応酬をしている。その時には悪魔の王ベルゼブブとその眷属49匹を呼び出したというから、既に並々ならぬ力量を持った魔術師であったことが分かろうというものである。さらにクロウリーは、魔法により数多くの天使や地球外知性体「エイワス」を呼び出し、1909年にはアルジェリアの砂漠で悪魔コロンゾンを召還し、これに勝利したという。こうしてクロウリーは魔術師としての技量を高めると同時に、自らの使命に目覚めたとも言われている。その魔術がいかなるもので、彼の使命がいかなるものかは、著作に触れる以外に方法はない。ただ、少なくとも彼の歩みを概観したときに、「黄金の夜明け団」

なくして、彼の内なる力が覚醒することはなかったということ、この魔術結社なくして彼が史上最大の魔術師と呼ばれることはなかったということは明らかだろう。

現在、「黄金の夜明け団」の後継・分派は世界中に数限りなく存在するという。クロウリーの後継者を名乗る魔術師も多いと聞く。もちろん、「黄金の夜明け団」の発祥の地であるロンドンはその「総本山」としての輝きを失ってはいないであろう。ロンドンは今も魔術と秘密結社の町と呼べる理由はここにある。大通りを少し脇にそれた、細い裏通りの煤けた建物の片隅に、秘密結社の本部があり、魔術師たちが集って研究をしたり儀式を行ったりしている可能性だってあるのだ。あるいはインターネットを通じて電子魔術が世界を飛び交っていることもないとは言えない。意のままに人間を動かすコンピューター（「電脳魔術師」！）さえもあるかもしれない。ロンドンには行かないという人、インターネットは使わないという人もいるだろう。魔術や秘密結社など自分には関係ないという人もいるだろう。では本はどうだろうか。また美術館はどうだろうか。興味深いのは、クロウリーの周辺や「黄金の夜明け団」の内部に作家や芸術家が多いことである。先述のモームやイェイツに限らず、オーギュスト・ロダンなどの芸術家もクロウリーとの交流があったし、詩人・編集者のヴィクター・ノイバーグ（両性愛者クロウリーの愛人のひとりであったが、後に『サンデー・レフェリー』紙の編集などをしている）に至ってはアルジェリアに同行して魔術実験に参加している。われわれが手に取る文学作品、目にする美術作品の中には、クロウリーや「黄金の夜明け団」の思想の断片が組み込まれているかもしれないのだ。

（太田直也）

◆ブックガイド◆

- 澁澤龍彦『黒魔術の手帖』文春文庫、2004年
- フランシス・キング『英国魔術結社の興亡』（『黄金の夜明け魔法大系』5）江口之隆訳、国書刊行会、1994年
- アレイスター・クロウリー、スティーヴン・スキナー『アレイスター・クロウリーの魔術日記』（『アレイスター・クロウリー著作集』別巻2）江口之隆訳、国書刊行会、1997年

43 夜の街、そしてカジノ

――私はそこに幻影をみる

ロンドンの夜ほど面白くない街はほかにない。レストランだって開いているのか閉まっているのか入口まで行かないと分からない。外に対して華やかさを控える国民性である。イギリス人は自分たちだけの殻に閉じこもる習性がある。従って、一般的な観光客として観るべき場所は非常に多いロンドンではあるが、一歩踏み込んだイギリス人の生活のなかにはなかなか入ってゆけない。いきおい旅人はロンドンだけは真面目な一夜を送る。

サッチャー政権になる直前に私はロンドンの駐在員に夜の街を案内してもらったことがある。そこはどこの国にでもある女性のいるバーであった。そのなかにスペイン語のできる女性がいた。何とその娘はマドリッドの「三軒茶屋」というバーで働いていたという。私がマドリッド駐在時代、よく日本人のお客を連れていった店である。我々2人は意気投合し、その夜はお互いのマドリッド時代の話に花が咲いた。それから2年ほどしてまたロンドンに出張になった。私はわくわくしながら、またその店に行ってみたところが無い！　その店が消えていたのである。何と、サッチャー政権に変わってからは斯かる業界への締め付けが厳しくなり、大方の店は閉めたとのこと（残念！）。その後ロンドンの駐在員経由でその娘（ジェーンと言った）の消息を調べてもらったら、店がクローズになったので彼女はもう田舎に帰ってしまったとのこと。あれから何十年、サッチャー以前のロンドンの街は今では懐かしい思い出である。

さて、その後何年かして私自身がロンドンに駐在になった。単身赴任の私が成田を出発しロンドンに赴任した日は忘れもしない1995年3月20日、地下鉄サリン事件の日であった。ロンドンに到着と同時に出迎えてくれた同僚に「今日東京の地下鉄でテロがあったようだが、あなたは大丈夫だったか？」と聞かれたのであった。

私は最初はノーザン・ラインのウッドサイド・パーク駅にほど近い、小さなホテルに1カ月ほど滞在していた。そのホテルはスペインのガリシア出身の夫婦が経営していた。毎日毎日ホテルの小さな食堂で朝食をとっていると、ウエイトレスやメードのほとんどがオーナーと同じガリシア出身のスペイン人であることが分かった。私は以前スペインに駐在していたこと、ガリシアにも何度も訪れたことを話すと、もうその日から私はそのホテルの家族の一員のように扱われた。

そのホテルには1カ月ほどの滞在であったが、その後私はゴルダーズグリーンの民間のマンションに移った。２ＬＤＫの広さでリビングも十分に広く、単身赴任の私には少しばかり広過ぎた。毎朝庭の野鳥の鳴き声で目を覚ました。週に2度お手伝いさんが掃除洗濯に来てくれたので家事については何も心配することはなかった。ただ、夕食が問題である。最初は近くの日本食レストランを専門に訪れ毎回焼き魚定食の侘しい夕食をとっていた。昼食も含め一番よく訪れたのは「ダルマサン」であった。

そのうち駐在員仲間から「アザミ」という日本レストランに行けば夕食もとれるし、麻雀もできることを教えられた。それからはソーホーの近くの「アザミ」に入り浸りとなった。ところが麻雀をやるには人数が４人必要である。毎回毎回４人が暇なわけはなく、思うように人が集まらない。しかもレベル的に同水準の４人が集まるのはなかなか困難である。そのうちに別の駐在員からロンドンのカジノに案内された。ロンドンには市内のいたるところにカジノがある。ところが大陸のどの国の首都にもカジノはない。だいたい首都から40キロくらい離れないとカジノは存在しない。それはナポレオンの時代にカジノが規制されたからである。ナポレオンに征服されなかったイギリスだけが例外的に首都の町中にカジノがある。

01 レスター・スクエアのカジノ

私が主に通ったのは「ザ・スポーツマン」と「ランデブー・カジノ」であったが一番回数が多かったのは「ザ・スポーツマン」であった。多少の腹ごしらえをしたうえで、夜の10時くらいに自宅を出る。ゴルダーズグリーンから「ザ・スポーツマン」のあるマーブル・アーチまでは結構な距離がある。ハムステッド・ヒースの丘からずっと下りでやがてリージェンツ・パークに出る。それを右折し公園の縁に沿ってさらに南下する。ハイド・パークの近くのいつもの駐車場に車を入れる。「ザ・スポーツマン」はそこから徒歩で5分である。

地下にあるカジノへの階段を降りるとき、誰でも胸がときめく。黒野十一氏の名著『カジノ』(新潮社)にあるとおり、「カジノの入口の扉をひらくとき、私はそこに幻影をみる」のである。カジノのベテランはベテランなりに、初心者は初心者なりに、一種独特の胸の高鳴りを覚える。受付の左手には立派なトイレがある。私はいつもそこで身だしなみを整え、心の整理をする。そしてトイレ番のおばさんに1ポンドを渡していよいよ戦場に赴く。

賭博場の入口のドアを開けると目の前にアメリカン・スタイルのルーレットの台が見渡す限り(?)戦場の戦車のように待ち構えている。右手にはバカラやカードの台。左手には軽い食事もできるバーがある。私はおもむろにルーレットの台を1台1台チェックして回る。どの台にも電光掲示板にそれまでに出た数字が表示されている。一度でもゼロが出ている台は避ける。

私が10時過ぎてからカジノに行くのには訳がある。8時くらいまでは観光客で騒がしい。9時前後はソーホーあたりの中華街の家族と思われる小金持ちの中国人のおばさんたちで喧騒をきわめる。中国人はどの国のカジノでも目の色を変えて賭け事をやっている。すなわち品がないのである（その最たるものはマカオのカジノである。ただし、どこかの製紙会社の御曹司が行くようなＶＩＰな部屋は別にある）。

私はカジノは神聖な紳士の賭け事と心得ているので、このような喧騒のやからと一緒にルーレットをやるわけにはいかない。精神状態や集中力がどうしても途切れてしまうのである。11時過ぎるころには大半の客は玄人筋か賭け事を真剣に考えている人たちだけになる。ルーレットのお客が守るべき作法もちゃんと弁えている。こうして私は毎夜毎夜カジノに通うようになった。ロンドンの駐在は1年足らずで終わったが、カジノでは数々のドラマがあった。一番重要なことは、ロンドンのカジノで私の収支は明らかに黒字であったということである。

（桑原真夫）

◆ブックガイド◆

- 黒野十一『カジノ』新潮社、１９９７年
- 大川潤・佐伯英隆『カジノの文化誌』中公選書、２０１１年
- アーサー・ファウスト『ゲーム理論　カジノの法則』鈴木康史訳、データハウス、１９９４年

44 ロンドン・ゴースト・ツアー

――幽霊を訪ねて夜のロンドンを歩く

ガイド付きゴースト・ツアー

イギリスで人気のある旅行形態として、徒歩旅行がある。文字通り歩いて旅行するのであるが、中には2～3時間の短いものもある。ロンドンには『ザ・ウォークス』という小冊子があって、この種の散策を紹介している。飲兵衛に人気のパブ・ウォークを始め、シャーロック・ホームズ、切り裂きジャック、ハリー・ポッターなどの有名人の縁の地を巡るツアーに交じって、心霊スポットを巡る「ゴースト・ツアー」も人気がある。これはかなりの人気で、専門のガイドに率いられたゴースト・ツアーが幽霊屋敷で鉢合わせをして、順番を待つこともある。世界広しといえども幽霊を観光資源としているのはイギリスぐらいのものであろう。本屋に行けば案内書があり、有名な心霊スポットには誇らしげに銘板が掛けられている。

ロンドンの幽霊屋敷でまず第一に挙げられるのがバークリー・スクエア50番地である。筆者が訪れた時は、高級な古書店が静かに店を構えていた。しかしここはロンドンでも一番恐ろしいといわれる幽霊屋敷なのである。事の発端は1879年、4月26日。『メイフェア』が「バークリー・スクエアのミステリー」という記事を掲載した。それ以前も50番地は妖怪の家とされ、気味の悪い話が流れていた。それが、この記事で一気に加速した。たくさんの妖怪話が、それも内容に飾りをつけて煽りに煽り立てられた。以来ここは折り紙つきの幽霊屋敷となった次第である。その中から、いくつかの事例を拾ってみよう。話は記事が書かれた2年前のクリスマス・イヴに遡る。エドワード・ブランデンとロバート・マーティンという二人の船乗りが、安酒を飲みまくってここにやってきた。たまたま50番地は空き家だったので、勝手に上り込んで3階で寝込んでしまった。ところが真夜中に足音が聞こえ、怪物がドアを押し破って侵入してきた。マーティンが逃げ出して、警官と一緒に戻ってくると、窓ガラスを突き破って悲鳴とともにブランデンが落下してきた。かわいそうなブランデンは鉄柵の上に落ち、串刺しになって死んだ。これを皮切りに、何人かが死んだ。特徴は、みな目を見開いて恐怖の中で息絶えていたことで

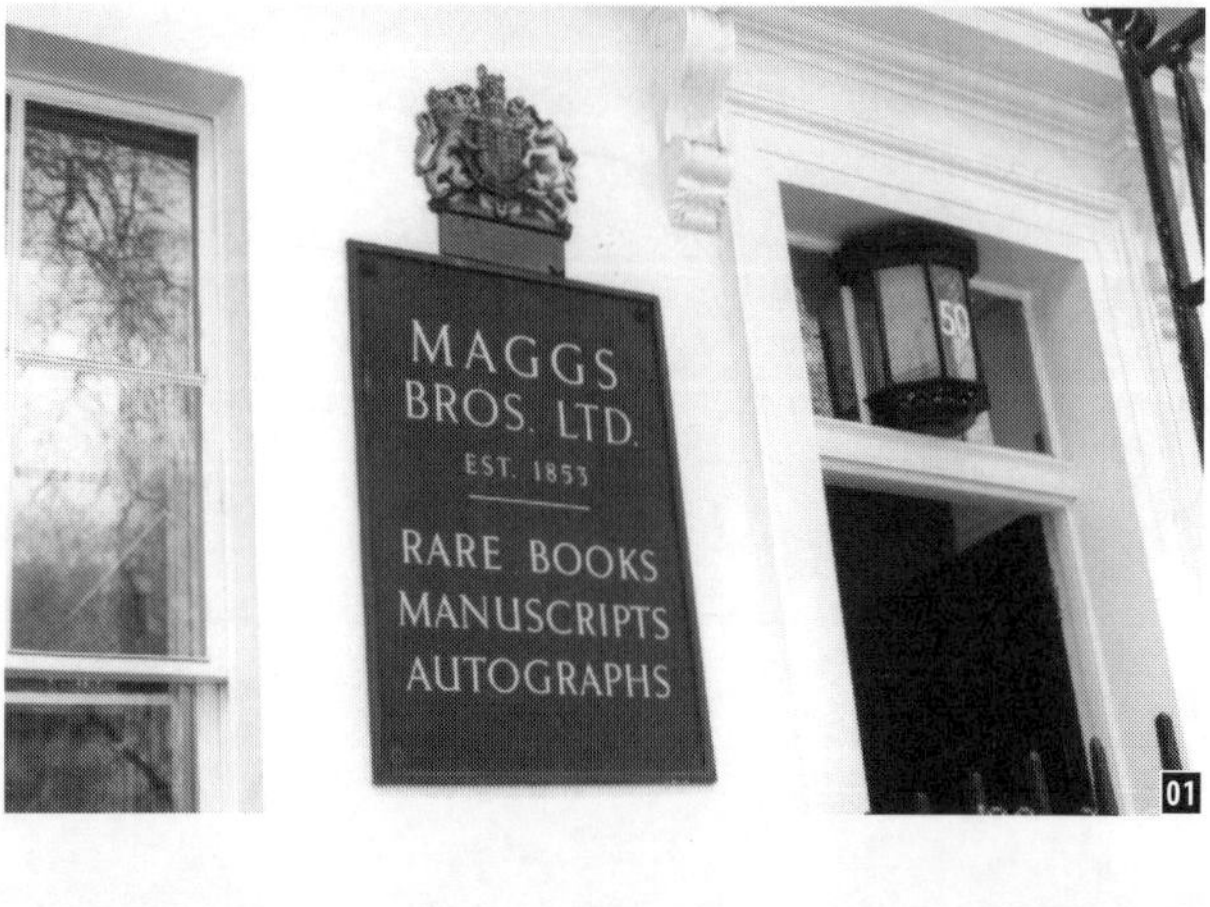

01

あった。しかし、魔除けに6ペンス銀貨を装填した銃を持って見事に怪物を撃退したトマス・リットルトン準男爵の武勇伝もある。ニンニクや十字架ではなく、6ペンス銀貨が有効だったということが怪物の正体を暴く鍵かもしれない。ちなみに、今日のバークリー・スクエアは静謐そのもので、物の怪の気配もない。

　多くのパブが幽霊が出ることを自慢しているが、その中の一つに「ザ・ボウ・ベルズ」がある。江戸っ子は親子三代にわたって江戸生まれでないと本物ではないといわれるが、ロンドン子はボウ教会の鐘の音が聞こえる範囲内に生まれなければ本物ではないとされる。このボウ教会のおひざ元に鎮座ましますのが「ザ・ボウ・ベルズ」である。ここの幽霊はポルターガイストで、住処は女性トイレというのが振るっている。店の中には新聞の切り抜きが誇らしげに飾られ、ここが心霊スポットとしてお墨付きを得てい

02

03
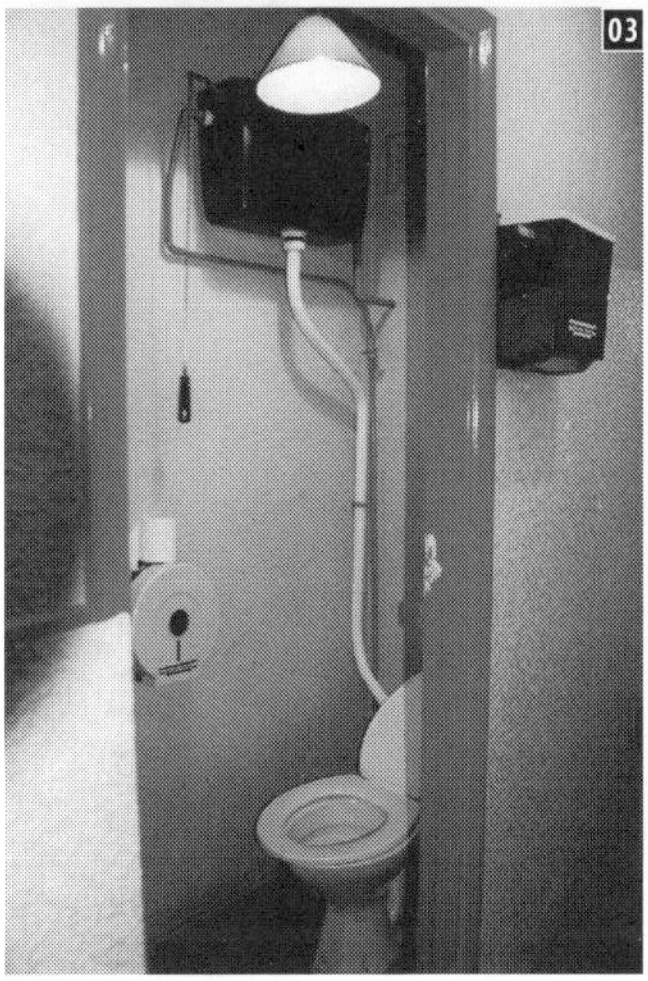

01 バークリー・スクエア50番地の書店
02 幽霊で人気のパブ「ザ・ボウ・ベルズ」
03 幽霊の住みついている女性トイレ

ることがわかる。主人の母親という、女性が語るところによれば、ここの幽霊はいたずらはするが「愛らしい幽霊」だという。女性がトイレに入っているのにドアを開けてしまう、用を足し終わらないのに勝手に水を流す、突然氷のような冷たい風を吹かせて女性のヒップに鳥肌を立てる、床から怪しげな霞を立ち上がらせて、あられもない姿のまで女性を卒倒させる。あまりのいたずらに耐えかねた主人が悪魔祓いの儀式を依頼すると、その最中にトイレのドアがバンと音を立てて開き、ガラスが粉々に砕け散った。

ロンドン塔は別格

まとめて幽霊を見たいならロンドン塔が一番である。なかでも有名なのはヘンリー8世の二番目の妻、アン・ブーリンである。その幽霊はホワイト・タワーとタワー・グリーンの間を徘徊し、時には足音だけが聞こえることもある。よく知られているのは1933年の事件で、このときは歩哨が空中に浮かんだ首のないアンの姿を見ている。首がないのにアンだと解ったのは、特徴あるドレスによってであった。アンが最後の晩を過ごしたキングズ・ハウスの前でも、首のないアンの姿が目撃されている。この時は発見した歩哨が気を失ってしまった。彼は寝ていたと判断され、職務怠慢で裁判にかけられたが、同僚の歩哨が同じような経験があると証言してやっと無罪になった。アンは、埋葬されている「鎖につながれた聖アドヴィンキュラ教会」でも目撃されている。この時、アンはロウソクを持った騎士や女官などを引き連れた行列の先頭になって歩いており、首はあったという。

ブラッディ・タワーにはローリーズ・ウォークという城壁の上の通路がある。ここはエリザベス1世とジェイムズ1世に仕えたサー・ウォルター・ローリーの散歩道として名高い。彼は、アメリカに植民地を開拓し、処女王エリザベスにちなんでヴァージニアと名付けた探検家であり、イギリスにジャガイモを紹介して多くの人を飢饉から救う一方、煙草を紹介して、無数の人々の健康を奪った張本人でもある。最後は処刑されたが、それは煙草を広めたからではなく反逆罪という為政者には都合の良い、また被告人にとっては甚だ不都合な罪状ゆえであった。ロンドン塔にはいまだに彼の部屋が保存され、肖像画が見学者を見守っている。毎日散歩したローリーズ・ウォークにはいまだ彼の足音が響くという。

ロンドン塔にはそのほかに、九日女王ジェーン・グレイや、火薬陰謀事件のガイ・フォークス、ヘンリー6世、ヨーク王朝最後の王族であるソールズベリ伯夫人マーガレット・ポールなど有名人の幽霊がひしめく。

ところで、ロンドン塔はロンドン第一の心霊スポットでありながら、ゴースト・ツアーのコースから外れている。あるガイドにその理由を聞いたら、拍子抜けがした。「ロンドン塔は夜間は閉まっている」

（石原孝哉）

04

04 ローリーの足音が響くというローリーズ・ウォーク

◆ブックガイド◆

- 石原孝哉・内田武彦・市川仁『ミステリーの都ロンドン――ゴースト・ツアーへの誘い』丸善、1999年

コラム 15

死体発掘者のロンドン日記

白鳥義博

ロバート・ルイス・スティーヴンソンの短編小説に、「死体泥棒」という作品がある。[*1] この作品は、『ジキルとハイド』と並ぶホラー小説の傑作として、高く評価されている。内容を簡単に紹介しよう。エディンバラにある医学校で、医学生フェティスが修行をしていた。指導教官である解剖学者のK師に求められて、フェティスは解剖用の死骸の入手に携わっていた。医学校に解剖用の死体を納品する、闇の「業者」がいた。彼らはどこから死骸を仕入れてくるのだろうか。おそらく、墓場から盗んでくるのだろう。しかし、フェティスは不審を抱く。収められる死体の中に、やけに「生々しい」ものが混ざっているのだ。盗まれてくるのではなく、殺されてくるのではないだろうか。だとすれば、解剖医も共犯になってしまうではないか。やがて、前の日までは「ぴんぴんしていた」娘の死体が納入されてきたとき、フェティスの疑念と恐怖は頂点に達する。

『ジキルとハイド』同様に、荒唐無稽なフィクションの世界が語られているように思える。しかし、この作品はいくつかの史実を参考にして作られているようだ。例えば、１８３２年以前には、絞首刑によって法的に殺された死骸以外は、合法的な解剖材料にならなかった。それだけでは需要を満たすことが当然できなかったわけで、墓場から死体を盗んで売り捌くことが闇の商売として成り立っていたし、金もうけのために健康な人間を殺害して、その亡骸を医師に売るという事件すらも起こった。新鮮な死骸を解剖医は特に喜んだのである。

医師たちの需要を満たすかのように、死体泥棒という商売が繁盛したことは、当時の市民たちもよく知っていたようだ。スティーヴンソンの「死体泥棒」は『ペル・メル・ガゼット』誌のクリスマス号に掲載されることになって、派手な宣伝が打たれたけれども、それがあまりにも恐怖をあおると当局に禁止された。しかし、死体泥棒はロンドンでも作り話ではなく事実であった。ある死体泥棒の日記が、現在に伝わっている。もしかするとスティーヴンソンも、この有名な日記を読んでいたのかもしれない。「1812年2月20日木曜。集合、パンクラス行き、大人15体、子供1体盗り、バーソロへ持ってゆく。3月3日火曜。聖トマスへ行く。夜はペンクレスに。大人8体、子供2体、胎児2体、盗る」[*2]。ここに出てくるパンクラスはこの地域で最大規模を誇るセント・パンクラス・オールドチャーチの墓地のことで、そこで大人15体と子供1体の死体を盗掘し、死体を買い取ってくれる聖バーソロミュウ病院に持っていって売却したのである。同様にペンクレスは墓地、聖トマスは病院である。ここには、さすがに殺人の記述はない。しかし、ロンドンの死の商人たちの魔の手は、貪欲にも腐敗が進んで解剖に使えないような死骸にすら伸ばされた。歯を抜けば、歯医者に高く売り付けることができたからだ。

当時、セント・パンクラス・オールドチャーチの墓地は死体泥棒で有名だったらしく、チャールズ・ディケンズも、『二都物語』でここを死体の盗掘現場に設定している。しかし、1854年に死体の埋葬が禁止されると、墓地は地域の緑地帯として利用されている。音楽家のヨハン・クリスチャン・バッハの墓や、『フランケンシュタイン』の作者メアリー・シェリーの両親であるウイリアム・ゴドウィンとメアリー・ウルストーンクラフトの墓には花が絶えない。詩人のパーシー・ビッシュ・シェリーとメアリーが駆け落ちの時に彼の両親の墓の前で落ち合ったのは有名な話である。

【注】＊1　ロバート・ルイス・スティーヴンソン『怪奇短編集』河田智雄訳、福武文庫、1988年、所収。
＊2　J・A・ブルックス『倫敦幽霊紳士録』南條竹則・松村伸一訳、リブロポート、1993年、参照。

第Ⅷ部

映画都市ロンドン

45

《マイ・フェア・レディ》

――花売り娘イライザに吹く風

1964年、ミュージカル映画《マイ・フェア・レディ》は上演されるやいなや、あっという間に世界中の人々を魅了した。

物語は、ある夜おそく、華やかなドレス姿の上流階級の人たちが、オペラがはねた後に、オペラ・ハウスから出てくるシーンから始まる。家路につこうとする人びとに突然降りだしたにわか雨。コヴェント・ガーデンの青物市場で雨宿りする人たちのざわめきの中で、薄汚れた服装でコックニーを喋る、オードリー・ヘップバーンが扮する主人公の花売り娘イライザは、言語学者ヒギンズ教授と出合う。それをきっかけに、ひどい下町訛りのことばの矯正訓練を受けることになり、やがてきれいで正しい英語を話せるようになる。しかも6カ月という短い期間、住み込みで厳しい訓練を受け、見事にことばをマスターする。それはイライザが貧しい娘からレディーに変身することであった。「言葉と階級」をテーマにした《マイ・フェア・レディ》がただのシンデレラ物語にとどまらず、見る人の心を鷲掴みにしたことは、とても興味深い。

イギリス社会の深層に潜む微妙な襞を書き続けてきた『サンデイ・タイムズ』の女流コラムニスト、ジリー・クーパーは、『クラース』の中で、「富める者と貧しき者とのあいだに膨大な富の移動があったかもしれない。日を追うにつれて財力の差では、労働者とその主人との間にへだたりが無くなってきたかもしれない。だが、昔からの社会階級が変革を拒み続けていることは信じられないほどだ」と指摘している。

イギリスに旅をしたり、あるいは少しの間滞在したりすると、あらゆる場面でこの「言語と階級」を体で感じることがある。ふらっと入った店で店員が話す言葉が聞き取りにくいと思ったり、街のレストランでかわいいウェイトレスの言葉が聴きとれず「もう1度、お願いします」、あるいはパブでビールを飲みながら話しているおじさんたちの言葉が自分の知っている英語でないような響きを感じたりすることがある。ある日、イギリスに帰化した日本人の友人に電話した時のこと、あいにく友人は不在で、彼女の職場の同僚に言づけを頼んだところ、何ともチンプンカンプン。「聞きずらい英語で、半分くらいしかわからなかった」と後日その友人に打ち明けると、「彼女は出身がちょっと違うから、長年話している私でもわからない時があるわ」といわれ、思わず胸をなでおろしたことがある。映画《マイ・フェア・レディ》の中でイライザが話す言葉から、あるいは現在でもなお、話す言葉からだいたいその人の置かれている階級が推察できる。ことさらイライザの時代、上品な言葉を身につけることは彼女の生活のレベルアップへの最も有効な手段だったのである。

イギリスの社会階級は、アッパー・クラス、アッパー・ミドル・クラス、ロウワー・ミドル・クラス、ワーキング・クラス、の四段階に区分できる。

アッパー・クラスは、伝統的に仕事をしなくても食べていける人々で、貴族や大地主などで、アッパー・ミドル・クラスは、知的職業に携わる人々や大商人など。ロウワー・ミドル・クラスは、出身はワーキング・クラスだが、教育を受けて事務職やデパートの店員になった場合で、ワーキング・クラスは、文字通り肉体労働者で、イライザの父親がその典型である。

最近では高収入を得ていてもワーキング・クラスであることを隠さずに、自分のアクセントや生活様式を変えようとしない人々や、その逆にワーキング・クラス出身を隠して生活する人もいて、さまざまである。

アッパー・クラスとアッパー・ミドル・クラスの人は、ＲＰ（標準英語）を話し、ロウワー・ミドル・クラスとワーキング・クラスの人は、それぞれの土地の方言を話すといわれている。あの「鉄の女」といわれたマーガレット・サッチャー元首相は、ロウワー・ミドル・クラス出身であったために、ＲＰの訓練を密かに受けていたとは、涙ぐましいとも言えそうだ。だが、彼女のアクセントがあまりにも強すぎて、聞く人が聞けば、即座にＲＰ訓練を受けたことに気付いたといわれている。イギリスの「言語と階級」を

如実に示すエピソードである。

ところで、名作にはその作家の生き様が少なからず投影されていることがよくある。『マイ・フェア・レディ』の原作者で、ノーベル文学賞受賞作家、ジョージ・バーナード・ショーにもそれが当てはまる。彼は、1856年、アイルランドのダブリンで生まれ、生家は赤貧そのもので小学校しか通学できなかった。15歳からさまざまな仕事に就き、大酒飲みの父親に愛想を尽かした母親は娘二人をつれてロンドンへ出奔。彼が16歳のときであった。その後、1876年、20歳になって、作家になる決心をしてロンドンに行くが、10年間は小説も売れず、経済的にも精神的にも辛い日々を過ごす。やがて封建的な既成社会の矛盾と不正義、独善などに対して青年らしい反発を覚え、1884年、ウェッブ夫妻とともに穏健的社会主義団体「フェビアン協会」を設立する。こうした社会的な活動と並行して、当時一世を風靡していたイプセンの社会劇に傾倒し、演劇の途へと進む。そして、ついに資本主義社会の腐敗をテーマにした処女作『男やもめの家』を1892年に発表し、好評を得た。その後、矢継ぎ早に辛辣な皮肉を交えたいわゆる社会劇を出版し、劇作家としての地位を確立する。

彼の戯曲『ピグマリオン』(1913年初演)を原作としてブロードウェイでミュージカル化された《マイ・フェア・レディ》(1956年初演)は6年数か月間のロングランになるほど大人気を獲得し、さらに、それが映画化(1964年)された。ところが、戯曲『ピグマリオン』の結末ではイライザはフレディという落ちぶれたが彼女を心から愛する青年貴族と結婚し、物語はヒギンズ教授の母親とヒギンズとの会話で終わっている。

01 ジョージ・バーナード・ショー(1856〜1950年)

◆ブックガイド◆

- 「マイ・フェア・レディ」安西徹雄訳、『ノーベル賞愛の世界文学 イギリス』主婦の友社、1973年
- ジリー・クーパー『クラース——イギリス人の階級』渡部昇一訳、サンケイ出版、1985年
- 黒岩徹・岩田託子編『イギリス』河出書房新社、2007年
- 立野正裕編『イギリス文学——名作と主人公』自由国民社、2009年

ヒギンズ夫人――お前、あの子を少し甘やかしすぎたんじゃないの？　あの子はピカリング大佐が好きだからいいようなもの、そうでなかったら、お前とあの子のことで心配したかもしれませんよ。

ヒギンズ教授――ピカリングですって！　あの子はフレディと結婚しますよ。ハッ、ハッ、ハッ……。

この最後のシーンの会話に、イギリス社会に脈々とうけつがれてきた階級意識に対する作家バーナード・ショーの現実に向きあったシニシズムを感じざるをえない。

一方、映画《マイ・フェア・レディ》では、イライザとヒギンズ教授との結婚をにおわせて華やかに終わっている。

（山口晴美）

■大塚勝弘『偉人たちのロンドン図鑑』新人物往来社、2010年

■テランス・ディックス『とびきりお茶目なイギリス文学史』尾崎寔訳、筑摩書房、1994年

■G・K・チェスタトン『ジョージ・バーナード・ショー』安西徹雄訳、春秋社、1991年

■鏡味國彦・齋藤昇編著『英米文学への誘い』文化書房博文社、2008年

46

郷愁旅行《ノスタルジック・ジャーニー》

——《小さな恋のメロディ》とナンヘッド墓地

《小さな恋のメロディ》のトレイシー・ハイドか、《フレンズ》のアニセー・アルヴィナか。１９７０年代初頭の男子ティーンエイジャーの間でしばしば行われた、無邪気な「品定め」である。どうやら多数を占めたのはトレイシー・ハイド支持派だったようで、彼女は某社のＣＭに登場、映画雑誌の人気投票で1位を獲得した絶頂期に来日も果たしている。今でも時折テレビから流れる「メロディ・フェア」に甘酸っぱい想いを蘇らせる年代の中には、ロンドンを映画《小さな恋のメロディ》の町と考えている人も相当数いるのではないだろうか。ネット上にこの映画に関するサイトが沢山あり、撮影場所を特定したりしていること、今も残る様々な「現場」を見るために実際にロンドンを訪れる人たちがいるという事実は、それを示していると言えそうだ。

映画公開当時、小学生であった私も、補導員に捕まるかもしれないという不安を抱えつつ、友人とともに映画館に潜り込んだ（映画館の経営者はその友人の親であったが）。なにしろ、恋の映画である。親に連れて行ってもらう怪獣映画とは訳が違うのだ。トキメキもひと味違うというものである。それでも、トレイシー・ハイドには殆ど興味はなく、アニセー・アルヴィナ派の「論客」として熱弁をふるっていた身としては、かなり冷静にストーリーを追い、この幼い恋のファンタジーが、実に様々な事柄を映し出していることを――もちろん、その当時は言葉で表現できるほど明確に認識できたわけではないが――察知することができた。後に気付いたことも含めれば、例えば、親と子・教師と生徒とのジェネレーション・ギャップ、宗教、教育のありよう、階級格差などである。特に、主要登場人物の周辺の人々、刑務所帰りで昼からパブでビールを飲んでいるメロディの父親、教育熱心でスノッブなダニエルの母親、祖父の食事の面倒を見なければならないオーンショーの姿に、ロンドンの社会や大人の世界を垣間見て、少々驚いた記憶がある。しかし、この映画で誰にとっても最も印象的なシーンは、主人公のメロディとダニエルが墓地でひとつのリンゴを代わるがわる齧りながら、あどけなく愛を語り合うシーンであろう。実際の撮影はどうやら複数の場所で行われたらしいが、そのうちの1つがナンヘッド墓地である。

墓地のあるナンヘッドはかつて、治安の悪い貧困地区として有名な場所であった。現在は決して危なくはないとも言われているが、俄かには信じがたい。実際、いまだにロンドナーの中にもその地名に眉をひそめる人もいるし、ごく最近も暴動が起こっているからである。ただ、個人的印象を言わせてもらえば、少なくとも陽の高いうちならば、何か特別な事件に巻き込まれでもしなければ、またごく普通に振舞っている限りは、身の危険を感じるようなことはないのではなかろうか。

列車で訪れる場合、この墓地の最寄り駅は国鉄のナンヘッド駅である。小さな駅から歩くこと数分、ロンドンでも最大級と言われる、21万平方メートルの広大な墓地が現れる。

イギリスの墓地を初めて訪れる日本人にとっての最大の驚きは墓石であろう。その素材形状のことを言っているのではない。墓石の扱いが日本とはまったく違うのである。倒れたまま放置されたもの……地面に敷かれて訪問者たちに踏まれているもの、刻まれた墓碑銘が消えて単なる石に戻ってしまっているもの、一般的な日本人には理解できない墓石はどこの墓地、教会にもある。もちろん、ナンヘッド墓地にもそういった墓石は数え切れないほどある。しかし、この墓地の「真骨頂」は、全体のレイアウト、墓石の配置、その佇まいにある。

正面の入り口からは、綺麗に整地された参道が続いており、それに沿って墓石が整然と並んでいる。途中には、大きなモニュメントやオベリスクも堂々と聳えている。広大な敷地を誇っているだけあり、公園代わりに犬を連れて散歩をしている人やジョギングをしている人もいる。ところが、整地された道を少しはずれた所には無数の小路――中には獣道さながらのものもある――が伸びている。そして、どの道の先にもまったく手

01 荒れ果てたナンヘッド墓地

入れされていない木々や、鬱蒼とはびこるままにされている雑草に隠されるように、墓石が「転がって」いるのである。この墓地ができたのは１８４０年のことであるが、その当時に建てられた墓であろうか。放置されたままの墓石の数は夥しく、整地された場所に並ぶものを凌駕している。多くは小さな石である。倒れているだけのものはまだ良いのかもしれない。他の墓石と重なりあい、あるいは割れてしまい、既に墓石の体をなしていないものが非常に多いのだ。経済的な理由によるとは言え、一歩脇道に入り込んでしまえば道に迷ってしまうかのような、荒れ果てたままの墓地には誰しも驚きと悲しみを禁じえないであろう。『大いなる遺産』を書いたときにディケンズの脳裏に浮かんだのは、このような墓地であったろうか。もちろん、この墓地は夜間には門が閉じられて、塀を乗り越えない限り入場することはできないのであるが、ピップを真似て夜に訪れたいと思えるような場所ではない。

それにしても、《小さな恋のメロディ》の中に、墓地のシーンが多いのは、そしてナンヘッド墓地が撮影場所に選ばれたのは、一体なぜなのだろうか。メロディとダニエルを取り囲む墓石は、複雑な社会とその中での成長により決して叶うことのない――まもなく「死」を迎える――恋の運命を象徴しているのか、はたまた失われた純粋無垢な「想い」たる初恋の記念碑を意味しているのか。この映画の製作者たちがどのように考えていたのかは定かではない。しかし、確かにナンヘッド墓地は、荒れ放題になっており、どこに誰の墓石があるのかすら分からない有様であるがゆえに、複雑な社会のありよう、名もなき人々の思い出や忘れ去られた遠い想いを描くには相応しい場所だと言える。

02

この映画を知りナンヘッド墓地を訪れる日本人は、まず墓石の扱いに文化的な驚きを、続いて墓地の様子に寂しさを、訪れる者もいない死者たちに悲しさを、そして自らの初恋の思い出に言いようのない切なさを感じるはずである。

（太田直也）

◆ブックガイド◆

■アラン・パーカー『小さな恋のメロディ』（英和対訳映画文庫1）坂雅人訳、南雲堂、1979年

【ウェブサイト】
http://melodyfair.exblog.jp/1065081З/

【DVD】
《小さな恋のメロディ》（写真02）監督：ワリス・フセイン、出演：マーク・レスター、トレーシー・ハイド、ポニーキャニオン、2004年

47

《シャーロック・ホームズ》とロンドン

――相反するものが混在する不思議な都市

「ベーカー・ストリート」は、ウエスト・エンドを南北に走る街路である。その中の221Bは、アーサー・コナン・ドイルの探偵シャーロック・ホームズが住んでいたフラットとして有名だ。しかし221Bは、ホームズが活躍した19世紀末には存在しない、1930年代以降生まれた番地である。現在は、地下鉄「ベーカー・ストリート」駅から徒歩1分の「シャーロック・ホームズ博物館」で、当時を再現したホームズの世界が味わえる。

英国小説界の大スター、シャーロック・ホームズは何度も映画化されてきたが、ガイ・リッチー監督による最新版《シャーロック・ホームズ》は、19世紀のロンドンをタイム・スリップして旅した気分にさせるゴキゲンな映画である。大がかりなロンドン・ロケによって撮影されたこの映画において、「ロンドンも一人の登場人物」なのだ。ロンドン最古の12世紀の聖バーソロミュー教会（セント・ポール大聖堂の代わり）、テムズ川に臨むサマセット・ハウス、チャリング・クロス（シティー・オブ・ウェストミンスター内の地区）、フリート川（テムズ川の支流）、聖ジェイムズ・スクエア（地下鉄ピカデリー・サーカス駅付近）、スコットランド・ヤード（ロンドン警視庁）、国会議事堂、ビッグ・ベン（ウェ

01 ベーカー・ストリート

02 シャーロック・ホームズ博物館内。風格あふれるアンティークな家具たち

03 館内の蝋人形。蝋仕掛けのアンドロイド？

ストミンスター宮殿付属の時計台）、そしてテムズ川が順番に登場し、事件の展開になくてはならない主役格の働きをする。過去を再現する道具としてのロンドンに最新のハイテク技術を加えて、この映画は100年以上前のホームズのロンドンを忠実に現代人に違和感なく視覚化した。

映画《シャーロック・ホームズ》は、矛盾するものを併せ持った時代ヴィクトリア朝にふさわしく、相反する二つのもの、光と闇を対比的に登場させ、劇的効果をあげている。その第一は、科学的なものと魔術的なものの混在である。19世紀末のロンドンは、産業革命による技術革新と世界経済の中心地としての繁栄を謳歌したが、その裏では退廃と迷信がはびこったからだ。科学の威力を誇示する産業革命花盛りの英国の陰で咲き誇った闇の部分、作者のコナン・ドイルも興味を示したといわれるオカルトが映像としてまず提示される。映画は、大聖堂の地下室で花嫁衣装の美女があやしげな儀式の生贄になるショッキングなシーンを見せる。白いレースに包まれた若い女は、黒頭巾を被って呪文を唱える男ブラックウッドの下で苦しげに悶えていたが、白目をむいて自分の胸に短剣を突き立てる。その時乱入してきたホームズと相棒のワトソン博士によって救われる。美女は洗脳もしくは催眠術によるマインド・コントロールを受けたのか。この映画独自のキャラクターである悪役ブラックウッド卿の存在自体に、ヴィクトリア朝の光と闇、表と裏、名誉と醜聞の二面性が埋めこまれている。5人の美女連続殺人の主犯であり、闇の世界を牛耳ることによって世界制覇をもくろむブラックウッドは、司法長官トマス卿の隠し子である。父トマス卿は、理性と正義を司る光の表の顔と、テンプル騎士団団長という闇の顔の2つの顔を合わせ持つ。ブラックウッドは、トマス卿が秘儀で信者の女性と交わった末の落し子である。絞首刑にされ、埋葬されたブラックウッドは、オカルトの力によって蘇り、父を殺害して闇の帝王の座につこうとするが、ホームズにいんちき魔術を暴かれて絶命する。ブラックウッドのオカルトは、秘密裡に科学兵器を開発した結果であり、魔術ではなく、科学の力を応用した錯覚に基づくものだった。キリスト復活のパロディのようなブラックウッドのインチキ蘇生術、壊れた橋のたもとからテルテル坊主のような哀れで滑稽な姿で吊るされたブラックウッドの最後は、科学（ホームズ）の魔術（ブラックウッド）に対する勝利を誇示するかのようだ。

第二にヴィクトリア朝の光と闇は、二人の働く女性メアリーとアイリーンによってコントラストをなす。ワトソン博士の婚約者メアリーは、貞淑な家庭教師という社会的に認知された存在だが、つましく魅力的とはいえない。それに対してホームズの恋人アイリーンは、けしの大輪の花のように危険であだっぽい魅力を持つが、スリを生業とするアウトローであり、社会の闇の領域で生きる女性である。職業とセクシュアリティにおいて対照的なメアリーとアイリーンは、21世紀の観客の趣向に合うように、男性と協調して生きていける強さとしなやかさを持った、自我の確立した働く女性として登場する。

第三の光と闇の対比は、生と死の描かれ方に表れる。ヴィクトリア朝の科学の進歩は、魔術への傾倒という逆行現象を引き起こし、科学と魔術の共存は、生と死の概念の境界線を危ういものにした。冒頭のテンプル騎士団の生贄の美女が生と死の境界線を行き来する様子、ブラックウッドのキリストをまねたインチキ蘇生、さらにホームズ自身の危険な首つり自殺とオカルト秘儀の実験、知性と科学の力を駆使して死をくぐり抜けて生還するホームズ一行など、生と死は対立すると同時に共存し、単純に分かつことのできない混沌状態にあることを暗示する。ヴィクトリア朝ロンドンは、繁栄と貧困、都市化と犯罪、理知と迷信、科学とオカルト、生と死などの相反するものが共存し、隣接する光と闇をまとった時代である。

　監督のガイ・リッチーはイギリス人だが、アメリカの歌手マドンナの元夫である。主役のロバート・ダウニー・ジュニアは流暢なイギリス英語を話すが生粋のアメリカ人、ワトソン博士役のジュード・ロウはイギリス人だが、ハリウッドの大スターである。スタッフも英米人が共存しており、映画で披露された格闘技もカンフー、バリツ（柔道）、ボクシングと国籍を問わない。映画の世界はグローバル化されたが、映画《シャーロック・ホームズ》を見れば、なぜロンドン・ロケが必要だったのかがわかる。都市ロンドンを主役格に抜擢したことが、この映画の成功の鍵だからだ。

（清水純子）

【DVD】《シャーロック・ホームズ》（写真04）監督：ガイ・リッチー、出演：ロバート・ダウニーJr.、ジュード・ロウ、ワーナー・ホーム・ビデオ、2009年。

04

コラム 16

《シャイン》——音楽家を輝かせる都ロンドン

清水純子

「王立音楽大学」(Royal College of Music、略称RCM)は、ロンドンのケンジントン地区にある世界有数の名門音楽学校である。1882年に当時の英国皇太子、エドワード7世によって設立された。地下鉄サウス・ケンジントン駅から徒歩10分圏内にあり、プリンス・コンソート・ロードに面している。隣にインペリアル・カレッジ・ロンドン、反対側にロイヤル・アルバート・ホールがある。RCMの博物館は、多くの貴重な楽器コレクションを一般に公開している。

《シャイン》は、「王立音楽大学」を舞台に、オーストラリアのメルボルン出身の天才少年デヴィッド・ヘルフゴッド(1948〜)の数奇な運命を描く。厳格な父のもとでピアノの英才教育を受けたデヴィッドは、コンクールで優勝してアイザック・スターンの賞讃を受け、アメリカ留学の切符を手にする。教会での献金により留学費用は集まるが、父の断固たる反対によって希望は阻まれる。二度目の留学のチャンスは、ロンドンの「王立音楽大学」によってもたらされる。家族離散を嫌う父は、この時も頑強に反対するが、デヴィッドは意志を貫く。「王立音楽大学」ですぐれた教授の指導を受け、デヴィッドは、難度が最も高いとされるラフマニノフの《ピアノ協奏曲第3番》をコンクールで見事に弾きこなすが、その直後から異変をきたし、精神病院に収容される。

デヴィッドの精神の異変は、極度の緊張からだけではなく、和解を拒む父との確執に原因がある。「私のお前への愛は誰よりも強い」と言う父は、息子に期待をかけ、誇りにしたが、それゆえに自分の意に背いた息子が許せなかった。ユダヤ系ポーランド人であった父が家の庭の有刺鉄線越しに外をながめる視線は、アウシュビッツ収容所の囚人のそれを連想させる。デヴィッドは父に対する罪の意識から抜け出せず、精神を病んだが、父も家族を失ったトラウマの囚人だったのではないか。父もその父から音楽を禁じられて独学せざるをえなかった不遇ゆえに、息子の幸運を素直に喜べずに追いつめてしまったのではないだろうか。あるいは、父は息子の不安定な精神を見抜いて留学に反対したのかもしれない。父と子の対立と和解は、旧約聖書の父なる全能の神と罪深い人間の関係を思わせる。

この映画が共感を呼ぶのは、子供のような中年男性になったデヴィッドが、ピアニストとして妻ギリアンと共に再出発する点である。デヴィッドの純粋な心と天賦の才能を丸ごと受け入れ、生かすことのできる妻を得たデヴィッドは、初めて幸せをつかんだ。迫害、一家離散、デラシネ（根なし草）という一家代々の恐怖から自由になったデヴィッドは、それだからこそ、妻を「君は僕の星だ」と父の墓の前で讃えることができるのだ。

《シャイン》は、デヴィッドのコンサート会場で総立ちになって拍手する観客と共に我々観客も声援を送りたくなるような映画だ。デヴィッドをシャインする（輝かせる）のは誰か？　妻なのか、観客なのか？　それともデヴィッド自身なのか？　全編に流れる美しいピアノの旋律が、音楽への情熱、「王立音楽大学」へのあこがれを高める。

DVD
《シャイン》監督：スコット・ヒックス、主演：ジェフリー・ラッシュ、ノア・テイラー、アーミン・ミューラー、リン・レッドグレーヴ、KUZUIエンタープライズ、1996年

コラム
17

《チューブ・テイルズ》
——ロンドン地下鉄チューブ

清水純子

ロンドン市内観光に欠かせないのが、「チューブ」(別名アンダーグラウンド)である。世界最古の地下鉄であるロンドンのチューブは、1863年に運行が開始され、第二次世界大戦中のロンドン空襲では、防空シェルターとして活用された。現在では、メトロポリタン・ラインを始めとする12路線268駅が利用でき、総延長距離は400キロメートル、総利用客数は年間約10億人に及ぶ。

映画《チューブ・テイルズ》は、ロンドンの地下鉄を主人公に据え、9つの短編で構成された異色のオムニバス映画である。異色である理由は、地下鉄が主役になった珍しい映画であること、物語のシナリオは、ロンドンのカルチャー情報誌『タイム・アウト』の一般公募によって選ばれたことだ。9つの物語の舞台を提供する地下鉄の駅は、ホルボーン駅(ピカデリー・ラインの昔の分枝線の起点で現在は閉鎖)、ベスナル・グリーン駅からバンク駅間のセントラル・ライン、ピカデリー・サーカス駅(ロンドンの繁華街ソーホーへの玄関口)、ショーディッチ駅(イースト・ロンドン・ラインの終点、閉鎖時間帯過多)、グレート・ポートランド・ストリート駅、イースト・フィンチリー駅(ハムステッドなどの富裕層の居住地区)、ハイゲイト駅(近隣にハムステッド・ヒースと森)、モーニントン・クレッセント駅(近隣に週末フリー・マーケットのカムデン・タウン)、バンク駅(ロンドン金融経済の中心地、5路線が複雑に乗り入れ)である。

チューブには、荒っぽく、薄汚く、都会的なロンドン、観光名所にはない化粧を落としたロンドンの素顔が凝縮されている。雑多な人種のるつぼ、ロンドンの縮図であるチューブは、日常生活を様々な切り口でとらえる9話だ——1．権力と地位を利用してものにしようとした女にふられて、チューブ内を探しまわる自称クール・ガイ、2．露出狂の女に逆セクハラされ、ズボンのふくらみをあざ笑われて途中下車する初老の紳士、3．切符拝見を麻薬所持検査と勘違いして、逃走の末、ヤクを無理やり飲み下す若者、4．飛び込み自殺する紳士など大人の現実を嘘に惑わされず、真摯な目で観察する少年、5．落し物の証明書の写真の美女に一目惚れして、幾重にも姿を変えてチューブ内に現れる彼女に犯される幻想を抱くミュージシャン、6．変人ぞろいの車内に乗車した魅力的な女性が、突然嘔吐魔に変貌し、皆に汚物をひっかけて、謝りながら退散する悪趣味エピソード、7．車内に突然舞い込んだ仮死状態の小鳥を大切に森に戻す、人生に疲れ果てた心優しい老人男性、8．母親からはぐれて『不思議の国のアリス』のように、チューブの迷路で幻想にひたって遊ぶ混血の少女、9．黒人女性を相棒に大金を盗んで逃亡する白人の若者が、車内の黒人伝道師から啓示を受け、改心の末の再生である。

この映画のユニークな点は、ロンドンの卑近で猥雑な日常を描きながら、現実の描写に終わらず、狭い車内に雑然とすし詰めにされて黙りこくり、無関心を装うチューブの乗客の心の中に入り込み、彼らの幻想を絵にしているところである。チューブ内のトンネルが、女性の真っ赤なルージュの唇で隠喩されるように、チューブは、日常的現実ばかりでなく、人間の幻想も映し出す。チューブの乗客をこっそり観察することもロンドン観光の意外な醍醐味かもしれない。

DVD
《チューブ・テイルズ》監督：エイミー・ジェンキンズ、ユアン・マクレガー、ジュード・ロウ他、出演：ケリー・マクドナルド、ジェイソン・フレミング他、アミューズピクチャーズ他、1999年／パンフレット：「Location Map」、DVD《チューブ・テイルズ》のパンフレット、アミューズピクチャーズ他、1999年

コラム
18

ウォータールー橋
――映画《哀愁》の舞台

小山直子

ロンドンの中心部にウォータールー橋がある。テムズ川に掛かる大きな橋である。いわゆる「ワーテルローの戦い」でナポレオンに勝った記念に建造された橋だ。ワーテルローとはフラマン語読みで、ベルギーの首都ブリュッセルの南に位置する小さな村。「ライオンの丘」があることで有名である。この戦いの後に、戦利品である大砲を鋳潰して作ったライオンの像が頂上にありフランスの方を向いて睨みをきかせている。

「ワーテルローの戦い」とは、1815年にイギリスとオランダの連合軍およびプロイセン軍が、フランス皇帝ナポレオン1世率いるフランス軍を破った戦いで、ナポレオン最後の戦いでもある。

ところで、「ウォータールー橋」と言えば、映画《哀愁》の舞台であり、原題であることをご存知だろうか。

この映画をご覧になった方にはよくお分かりかと思うが、実に絶妙な題名を付けたものだと感心する。《哀愁》は1940年の作品だから簡単にあらすじをご紹介しよう。

時は第一次世界大戦の最中、ロバート・テーラー演じるイギリス軍将校が、かのウォータールー橋でヴィヴィアン・リー演じるバレー団の踊り子と出逢う。空襲警報が鳴り一緒に防空壕に入り……というのが馴れ初めで、2人は恋に落ちるが、まもなく彼は前線に。残された彼女は彼の帰りを待ちながら必死で生きていく。無事であらんことをという祈り虚しく、ある日、新聞で彼の訃報を知る。絶望した彼女は既にバレー団を解雇されていたため、やむなく生活のために街の女となって復員する兵士たちに声をかけるべく駅に立つ。そんな時、死んだと思っていた彼が帰って来る。待っていてくれたのかと狂喜する彼、現在の立場と境遇に戸惑いうろたえる彼女。早速、彼はプロポーズをし、家に連れて行く。でも彼女は、彼を愛するがゆえに、家柄の差と不在の時の自分自身を恥じて自らの命を絶つ……。

典型的な悲恋メロドラマである。

映画のシーンを胸にドキドキしながら橋を訪れても、実は何とも無味乾燥なというか、はっきり言って情緒はない。橋にかけては、自称ロンドン贔屓の私としてもパリに負けているとしか申し上げられない。セーヌ川にかかる数々の橋。アポリネールの詩にも詠まれたミラボー橋、一番古いのにポン・ヌフ……。

しかしながら、そのウォータールー橋を眼下に見下ろす位置に立つホテル・サヴォイは素晴らしい。アメリカ式の近代的、合理的なホテルの対極を行く概念のホテルと言おうか、頑固に英国である。部屋はアール・デコ様式のしつらえで、窓辺に寄れば、遠くにロンドン塔が眺められ、沈み行く夕陽と共に徐々にシルエットだけになっていくウォータールー橋は、昼間の素っ気なさを忘れさせ、ロバート・テーラーが彼女の形見のお守りを手に橋に佇んで、亡き恋人に想いを馳せている映画のラストシーンを彷彿とさせる。

ロンドンというのは不思議な町だ。一見とっつきは悪いのだが、何かあった時には実に親切に対応してくれる。冷たいという人もいるが、それは他人のことは見て見ぬ振りをしているだけで、良くも悪くも個人主義が徹底していると考えれば気が楽である。

街を歩いていると、いろいろな色の肌の人達、即ち、いろいろな国から来た人達がいる。どの人がこの国に住む人で、どの人が観光客なのか分からない。だから、この人は多分ここの人だろうと見当を付けて道を尋ねても、分かりませんと言われたり、逆に、旅人である私が道を尋ねられたり、と面白い体験をする。

でも、この国のいい所は、分からないなら分からないと言ってくれることで、私は好きだ。

48

《恋におちたシェイクスピア》のロンドン

――『ロミオとジュリエット』執筆に秘められた道ならぬ恋の舞台

最優秀作品賞、最優秀主演女優賞（グウィネス・パルトロウ）、最優秀助演女優賞（ジュディ・デンチ）、最優秀オリジナル脚本賞、最優秀美術賞、最優秀衣装デザイン賞、最優秀作曲賞とアカデミー賞を総なめにした1998年作の《恋におちたシェイクスピア》は、ヴァイオラという架空の人物を導入して、シェイクスピアの自伝を翻案した画期的な作品となっている。そこで描写されているロンドンは、ペストの流行に悩まされた1593年の夏に設定されている。

当時、北のショーディッチにカーテン座、テムズ川を隔てた対岸のバンクサイドにローズ座と二大劇場が競い合っていたという設定になっている。カーテン座は当代随一の人気俳優リチャード・バーベッジの本拠地、ローズ座はフィリップ・ヘンズロウという興行主の率いる劇場というわけである。これらの劇場は、7つの門のある市壁に囲まれたシティー・オヴ・ロンドンの外に位置していた。シティーは商工業者の街で、刻苦精励を旨とするピューリタンの意向に反する芝居は、締め出されていたのである。演劇活動を助けたのは宮廷で、エリザベス女王は、たびたび王宮に役者たちを呼んだという。ここでは、ウェストミンスターにあるホワイト・ホール宮殿、テムズ川の河口にあるグリニッジ宮殿が舞台になっている。

この物語の核をなすのは、スランプに陥っていたシェイクスピアを創作にかきたてることになるミューズ（詩神）、ヴァイオラとの出会いと恋である。そのデ・レセップス邸は、テムズ川の上流、緑なす北岸にある。父親は豪商であり、宮廷への出入りを許されている。そのため、ヴァイオラは宮殿での観劇の機会があり、演劇にあこがれている文学少女である。最初の出会いは、ホワイト・ホール宮殿で、リチャード・バーベッジの率いる宮内大臣一座が、シェイクスピアの『ヴェローナの二紳士』を演じた折り、ヴァイオラが観客のなかにおり、シェイクスピアの目に彼女の姿が焼き付けられる。当時、芝居を演ずるのは男優のみで、女性に開かれておらず、芝居熱の高じた彼女は男装して新作のオーディションに出掛けて行く。トマス・ケントと名乗るヴァイオラに惹かれたシェイクスピアは、逃げるヴァイオラを追い掛けていくうちに、渡し船に乗って去っていく姿を認める。16世紀末のロンドンの交通手段は、徒歩でなければ、馬車か船であった。テムズ川は、船の通路をなしていたが、両岸を渡るにも船は重宝されていた。その頃、両岸にかかる橋はロンドン橋のみであったからである。北のカーテン座からビショップス・ゲートをまっすぐに下ってローズ座に向かうルートにあった。橋の両端には商店が並んでいた。詩情豊かに描かれるテムズ川は、恋人たちを引き裂く家、責務、運命の象徴としても描かれてもいる。そして、それは、海へと流れて、はるかかなたの新大陸アメリカを見渡すものとなっている。ヴァイオラの結婚相手、ウェセックス卿は、花嫁を連れてアメリカのヴァージニアに渡り、花嫁の父の資金でたばこ農園を再興させようとしている。当時、豪商と貧乏貴族との縁組は、珍しいことではなかった。

シェイクスピアの描く新作は『ロミオと海賊の娘、エセル』という喜劇から『ロミオとジュリエット』という悲劇になっていく。その劇中劇にシェイクスピアとヴァイオラの愛が昇華されていくという構造になっている。ヴァイオラは、稽古中はローズ座で男装してロミオを演じ、男装が見破られローズ座が閉鎖されたあとは、カーテン座で素のまま女優となって、シェイクスピアのロミオを相手にジュリエットを演じる。それが咎められないのは、客席にお忍びで来ていた女王の威光であった。その上、その上演は「愛の真実」を描いているということで、ウェセックス卿が賭けに負けて払った50ポンドの金によって、シェイクスピアは宮内大臣一座の株を買い共同経営者の地位を獲得することができるようになるという落ちまでつく。大団円では、ヴァイオラは、新大陸の海辺を一人毅然と歩き、シェイクスピアのペンによって次作『十二夜』のヒロインとして蘇ることが暗示される。

エリザベス朝の円形劇場は、1642年に始まる清教徒革命によってことごとく破壊されてしまった。また1666年のロンドンの大火によって街は壊滅的被害を受ける。それ以降テューダー朝の梁に木を残した木造建築は禁止される。この映画が公開された

【DVD】
《恋に落ちたシェイクスピア》監督：ジョン・マッデン、出演：グウィネス・パルトロウ、ジョセフ・ファインズ、ユニバーサル・ピクチャーズ・ジャパン、2004年

前の年にグローブ座が復元されたのはまだ記憶に新しいが、１９８８年にはローズ座、２００８年には商業劇場としては最も初期のシアター座も、その地の開発途上で発掘され、現在、活用が検討されている。カーテン座は、シアター座創設の翌年１５７７年に、そのすぐそばに建設され、１５９３年にはシアター座の補助劇場として使用されていたという。映画では、ロンドンのシェバートン撮影所の裏地に、ローズ座、カーテン座の二つの劇場、酒場、娼館、市場、シェイクスピアの住まいなどが、８週間の急ごしらえで作られたそうである。可能な限りの資料にあたったというが、その当時を忠実に再現するのではなく、その雰囲気を想像力豊かに構築することに眼目が置かれたようである。

ホワイト・ホール宮殿は現在迎賓館のみが残っているが、これは初期の木造のものでなく、ジェイムズ1世がイニゴ・ジョーンズに依頼して作らせた古典様式の建物である。そのため、テューダー様式を残し、１６０２年に『十二夜』が演じられた法学院ミドル・テンプル・ホールが代用されている。ヴァイオラの実家は、オックスフォードシャーにあるブロートン・キャッスルがあてられ、両親が3週間留守にする間、ホリデイ・ロマンスの場として活用され、撮影された。ヴァイオラが婚約者に伴われてエリザベス女王と謁見するグリニッジ宮殿は、女王が少女時代を過ごし、樫の木の下で女王即位の報を受け取ったとされるハットフィールド・ハウスが使用された。その他、ロンドンの大火にも戦乱にも生き延びたノルマン様式のセント・バーソロミュー教会や、ヘンリー6世によって創設されたイートン校の中庭などがロケ地として選ばれ、16世紀末のロンドンの雰囲気を盛り立てている。

（髙杉玲子）

◆ブックガイド◆

・Marc Norman & Tom Stoppard, *Shakespeare in Love*（香西史子/John Cronin編）松柏社、２０００年

・アンドルー・ガー『演劇の都、ロンドン――シェイクスピア時代を生きる』青池仁史訳、北星堂、１９９５年

・スティーブン・グリーンブラット『シェイクスピアの驚異の成功物語』河合祥一郎訳、白水社、２００６年

【ウェブサイト】

The Worldwide Guide to Movie Locations http://www.movie-locations.com/movies/s/shakespeare.html

49

魔法の風景の切り取り方

――《ハリー・ポッター》映画のロンドン

「これ全部、ロンドンで買えるの?」とハリーは疑問を口にした。
「どこに行けばいいか知っていればな」とハグリッドが言った。

第1巻『ハリー・ポッターと賢者の石』第5章「ダイアゴン横丁」

前夜、おまえは魔法使いだと告げられた11歳のハリーが、迎えに来た大男ハグリッドに連れられてロンドンの町を歩いている。引用は、ホグワーツ魔法魔術学校に入学する際に必要だという奇妙な品々のリストを見ながら、二人が交わす会話だ。この会話は、そのまま《ハリー・ポッター》映画の撮影場所に応用できる。これ全部、ロンドンで見つかるの?——どこに行けばいいか知っていればな、と。

《ハリー・ポッター》映画の撮影場所を訪ねるには、いくつかの選択肢がある。にぎやかなバス・ツアー、贅沢なロンドン・タクシー・ツアー、そして地下鉄駅でガイドと待ち合わせるウォーキング・ツアーだ。入念に下調べをして、ロンドン地図と自分の足と勘を頼りに地下鉄やバスを利用しながら回ってみるのもいいだろう。撮影場所を探し出すプロの眼差しを疑似体験しながら。

冒頭の引用は、ハリーとハグリッドが魔法界のショッピング街ダイアゴン横丁を訪れる直前の場面だ。この場面が撮影されたのがシティーのレドンホール市場《マーケット》で、地下鉄モニュメント駅からグレイスチャーチ通りを北に数ブロック歩いた右手に現れる、石畳の古風な市場だ。中央部分で十字に交差する四つの通路には洒落た店が立ち並ぶが、もともとは14世紀にできた鳥獣肉類を扱う市場で、現在の構造になったのは19世紀のことだ。見事なガラス天井や統一された壁や柱の装飾に目を奪われる。ハリーとハグリッドはここで魔法使いのパブ「漏れ鍋」に入り、その裏庭がダイアゴン横丁に通じているのだが、そのパブの扉もレドンホール市場で撮影された。映画では真っ黒な扉も、実際には眼鏡屋の鮮やかな青い扉だ。

第3巻『ハリー・ポッターとアズカバンの囚人』(以下、個々の作品タイトルから「ハリー・ポッターと」の部分省略)には、衝動的にダーズリー家を飛び出し途方に暮れるハ

01

リーが夜の騎士《ナイト》バスに救われ、パブ「漏れ鍋」に送ってもらう場面がある。その途中で紫の3階建て夜の騎士バスが、ロンドンの象徴である赤い2階建てバス2台の間をすり抜ける様子が撮影されたのが、赤と黒の欄干が目立つランベス橋の上だ。映画でもライトアップされた国会議事堂が背景にほんの一瞬映るが、ビッグ・ベンを頂く国会議事堂全体を見るのなら、このランベス橋からの眺めがいい。ハリーが夜の騎士バスを降りるパブの入り口は、ここではレドンホール市場ではない。ロンドン橋南岸サザーク地区、地下鉄ロンドン・ブリッジ駅近くにあるバラ市場を抜け、ストーニー通りと鉄道高架橋が交差する傍らに、可愛らしいシェ・ミシェルという花屋がある。それがパブの入り口として撮影されたとは、その外観を見ただけでは想像もつかない。

02

03

04

01 レドンホール市場の内部
02 レドンホール市場の石畳
03 パブ「漏れ鍋」の扉（レドンホール市場）
04 パブ「漏れ鍋」の入り口として撮影された花屋（サザーク地区）

05

《ハリー・ポッター》映画では、ランベス橋の場面以外にもテムズ川の出番が多い。第5巻『不死鳥の騎士団』に、騎士団メンバーとハリーが魔法の箒にまたがりテムズの川面すれすれを飛行する場面があるが、そこには壮麗なタワー・ブリッジを始め、サザーク橋、ブラックフライアーズ橋、ウェストミンスター橋が登場する。また第5巻後半で、ハリーと仲間たちが翼を持つ馬セストラルに乗ってロンドン上空を飛行する場面にも、第7巻『死の秘宝』で、ハリー、ロン、ハーマイオニーがグリンゴッツ銀行からドラゴンに乗って逃亡する場面にも、背景にはテムズ川が横たわる。第6巻『謎のプリンス』の冒頭部分には、2000年を記念して造られたミレニアム・ブリッジが破壊される場面があるが、ミレニアム・ブリッジからセント・ポール大聖堂を真正面に臨む眺めも、映画は見逃していない。

ロンドンで撮影された場面はまだまだある。リージェンツ・パークのロンドン動物園爬虫類館ではハリーが初めて蛇と話す場面が、ストランド街と三日月形のオールドウィッチ通りが交わる地点に立つオーストラリア館ではグリンゴッツ銀行の内部が、地下鉄ウェストミンスター駅構内ではウィーズリー氏が改札機に驚く場面が、地下鉄チャ

05 テムズ川南岸から臨むランベス橋
06 ランベス橋のたもとから臨むウェストミンスター・パレス
07 グリンゴッツ銀行内部が撮影されたオーストラリア館
08 グリモールド・プレイスのモデルとなったクレアモント・スクエア
09 キングズ・クロス駅外観

リング・クロス駅近くのグレイト・スコットランド・ヤードでは魔法省の入り口である赤い電話ボックスが、ピカデリー・サーカスから延びるシャフツベリー通りではハリー、ロン、ハーマイオニーが敵から逃れる場面が、それぞれ撮影された。また、イズリントン地区のクレアモント・スクエアは典型的ジョージ王朝様式のテラス・ハウス[*1]で、グリモールド・プレイス12番地のインスピレーションとなっている。

しかし、なんと言っても《ハリー・ポッター》映画を代表するロンドンは、キングズ・クロス駅であろう。それは第1巻『賢者の石』で、ハリーをホグワーツ魔法魔術学校へと運ぶホグワーツ特急が出発するプラットフォーム9¾番線が存在する駅であり、第7巻『死の秘宝』の結末を飾る、つまりシリーズ全体を締めくくる駅であるのだから。

＊1　同じ構造の家が何軒も横につながった連続住宅。道路に面して建ち、裏に庭がある。

06

07

08

09

物語の出発点と終着点がともに駅という空間なのが象徴的だ。魔法のプラットフォームはキングズ・クロス駅の9番線と10番線の間にあることになっているが、実際にはそれらのプラットフォームは駅の外にあり、撮影が行われたのは駅構内の4番線と5番線の間だ。『死の秘宝』の撮影が大詰めを迎えた頃、キングズ・クロス駅は2012年の完成を目指して大規模な改修工事中で、1週間だけ4番線と5番線のすべての足場がはずされ撮影が行われたそうだ。第1巻『賢者の石』で、ハグリッドがホグワーツ特急の切符をハリーに渡したあの橋も、残念ながらもう存在しない。駅構内のプラットフォームの頭上を横切るヴィクトリア時代からの鉄の橋は、超現代的なガラスの橋に取って代わられる。

第2巻『秘密の部屋』でキングズ・クロス駅の外観として実際に撮影されたのは、通りを挟んで隣接するゴシック様式のセント・パンクラス駅だ。空に向かってそびえ立つ城のような外観が、物語の雰囲気に合っているからだろう。嘘なのにより真実らしく見せる風景の切り取り方もあるのだ。

（沢辺裕子）

10

10 セント・パンクラス駅外観

◆ブックガイド◆

・クリストファー・ベルトン『ハリー・ポッターと不思議の国イギリス』渡辺順子訳、コスモピア、2008年

・寺島久美子『ハリー・ポッター大事典Ⅱ――1巻から7巻までを読むために』原書房、2008年

【映画】

《ハリー・ポッター》第1巻〜7巻全8作品、クリス・コロンバス他監督、ダニエル・ラドクリフ、ルパート・グリント、エマ・ワトソン出演、2001〜11年

第Ⅸ部

スポーツ都市ロンドン

50 ロンドン・オリンピックのマラソン・コースを歩く

――ロンドンのあらゆる名所が一目でわかる

歴史の舞台を駆けぬける

２０１２年のロンドン・オリンピックのマラソン・コースはこの古都のあらゆる「名所」を通る最強のルートになっており、マラソン中継を見ながらロンドン観光もできるという仕掛けになっている。このマラソン・コースを巡るだけで、ロンドンの歴史の主要な舞台を踏破できるといっても過言ではないだろう。このコースを遮るものなく走ることができる選手がうらやましい限りだ。もっとも、当の選手は景色を見るゆとりはないだろうけれども。

マラソンの距離が42・１９５キロメートルと決まったのは第４回ロンドン大会での実

績を踏襲したものであった。[*1] 大会ごとに違っているのはまずいというので統一されたのだが、なぜこんな中途半端な数字になったのだろうか。一説には、時の英国王エドワード7世の妃アレクサンドラが「ウィンザー城の庭からスタートし、競技場のボックス席の前をゴールに」と細かく注文したためと言われる。その背後には、王女のプリンセス・メアリーが子供たちと一緒に王室育児室の窓からマラソンを見られるように、お城の窓下の庭からスタートさせてほしいと懇願したという事情があったという。いずれにせよ、女性の陳情を受けた国王が裁断したものである。国王は女遊びが激しいことで有名であったが、王妃はこれに寛容であった。負い目のあったエドワード7世は、この際ささやかな家庭サービスをしようとしたのかもしれない。

このマラソンでは、ドランドの悲劇という有名な事件も起きている。イタリアの選手ドランド・ピエトリは体力を使い果たしながらも必死で頑張り、一着でゴールした。しかし、そのときに手助けされたことが反則と裁定され、優勝と認められなかったという事件である。[*2] 英雄は一転して悲劇の主人公となり、心を打たれたアレクサンドラ王妃はメダルの代わりにピエトリに特別に銀のカップを授与した。

さて、見所たっぷりのコース紹介をはじめよう。スタートとゴール地点に選ばれたザ・マルはバッキンガム宮殿とトラファルガー・スクエアを結ぶ儀式用道路として造られた由緒ある通りで、2011年4月のウィリアム王子・キャサリン妃のロイヤル・ウェディング・パレードでも使われたのが記憶に新しい。バッキンガム宮殿には背を向けてのスタートになるのだが、宮殿をじっくり見るのは後でのお楽しみ、ということか。

＊1　ちなみに、それまでの大会での距離は、第1回が40キロメートル、第2回が42・26、第3回が40であった。

＊2　ピエトリはトラックを5回も倒れながら走り、見かねた係員に支えられながらゴールした。2着となったアメリカチームの異議が認められ、アメリカが優勝した。

通りに沿って左手にセント・ジェイムズ宮殿、右手にはリスやハクチョウが遊び、春夏秋冬にそれぞれの花が咲き乱れるセント・ジェイムズ・パークが広がっている。日比谷公園の2倍という広さで、昼休みを過ごす勤め人、家族連れ、日光浴目的の老人たちなどが思い思いの姿で散策しているのが見られるだろう。大都市にいながら、ゆったりと自然と共存し、リフレッシュをするのがイギリス流である。

ザ・マルを進んでいくと、高さ50メートルもあるネルソン提督の記念碑が見えてくる。ナポレオン率いるフランス軍にトラファルガルの海戦で勝利したのを記念して作られたもので、これが聳え立つトラファルガー・スクエアはいつも人と鳩でごった返している。ここには4頭のライオン像もあり、その上によじ登って写真を撮るのが大人気であるが、高いところが苦手な筆者は、上でポーズを取る友人たちをいつも下から写真を撮る役であった。いつの日からか、この下の泉にコインを投げる人が増えたが、ローマのトレビの泉とは違って、浅くて子供でもはいれるので、すぐに子供が拾ってしまう。各国の通貨が入り混じり、子供では仕分けすらできないはずなのだが……。

片目、片腕を戦闘で失い、最後は命までささげて国を守ったネルソン提督は足元で繰り広げられる平和な出来事をどんな気持ちで見ているのであろう。

01 トラファルガー・スクエアは19世紀はじめにジョン・ナッシュが設計したもの

シティーからロンドン塔を目指して

この広場の先はテムズ川沿いを走るルートで、「クレオパトラの針」と呼ばれるエジプトのオベリスクや対岸の町並みを眺めながら、心地よい川風を楽しむ時間になるだろう。河岸をさらに下り、針路を北に向けると、シティーと呼ばれる金融街へと進んでゆく。このエリアは紀元1世紀にローマ人が城塞都市ロンディニウムを建設し、ロンドン発祥の地となっている場所であり、1666年のロンドン大火や第二次世界大戦でかなりの部分が被害を受けたが、残った歴史的な建物と近代的な建物が見事調和して街並みをつくりあげている。

先ず目に飛び込んでくるのはセント・ポール大聖堂の威容である。ここはチャールズ皇太子とダイアナ元妃が結婚式を挙げたロンドンの母聖堂で、ロンドン大火で灰塵と化したが、建築家クリストファー・レンによって美しく再建されたものだ。その先にはギルドホール、イングランド銀行や王立取引所といった厳かな建物がどっしりと構えており、イギリスの昔日の栄光の物言わぬ証人となっている。この金融街の中心を走り抜けると、見えてくるのがロンドン塔だ。ロンドンを守る城塞として建てられたが、歴史的には牢獄として使われたことの方が有名で、今なお処刑された数々の有名人の幽霊が出ると

02 BC15世紀にトトメス3世が建てたオベリスク。19世紀はじめナイルの戦いで対仏戦勝利の記念にイギリスにエジプトから贈られた。対となる一本はニューヨークのセントラル・パークにある

03

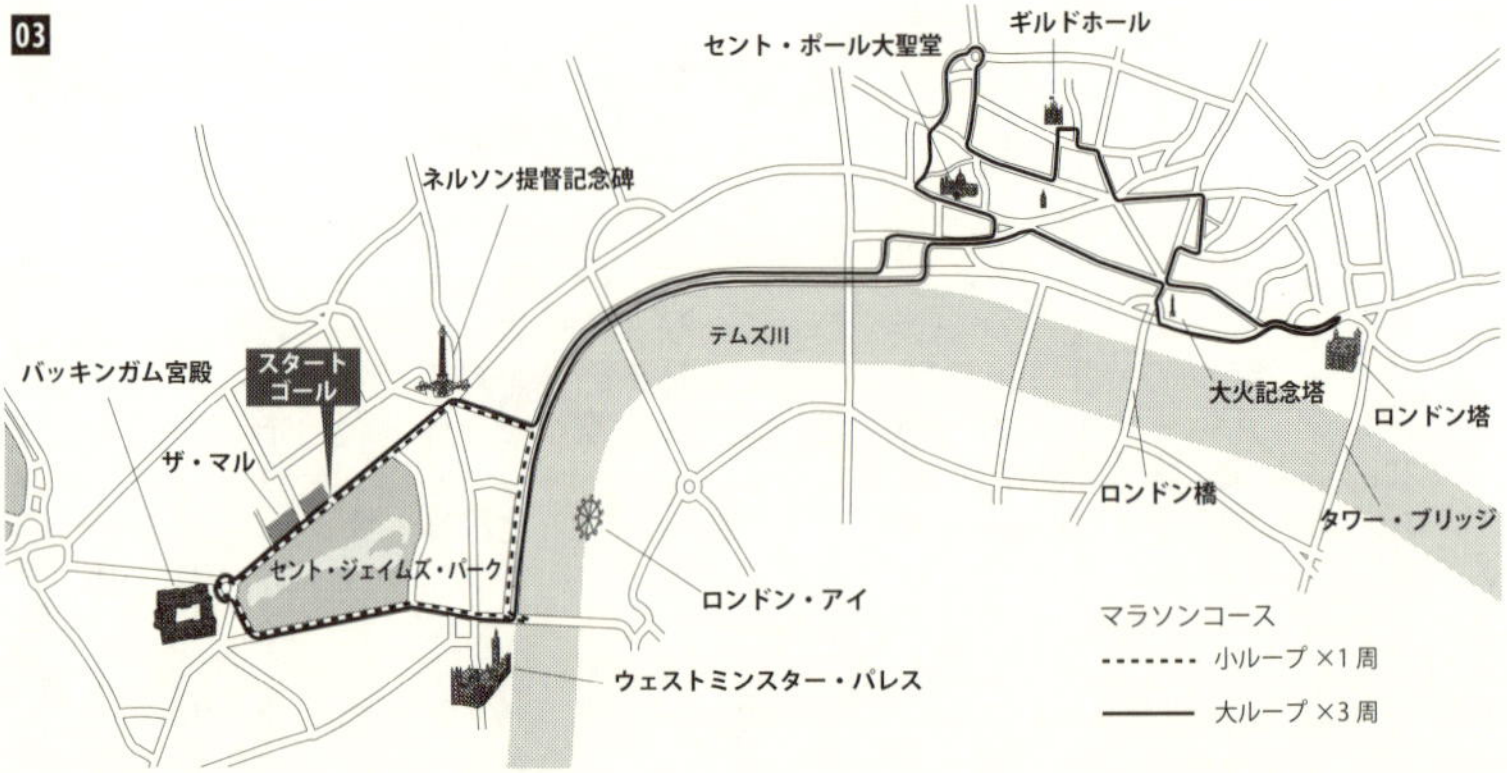

いう。その横にはタワー・ブリッジが見える。これは二重橋で、下部は跳ね橋となっていて、現在も大型船が通る際にはせりあがる様子を見ることができる。写真やポスターによくでてくるためにしばしばロンドン橋と間違われるのだが、民謡で有名なロンドン橋はひとつ隣で、何の変哲もない近代的な橋である。初めて見たときはがっかりしたが、昔の石橋は取り壊されて今ではアメリカで保存されている。

次のランド・マークは、大火記念塔である。ロンドン大火の後二度とこのような災禍を起こさないようにとの思いから建てられたもので、セント・ポール大聖堂と同じくレンの作品である。

ここまで盛りだくさんの名所を見てきたが、ルートとしては先ほど走ったところをテムズに沿って逆に走ることになるので、名所巡りは一旦小休憩に入る。

ハンガーフォード橋を過ぎると往路から離れてさらに川沿いに進む。1999年に開業した当時

03 2012年ロンドン・オリンピックのマラソンコース
04 セント・ポール大聖堂のドーム
05 タワー・ブリッジ。船のサイズでせり上がる角度が変わる
06 高さ135メートルを誇るロンドン・アイ

世界一の大きさを誇ったロンドン・アイが対岸に見えてきたら、名所巡りはラスト・スパートとなる。目の前にはビッグ・ベンと国会議事堂が待ち構え、そして、最後の名所はバッキンガム宮殿だ。イギリスを象徴する女王の宮殿で締めくくられる。イギリスを感じさせてくれる圧巻なコースである。

オリンピックのマラソン中継が選手の力走よりも背景のほうに焦点をあわせてしまうのではないかと心配になってくる。

（石原千登世）

◆ブックガイド◆

▪『英国』渡辺順子訳、メディアファクトリー、2003年（Britain, Lonely Planet）

04

05

06

51 ロンドンとフットボール

――その現在と過去

イギリス人の中には、フットボール[*1]が生きがいそのものになっている人も少なくない。ロンドン子もその例外でなく、ロンドンには無数のフットボール・チームがある。せっかく、ロンドンに旅行に来たのであれば、ロンドン子が熱狂するフットボールを間近で見てみたいものである。しかし、プレミア・リーグの、特に強豪同士の好試合ともなると、そのチケットを入手するのは簡単なことではない。そこで、ここではチケットがいつ手に入ってもいいように、2011年シーズンにプレミア・リーグに所属し、ロンドンに本拠地を置くチームとそのホーム・スタジアムの情報を簡単に見ておく。観戦しなくとも、スタジアムを訪れるだけでも興味深いことがわかることもある。また、同時に、

＊1　この競技は日本ではサッカーという名称の方が馴染み深いかもしれないが、この章では同じ競技をイギリスの慣習に従い、フットボールと呼ぶことにする。

01 2011年現在、プレミア・リーグで2番目に大きいアーセナルF・Cのホームグラウンド、エミレーツ・スタジアム

ロンドン子をここまで熱狂させるフットボールという競技の歴史をごく簡単ではあるが、振り返ってみたい。それによって、この競技がこれほどまで人気となった理由のヒントがつかめるかもしれない。

2011年シーズンのプレミア・リーグには、ロンドンを本拠地にする5つのチームが属している。ロンドン北部にはエミレーツ・スタジアムを本拠地とするアーセナルFC、ホワイト・ハート・レーンを本拠地とするトッテナム・ホットスパーFCの2チームがある。また、ロンドンの南西に目を向ければ、高級地区チェルシーとフラムとの境にあるスタンフォード・ブリッジを本拠地とするチェルシーFC、そこから程近くにあるクレイヴン・コテージを本拠地に構えるフラムFCがある。最後に、2011年シーズンからプレミア・リーグへ昇格したロフタス・ロード・スタジアムを本拠地とするQPR（クィーンズ・パーク・レンジャーズ）がある。

それぞれのスタジアムには特徴がある。中でもアーセナルFCのエミレーツ・スタジアムは、マンチェスター・ユナイテッドの本拠地オールド・トラフォードに次いで現在2番目の大きさであるのに対して、QPRのロフタス・ロード・スタジアムは、スウォンジー・シティーAFCのリバティー・スタジアムに次いで2番目に小さなスタジアムである。ロンドンにはスタジアムの規模が大小共に2番目のス

01

タジアムが存在していることになる。また、ロンドンのチームは地元の歴史を反映した名を持つものもある。トッテナム・ホットスパーFCのホットスパー「向こう見ずな」という名は、シェイクスピアの『ヘンリー4世』で王様に反逆したことで有名なヘンリー・パーシー卿のあだ名であり、彼の子孫がトッテナム近郊に住んでいたことからこの名が取られている。さらに、フラムFCの本拠地クレイヴン・コテージの名は、もともとヘンリー8世の2番目の妻であったアン・ブーリンの狩猟場の森に、1780年に第6代クレイヴン卿が建てたコテージから取られている。

このように、ロンドンのチームは各地元に密着しているので、これらのチームが直接対戦するロンドン・ダービーにはロンドン子はいつも以上に熱く盛り上がるのは当然なのかもしれない。

ロンドン子のフットボールに対する情熱は今に始まったことではなく、この競技の最初期からすでに始まっていたようである。このことは、14世紀に出されたフットボール禁止令の数が示している。禁止令自体がこの競技が盛んに行われていたことを意味するからである。フットボールの歴史をまとめたマグーンによると、14世紀には、フットボール禁止令は様々な都市で複数出されたが、その数はロンドンが一番多かったとのことである。

禁止令がたびたび出されたのには、当時のフットボールの「野蛮」で「危険」な性質が大きく関係していた。競技場となる町の端と端にゴールを作り、豚の膀胱に空気を入れて膨らませたボールをそのゴールに入れることがほぼ唯一のルールであり、その他は

02 14世紀に禁止令が多く出されたルール無用のフットボールの様子
03 19世紀に入り、ルールが形成されたパブリック・スクールにおけるフットボールの様子

手を使おうが足を使おうが何でもありの状態に近かった。この競技は、現在のフットボールとラグビーの起源であるが、14世紀当時のものはこの両者を混合し、さらに乱雑にしたような競技であったといえる。また、フットボールは、キリスト教徒にとっての斎戒期間である四旬節に入る前日の懺悔火曜日に行われた。この日は、四旬節に入る直前で大騒ぎできる最後の機会ということもあり、この競技が盛り上がらないわけがなかった。盛り上がりすぎて、試合後数日間怪我で動けなくなる者、命を落とす者が出ることも珍しくなく、また、競技場となった町も家々のガラスは割れ、建物は傾いてしまうことも少なくなかったようである。このように、最初期のフットボールは、禁止令が出されても仕方のないほどの「野蛮」で「危険」な競技であったのである。

この「野蛮」なフットボールが現在の形に発達し、競技としてラグビーと別れるきっかけの1つに、18世紀後半にパブリック・スクールがその教育的目的として、この競技を採用したことがある。ここで、これまでの荒々しいフットボールは大きな変化を余儀なくされる。中でも、町全体という広大な競技場が校庭という限られた空間へと狭められたこと、その限られた空間でいかに効果的にボールを運ぶかというチーム・プレーの需要が高められたことは、大きな変化であった。これらの変化に伴い、競技内の規律を守るため、より詳細なルールが形成され、結果として、フットボールはパブリック・スクールで人格形成の修練のための規律とチームプレーを学ぶ競技へと発達していくことになったのである。

02

03

各パブリック・スクールで形成されたルールはそれぞれ異なっていたため、大学へ進学すると、競技に共通のルールが必要となった。そこで、1862年にケンブリッジ大学で競技規則が作成され、さらに、翌年10月26日にフットボール・アソシエーションが創設された。これらにより、現在のフットボールの競技ルールの原型が出来上がり、フットボールとラグビーは正式に異なる競技になったのである。

現在プレミア・リーグを観戦するイギリス人でこのような歴史をこと細かく意識している者はいないかもしれないが、イギリスという国自体は、もともとルールがないような「野蛮」な競技にルールと規律を与え、「洗練」させ、チーム・プレーの競技へと発展させた歴史を持っている。このようなフットボールを育て上げたという自負がロンドン子はもちろんイギリス人の心のどこかにあり、それがこの競技に心から熱中させているのかもしれない。幸運にもチケットを手に入れてスタジアムに観戦に訪れる機会があれば、上記のような歴史を少し思い出してもらいたい。そうすれば、スタジアムに入るという貴重な体験に加えて、イギリスにおけるフットボールという競技の奥深さを実感することができるかもしれない。

（福田一貴）

◇ブックガイド◇

- 中村敏雄『増補　オフサイドはなぜ反則か』平凡社、2001年
- F・P・マグーンJr『フットボールの社会史』忍足欣四郎訳、岩波新書、1985年

52

柔道家の異種格闘技

——世界柔道への艱難辛苦な道程

ロンドンに留学中の夏目漱石は、正岡常規（子規）に、1901（明治34）年12月18日に、次のような面白い手紙をしたためている。

先達「セント、ジェームス、ホール」で日本の柔術使と西洋の相撲取の勝負があつて二百五十圓懸賞相撲だといふから早速出掛て見た。五十錢の席が売切れて這入れないから壹圓二十五銭奮發して入場仕つたが、夫でも日本の聾桟敷見た様な處で向の正面でやつて居る人間の顔などはとても分らん。五六圓出さないと顔のはつきり分る處迄は行かれない。頗る高いぢやないか、相撲だから我慢するが美人でも見に來たのなら壹圓二十五錢返して貰つて出て行く方がいいと思う。ソンナシミッタレタ事は休題として肝心の日本對英吉利の相撲はどう方がついたかといふと、時間が後れてやるひまがないといふので、とう〳〵お流れになつて仕舞つた。其代り瑞西のチャンピヨンと英吉利のチャンピヨンの勝負を見た。西洋の相撲なんて頗る間の抜けたものだよ。膝をついても横になつても逆立ちをしても兩肩がピタリと土俵の上へついて然も一二と行司が勘定する間此ピタリの體度を保つて居なければ負でなつて云ふんだから大いに埒があかない譯さ。蛙のようにヘタバツテ居る奴を後ろから抱いて倒さうとする、倒されまいとする。坐り相撲の子分見たような眞似をして居る。御蔭に十二時頃迄かゝつた。難有仕合である。翌日起きて新聞を見ると、夕十二時迄かゝつた勝負がチャンとかいてあるには驚いた。こつちの新聞なんて物はエライ物だね。（『夏目漱石全集』第十四巻、岩波書店、1976年、193～194頁）

もとより文弱の徒である漱石は、柔道（術）のような格闘技はやらない。しかし、講道館柔道の開祖、嘉納治五郎（1860～1938）とは深いつながりがある。

漱石は、1893年、東京高等師範学校の英語教師に就任する。推薦者は外山正一となっているが、実は校長の嘉納治五郎が是非ともといって漱石を招聘したのだった。さらにその3年後の1896年に、漱石は旧制第五高等学校の英語教師に就任するが、この時も、五高の校長の嘉納が漱石を強く求めたためである。

ことほどさように、嘉納治五郎と漱石との世俗的であるが、意外なつながりがあって、

01 嘉納治五郎

ロンドンに留学中の漱石が柔術の試合をわざわざ見に行った理由も、そしてレスリングをさんざん貶したのも、故なしとしないであろう。

ところで、日本の柔術であれ、柔道であれ、欧米社会で脚光を浴びたのは、日露戦争（1904〜05）の勝利であった。小国の日本が大国ロシアに勝利したことこそ、柔術（道）の基本的な理念である「小よく大を制す」の成就であったからである。

日露講和の立役者であるルーズベルト大統領が、講道館の高弟、山下義韶（当時七段、のち十段）に入門した。1904年3月9日付けで、「入門書」に、当時46歳の大統領自身が署名している。「大統領が入門するに及んで、米国に於ける日本柔道の世評は沸騰した。大統領は二十四貫の巨漢であるが、それがマットの上に投げ出されて苦笑し、十六貫許の山下が莞爾として立つているポンチ絵が新聞に出た」のである。

ロンドンに日本人メンバーによる「柔剣道ノ練磨、武士道精神ノ涵養」を目的とする倶楽部、「武道会」が正式に発足したのは、1918年であった。

この設立趣意書によると、名称は「武道会（The Budou Kwai）であり、……（中略）……会員数は百五十、活動の範囲並びに業績は、上記の場所に道場を有し、小泉軍治三段、谷幸男三段を師範として、柔道を教授する。常に習ふ者一五〇名あり、有段者は小泉、谷、大谷初段のほか、エジプト人、ビルマ人初段者各一名、英国人初段十一名、合計十六名を算す」。対抗試合をする相手の「英国柔術倶楽部」の所在地として、オックスフォード大学、ケンブリッジ大学、バーミンガム大学、スコットランド・ヤード（ロンドン警視庁）ほか、数か所をあげている。

この「武道会」設立趣意書からすると、日本人武道家の間でも、「柔道」と「柔術」という用語が混在しており、また「武道会」の発足前に、すでに在英の柔道（術）クラブが、約10カ所にあったという。

さらに時代を経て、1935（昭和10）年7月、嘉納治五郎が永岡秀一を帯同渡英し、これを契機にロンドンで「英国講道館」が創設された。これが欧州における唯一の講道館支部である。

イギリスにおける柔道の黎明期を略述したが、在英の日本人武道家と同様に、「柔道」と「柔術」の区別は明確ではなく、それがそのまま現在まで受け継がれ、それが、例えば、ケンブリッジ大学の「武術」クラブという形で残っているのかもしれない。すでに我が国では、その技と用語も残っていない「武術」が、遙かイギリスで連綿として生き残っているとは、不思議というべきか、嬉しいような、淋しいような、とても複雑な気がする。

現在、柔道は、"Judo"として、オリンピックの種目であり、柔道独自の世界大会も開かれている。だが、体重別試合システム、試合の細かいルールからしても、青色の柔道着、また試合後畳の上で勝てばガッツポーズをとり、負ければうつ伏せになって泣いている、「武道」というより単なる「チャンピオン・スポーツ」にすぎない。

それにしても、現在の国際的なスポーツとなるために、先人の苦労は並大抵ではなかったことは知っておくべきであろう。イギリスに柔道の種が植えつけられた頃、経験主義的なイギリス人を相手にその実力を証明するために、日本の柔術や柔道では厳禁とされている「異種格闘技試合」ないし、いわゆる「他流試合」というタブーを犯すことになる。これの事実が発覚すると、当然破門される。遙かイギリスだから、こうした試合ができたのだろう。

破門覚悟で行った試合の相手は、プロボクサーかレスラーであった。彼らはトランクス一枚の姿で、柔道着姿の柔術家と戦うのだ。これだけでも、どちらが有利か一目瞭然である。しかも、試合はおそらく相手側のスポーツのルールに従って行われたはずだ。またイギリス人特有の東洋人への露骨な人種差別も加味されていたかもしれない。どのくらいの前途洋洋な若き柔術家、柔道家が致命的な重傷を負い、そして帰国を断念したことか想像に難くない。柔道が海外に浸透するには、こうした秘匿せざるをえない犠牲があったのである。

（川成　洋）

53 ロンドンで流行った紳士の護身術
――そしてシャーロック・ホームズも

シャーロック・ホームズが日本の武道の心得があって、まさに九死に一生を得た、と言えばいささか荒唐無稽のように聞こえるが……。

1891年5月4日、スイスのライヘンバッハの滝の断崖で、「犯罪者の中のナポレオン」と言われる悪名高いモリアティ教授との決闘中に、二人とも滝壺に転落してしまう。この決闘に同行したものの、途中で手渡された偽手紙で滞在先のホテルに戻るが、それが計略だと気づき、2時間後に現場に戻ったワトソン医師が発見したものは、ホームズのアルペンストックと銀の紙巻き、それに四角い紙切れ――これは、ワトソン宛のホームズの指針、だけであった。勿論、死体の発見も収容もできず、かくして「もっとも危険な犯罪王と、時代をぬきんでた大探偵王とは、かくして渦巻沸き返る深淵の底深く、永遠に横たわることになったのである」（「最後の事件」）。

こうしてホームズはこの事故で敢え無く死んでしまう。実情は、コナン・ドイルは、私淑するサー・ウォルター・スコットのような歴史小説《ヒストリカル・ロマン》を発表したいと思い、ホームズ譚を書くのに食傷気味となり、このような結末にしたのだった。だが、イギリスはもとよりアメリカのホームズ・ファンからごうごうたる非難と莫大な印税収入の魅力に負けて、コナン・ドイルはホームズを生還させたのである（「空き家の冒険」）。このホームズの「死」から「生還」までの3年間の失踪期間は、シャーロキアンのあいだで「大空白時代」と呼ばれ、喧々諤々、いまだ決着を見ていない。

それにしても、コナン・ドイルは、いかにして、ホームズを「生還」させたのであろうか。「空き家の冒険」では、以下のようになっている。

ある日、ワトソン医師が書斉に戻ると、道路で出逢った古本屋の老主人が十二冊の古書を抱えて会いに来る。三年前に死んだはずのホームズが、老書店主に変装していたのだった。すっかり動転したワトソン医師の、「ホームズ君！　本当にホームズ君かい？　まさか、君が生きていようとは！　いったいどうしたら、あの恐ろしい深淵から這い上がったんだい？」という質問に、ホームズがこう説明する。

彼〔モリアティ〕は自分の悪運のつきたことをよく知って、何とかして復讐したがっていたのだ。二人は取っくみあったまま、滝壺の断崖の上でもみあって、よろめいた。僕は日本のジュウジュツを少し知っていたから、それまでにも何回かずいぶん役に立ったものだが、巧みに彼の腕をすり抜けた。とたんにモリアティは姿勢をくずして足が浮いたので、怖ろしい悲鳴をあげて、足を躍らせ虚空をつかんで、踏みなおそうとしたが及ばず、バランスを失って落ちていった。

僕はすぐがけのふちから覗いてみたが、遙かしたへ落ちてゆき、岩にあたって跳ねかえり、しぶきをあげて水のなかへ落ちこむのが見えた。」（『シャーロック・ホームズの帰還』延原謙訳、新潮文庫、16～17頁）

ホームズ自身の説明によると、"baritsu"の心得があって、辛くも命拾いができたのである。

この"baritsu"は「ジュウジュツ」、「武道」（阿部知二訳、創元文庫）、「日本の格闘技であるバリツ」（小林司・東山あかね訳、河出書房新社）などと記されている。

ちなみに原文では、イタリックで表記されているので、英語以外の外国語である。

それでは、ホームズが言う"baritsu"とは、いったいどのようなものなのだろうか。

1890年代に神戸にエンジニアとして滞在したことのあるE・W・バートン＝ライト（Barton‐Wright）が、柔術を研究し、帰国して独自の武道（この場合、護身術である）それを"Bar-titsu"と命名した。つまり、自分の姓の一部分（Bar）と、恐らく「術」（titsu）をハイフンで合成したのである。

当時、ロンドンで刊行された「日本協會」の機関誌である英文雑誌『日本協會《ザ・ジャパン・ソサイティ》』

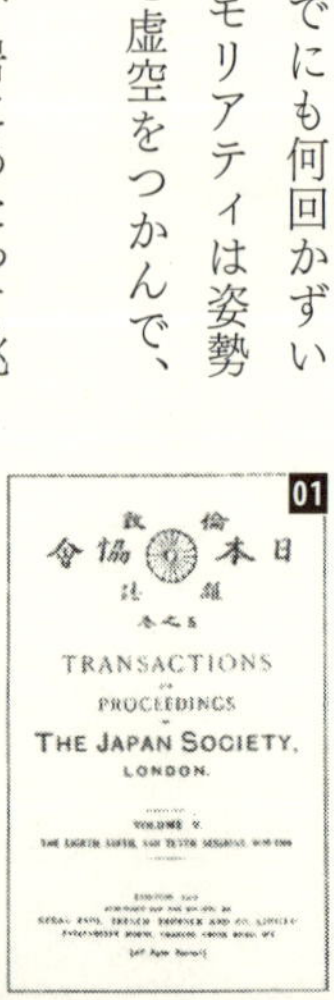

01 機関誌『日本協會』の表紙

02 雑誌『ピアソンズ』に紹介された日本の護身術

（第5巻、1902年、261〜4頁）に、バートン＝ライト自身が「柔術と武道」という論文を寄稿している。

バートン＝ライトによると、"bar-titsu"は三段階にわかれていて、「ボクシング、すなわち、殴る手段としての拳の使用、攻撃ならびに防御の両面での足の使用、相手の手が当たらないように自衛の手段としてのステッキの利用の三種段階」となっている。

おそらく、「珍しがり屋」、「新しいもの好き」のコナン・ドイルは、「空き家の冒険」を上梓する前にバートン＝ライトが1899年3月号および4月号の『ピアソンズ・マガジン』誌に発表した「新しい護身術」という表題の「日本の護身術」を読んでいたと思われる。

また、眼科医であり、ロンドン体育協会理事であったコナン・ドイルは、おそらく当時人気の的であった柔術とレスリングの試合を観戦していたに違いない。そして、バートン＝ライトの"bar-titsu"ないし"bartitsu"を、"baritsu"と間違えて、または"t"をドロップして綴ったのだろう。それにしても、ドイルの"baritsu"の方が、イギリス人にとっても発音しやすいのではないかと思われる。

ところで、日本の柔術が日本人柔術家によって具体的に紹介されたのは、19世紀末である。

イギリスの自由党の週刊機関紙『ザ・サタディー・レビュー』（1892年5月7日号）は、日本協会の創設記念式典に東京からロンドンに招かれた柔術師範の

02

志立鉄次郎が、「柔術、体の素早い動きによる古代からの護身術」という記念講演を行い、司会者の要請に応じたイブニング・コート姿の郷大五郎を相手に模範試合を行った。郷大五郎は柔術の心得が全くなく、いつも投げられ役だったが、いくら投げられてもシャツが乱れているだけだったという。この記事の最後に「わが尊敬する志立氏の武術の今後の発展を期待する」と結んでいる。

こうした「武術の演武」とは別に、武術に関する英文のすぐれた啓蒙書が出版されていた。

1858年に嘉納治五郎が校長を務める旧制第五高等学校の英語教師ラフカディオ・ハーンが"Jiujutsu"という論文を書き、アメリカのボストンの出版社より『アウト・オブ・ザ・イースト』というタイトルの本を上梓した。

さらに、もう一つ。言わずもがな、1899年、フィラデルフィアで出版された新戸部稲造の『武士道』である。この第10章の「武士の教育および訓練」の中で、「柔術はこれを簡単に定義すれば、攻撃および防禦の目的に解剖学的知識を応用したものと言いえよう。それは筋肉の力に依存しない点において角力と異なる。また他の攻撃の法と異なり、何らの武器を使用しない」（矢内原忠雄訳、岩波文庫、94頁）と述べている。

柔術や柔道が「護身術」として世界的に注目されていた頃の話である。（川成　洋）

54 ロンドン・オリンピックの意外なエピソード

――今日のオリンピックの原型を作る

ロンドンは2012年のオリンピックの開催都市として、今や世界の目がこの古都市に向けられている。しかしロンドンでオリンピックが開催されるのはこれが初めてではない。誰もが知っているように、第1回近代オリンピックは、発祥の地であるアテネで開催された。次は近代オリンピックの父、クーベルタン男爵のおひざ元であるパリ、第3回はアメリカのセントルイス、そして第4回目がロンドンで開催された。さらに第14回もロンドンで開催されているので、今度で3度目となる。そこで過去のロンドン・オリンピックに焦点を当ててみるのも面白いかもしれない。

イギリスは多くのスポーツを生み出し、近代スポーツの母国ともいわれているので、

01ピエール・ド・クーベルタン男爵はフランスの教育者で近代オリンピックの創立者

その首都ロンドンが他都市に先駆けて2度の開催をしているのは当然のように思われがちだが、実はロンドンでの2度目の開催は偶然というよりは緊急避難としてやむなく開催されたものであった。本来第4回大会はローマに決まっていた。ところが、開催2年前になって、突如ローマが開催返上を申し入れたのである。イタリアのオリンピック委員会とヴェスヴィオス山の噴火で出費のかさんだ政府が、会場や経費の問題で対立し、身動きできなくなってしまったのである。ローマ教皇もお墨付きを与えた大会だったはずであるが、ＩＯＣもイタリア人の気質までは見抜けなかったらしい。そこでイギリス・フランス博覧会を予定していたイギリスに白羽の矢が立てられた。万国博覧会とオリンピックは深い関係があり、第1回、第2回オリンピックは万国博覧会付属スポーツ競技大会として、万国博に依存しながらやっと開催されてきた。ロンドン・オリンピックも競技場や付帯設備を博覧会に援助してもらい、入場料の3分の2を担保にして運営費を前借するといった綱渡りをしながら、やっとの思いで開催にこぎつけた。こうした難しい状況の中で大会を成功させたのは、イギリス・オリンピック委員会の会長であったデスボロー卿の手腕に負うことが大きかった。彼は博覧会の援助を受けて、6万8000人を収容する巨大なスタジアムを建設した。これは真ん中に長さ100メートルの巨大プールを置き、その外側にトラックと自転車競走路を持つ豪壮なものであった。今日からすれば真ん中にプールを置くのは不自然だが、プールで水泳という概念は画期的な試みであった。当時、水泳は川や海でするものと決まっていた。事実、アテネ大会は海で、パリ大会はセーヌ川で、セントルイス大会では人工湖で行われていたのである。

水泳はプールでという今日の常識はここで生まれたのである。

その他にも、ロンドン大会は現代オリンピックの常識となっている多くの事例に先鞭をつけた。たとえば、それまでは参加者は個人参加であったものが、各国のオリンピック委員会で選ばれた個人、団体に限られたこと。入場行進を国別にABC順にしたこと。冬季競技であるスケートが採用され、後の冬季オリンピックの先鞭となったことなどである。

理念的なことでいえば、「オリンピック競技大会で重要なことは、勝つことではなく参加することである」というクーベルタンIOC会長の言葉がその後のオリンピック精神として定着したことを見逃すわけにはいかない。実は、その陰には事件があったことは意外に知られていない。当時は「綱引き」が陸上競技の人気種目であった。一チーム8人のチーム力を競う単純なゲームであるが、問題はイギリス対アメリカの試合で起きた。イギリスはリバプールの警察官で編成し、スパイクのついた長靴をはいていた。アメリカは普通のスポーツ・シューズで出場した。アメリカは同じ条件でするために靴を履き替えることを要求したが、審判団は「警察官の職務ではいているだけだ」というイギリスの主張を認めた。もちろん審判団はみなイギリス人であったが。結果はイギリスの圧勝であった。アメリカ側は怒ったが、それに輪をかけた事件が起こった。アメリカとイギリスは各競技で激突し、両国の愛国心はいやがうえにも高まった。陸上の800メートル、1500メートルはいずれもアメリカのメル・シェパードが制し、残る400メートルに残ったのはアメリカの3選手と、イギリスのハルスウエルの4人であった。

レースはアメリカのカーペンターとロビンスが争い、ハルスウエルは3位を走っていた。ホームストレッチに入ったときにロビンスがカーペンターの右を並走したときに、一人の審判員から「反則」との声がかかり、その他の審判員も「反則だ、レースは無効だ」と叫んでゴールに集まったためにカーペンターはテープを切れなかった。アメリカ側は猛抗議したが審判団は「カーペンターの走路妨害」を譲らず、2日後の再レースとなった。ところが怒り心頭に発したアメリカ・チームがこれをボイコットして、レースはハルスウエルが一人で走って優勝した。[*1] この様な険悪な空気を和らげようと、ペンシルベニアのエチェルバート・トールボット主教がセント・ポール寺院における説教で「このオリンピックで大事なのは、勝つことではなく参加することだ」と語った。これを受けたクーベルタン男爵が、同じ言葉をレセプションで話し、オリンピック精神として定着したのである。

第14回オリンピックも異常事態の中の開催であった。日本が主催することになっていた第12回が流れ、第13回も第二次世界大戦で流れて、これが第二次世界大戦後初のオリンピックだったからであった。戦争直後の荒廃の中ではあったが、59カ国から4064人が参加した。しかしこの中には日本とドイツは含まれてはいなかった。戦争を引き起こした当事国というのがその言い分であったが、直前に降伏したイタリアは招待されており、日本人には悔しい大会であった。日本水泳連盟は、ロンドンで水泳競技が行われているときにぶつけて全日本水上選手権大会を開催した。この大会で古橋広之進と橋爪四郎は1500メートル自由形でそれぞれ18分37秒0、18分37秒8の世界新記録を出し

＊1　この大会では最初から英米の対立が目についた。アメリカの国旗は当初はメイン・スタディアムになかった。騎手をつとめたアイルランド系のマーティン・シェリダンがエドワード7世の前で国旗を下げて敬意を表すことを拒否したからである。

た。ちなみにロンドンで優勝したアメリカのジェイムズ・マクレーンは19分18秒5であった。その差は41秒という、大人と子供ほどの大差であった。翌1949年、日本はやっと国際水泳連盟に復帰を認められた。古橋、橋爪は次々と世界新記録を打ち立てたが、その記録に審判員は自分の時計を疑ったという伝説が残っている。

（石原孝哉）

コラム 19

ラグビー
——フットボール四方山話

小山直子

「紳士の国イギリス」「情熱の国スペイン」「音楽の都ウィーン」等々、ステレオタイプというか枕詞のように使われる呼称があるが、ラグビーは「紳士のスポーツ」!! どうして？ あんなに泥まみれになってぶつかり合う野蛮なスポーツなのに。

ラグビーとサッカーは共にイギリスが発祥の地とされているが、その違いについて、「ラグビーは紳士が野蛮に行うスポーツ」「サッカーは野蛮人が紳士的に行うスポーツ」、あるいは、「ラグビーは中・上流階級の見るスポーツ」「サッカーは労働者階級のやるスポーツ」などというのもある。本当に？ 何をほざいているとお叱りを受けそうだが、まだまだいろいろある。「ラグビーは中・上流階級の精神修養の場」「サッカーは労働者階級の成り上がりの手段」というものまで。

ことの真偽の詮索は後回しにして、少し歴史を紐解いてみることに。

そもそもラグビーもサッカーも元はフットボール(football)。ボールを足で蹴って遊んでいたのが競技となり、近代スポーツの1分野として進化するのは19世紀に入ってからのこと。イングランドのパブリック・スクールにおいてである。

パブリック・スクールでは「フットボール」を教育の一環として取り入れ、ルールを整備し他校との交流戦も行われるようになった。そんな時代、１８２３年にパブリック・スクールの名門の一つであるラグビー校で、エリス某なる学生がそれまでのルールを無視してボールを持ってゴールに突進した。ところがこの「事件」がやんやの喝采を受けたとか受けなかったとか、いずれにしてもラグビーはこの瞬間に始まったという説が有力である。その後１８６３年にFA（Football Association）が設立され、事実上ラグビーと決別し、ラグビー rugby football と区別して association football と呼び、その省略形とも言うべき ssoc に「人」を表す-er を付けて soccer として普及することとなるのである。

ラグビーに比べて、あっという間に世界中に裾野が広がり１９０４年にはＦＩＦＡが結成され１９３０年にはプロも入れたワールドカップが行われたサッカーは、今ではラグビー以上にイギリスの国民的スポーツのようである。

それにしても元は同じラグビーとサッカーに今のような違いが出てきたのは何故なのか？　最初に書いた「ラグビーは云々」「サッカーは云々」という世間の見方があることは事実のようだが、それは何故なのか？

イギリス人の友人に尋ねてみた。

サッカーがこれだけ広まったのはラグビーに比べてプレイしやすいこと。サッカーボール１つ持っているだけでリフティングの練習ができる。いつでも何処でも誰とでもできる、等々。サッカーはラグビーと異なり、イングランド代表、スコットランド代表というように、より身近で応援しやすい？

それと、今は階級によって好みが違うのではなく地域によるとか。例えばウェールズ人は皆が皆ラグビー大好き！　それとイングランド北部の人達もでもそれ以外は多分サッカーの方がポピュラーだと思うとのこと。

しかしながら、サッカーと明らかに違うのは観客席。ラグビーはビールを持ち込める、ホームとアウェイで分かれない、どちらのチームであっても好プレイした選手には拍手が送られる、試合後は会場に併設されたバーで敵味方なく仲良く飲んでいる、等々。外国人であろうと誰かれなく仲間として一緒に盛り上がれること間違いなし。

ノーサイドの精神が生きているのだろう。

第X部

若者のファッション都市ロンドン

55 ブリティッシュ・インヴェイジョン

――「文化的侵略」の震源地、マーキー・クラブ

ロックというジャンルの音楽が市民権を得たのは、一体いつのことであろうか。「エレキギターを持っているのは不良（!）」、「ロックは悪魔の音楽（!!）」と言われた時代は、遙か昔のことである。日本に限って言えば、ロックが大手を振って闊歩できるようになったのは、有難くも文部大臣がリッチー・ブラックモアズ・レインボーのコンサートにお出ましになるなどした、70年代後半のことであろうか。当時は観客が将棋倒しになって死亡事故が起きるといったこともあったが、ようやく手に入れた市民権である。みすみす手放すのは愚の骨頂というものである。それゆえ、ミュージシャンたちも、「健全な」ロック・コンサートを意識して、神経質になっていた。コンサートのクライ

マックスだというのに「クールに行こうぜ」と叫ぶスタンリー・クラーク、ステージに客が押し寄せると演奏を止めて「みんな、楽しむために来てるんだからさぁ」と語りかけるチャーの姿を思い出す元ロック小僧も大勢いるだろう。

ともあれ、この市民権獲得の最大の功労者は、「20世紀最大の文化現象」とも称すべき、ザ・ビートルズかもしれない。そう、「武道の聖地」日本武道館で初めてコンサートを行ったのも、彼らであった。しかし、彼ら以外の多くのミュージシャンの活躍やそういった人々への支持による、世界の価値観の転換を導き出した「文化的うねり」は、決して忘れられるべきものではない。ロック＝ザ・ビートルズ？ とんでもない。女王陛下から勲章を頂いていない立派なロック・ミュージシャンは大勢いるのである。

ポピュラー音楽の歴史を語るとき、しばしばブリティッシュ・インヴェイジョンという言葉が使われるが（第一次は1960年代半ば、第二次は1980年代後半）、この「文化的侵略」の震源地はロンドンであった。ロンドンとロックと言うと、ロイヤル・アルバート・ホールでギターを奏でるエリック・クラプトンや、ハイド・パークで歌うミック・ジャガーを想起する向きもあろう。しかし、思い出して欲しい。彼らがまだ駆け出しの頃の活躍の場であるライヴ・ハウスの存在なくして、後の彼らはいないのだ。ロンドンのライヴ・ハウスこそが世界を変えたのである。

ロンドンの数あるライヴ・ハウスの中でも、マーキー・クラブは、後に世界的なミュージシャンとして名を成すことになる人々のほとんどが、そのステージに立っているという場所である。ヤードバーズやゲイリー・ムーアのライヴ・アルバムを想起する人もいるかもしれない。ローリング・ストーンズ、ジェフ・ベック、レッド・ツェッペリン……世の中に衝撃を与え、新しい世界の創造に寄与した人々はみな、薄暗いマーキー・クラブの小さなステージで腕に磨きをかけていったのである。アルバムのヒット・チャートでザ・ビートルズに唯一の「黒星」をつけたキング・クリムゾンもマーキー・クラブの常連であった。おそらくドレッシング・ルームの壁には夥しい数の落書きがあって、その中には後に世界を「征服した」ミュージシャンたちの名前が幾つも含まれていたことであろう（未確認ながら、ウォーダー・ストリートの跡地からそう遠くない所にある「シップ」というパブに行けば、出演者に関する情報を得ることができるらしい。また、キング・クリムゾンのボックスCDのリーフレットにも落書きの一部を収めた写真がある）。

マーキー・クラブは、１９５８年オックスフォード・ストリート１６５番でオープン。１９６４年にウォーダー・ストリート90番に移転し、60年代には現在のロックのルーツとなっている音楽で、70年代にはパンク・ロックで、80年代にはヘヴィ・メタルで、１９８８年までその地から世界を揺さぶり続けた。ただし、大きな文化的影響力を発揮したのはこの頃までであろう。１９８８年に地域の再開発のためふたたび移転を余儀なくされ、１９９６年までチャリング・クロス・ロード１０５番で営業を続け、さらにその後はマーキーの名を買い取った新しいオーナーたちにより場所を変えつつ維持されていた。そして２００８年、コヴェント・ガーデンのアッパー・セント・マーティンズ・レーンで50年の歴史に幕を閉じたのであった。

ウォーダー・ストリートのマーキー・クラブの跡地に、元ザ・フーのドラマーで、ロック界最大の「奇人」と呼ばれた、「ムーニー」ことキース・ムーンのブループラークが掲げられていることに、奇妙な嬉しさを覚えるのは私だけではあるまい。キース・ムーンはステージ上で自らのドラム・セットを壊すことで有名であったが、彼とその仲間たちは、世界の古い価値観をも破壊したのである。今や単なる古ぼけたビルに過ぎないのであるが、この建物が新しい文化の流れの源泉だったのである。ロック・ファンの目にはいまだにその輝きはいささかも失われていないし、疲弊しきった時代に生きるわれわれは単にノスタルジーに浸るばかりではなく、ある種の尊敬と憧憬の念を喚起せずにはいられない。

現在では、マーキー・クラブ以外にも、老舗ライヴ・ハウスの多くがロンドンの再開発と経済的困窮により閉鎖してしまっているが、ライヴ・ハウスはまだ幾つもある（大都市ならば当たり前か）。例えばラウンドハウスやジ・アッセンブリーなどは世界的に知られているだろう。かつて古い価値観の転覆に寄与し、現在でも第一線で活躍している人々、世界を舞台に活躍している新しい人々もいる。不幸にしてステージを失い、地下鉄構内や路上から独自の世界観を提示しているミュージシャンも大勢いる。それゆえ、新たな「文化的侵略」が起きないと言う理由などどこにもないのである。ロックに関心があり、ロンドンに僅かな時間しか滞在できないのであれば、ザ・ビートルズを真似て歩道で写真を撮るためにセント・ジョンズ・ウッドに走ってゆくという人も多かろう。しかし、地下鉄レスター・スクエア駅から程近いマーキー・クラブの跡地に赴いて、世界を変えたロックのエネルギーに思いを馳せ、ライヴ・ハウスを覗いて、地下鉄の構内や路上の音に耳を傾け、新しい文化のうねりを体感するのも悪くない。

（太田直也）

◆ブックガイド◆

- 石井俊夫、赤岩和美『ブリティッシュ・ロック大名鑑——一九五〇年代—七八年』柏書房、2002年
- 深民淳『ルーツ・オブ・ブリティッシュ・ロック——ハード・ロックの黄金時代』シンコーミュージック、1988年
- クリス・ウェルチ『ジミ・ヘンドリックスの伝説』菅野彰子訳、晶文社、1975年

56 自分だけのお宝さがし

――マーケット巡り

ロンドンのマーケットと聞くとアンティークで有名なポートベロー・マーケットや《マイ・フェア・レディ》の舞台であるコヴェント・ガーデンを思い出す人もいるのではないだろうか。しかしロンドンには大小合わせて60以上のマーケットが存在する。そのひとつひとつのマーケットには特色や古い歴史があり、売られている物も独自のルートで仕入れた物が多い。そのためスーパーなどでは見られない食品や破格な値段で売られている洋服、若いデザイナーが自分で作ったアクセサリーなどが並び、観光客だけではなく地元のロンドナーやバイヤーなどにとっても欠かせない場所のひとつになっている。その中から人気のマーケットをいくつか紹介したい。

古い歴史のコヴェント・ガーデン・マーケット

ロンドンの中心部コヴェント・ガーデン駅から徒歩3分の所にあるマーケット。アンティーク、ジュエリー、アートワーク、ファッションのストール（露店）が立ち並ぶ。その歴史も古く、1650年代に最初のマーケットが開かれ、当時はフルーツや野菜などが売られていた。当時、イギリス国内のグリーンハウスではパイナップルが栽培され、希少価値の高いことから、富を象徴し、豪華なおもてなしの代名詞となる。そこでコヴェント・ガーデン・マーケットの建築家やアーティストが、パイナップルをこのマーケットのエンブレムとして採用した。今でもマーケットを注意深く見ると、ライトの上にパイナップルが見える。それはマーケットの歴史と切り離せない一部となっている。

月曜日はアンティーク、火曜日から金曜日は洋服や生活雑貨、土日はアート・クラフトが並ぶ。花柄の女性用のストールが3・5ポンド、デザイナーのハンドメイド・アクセサリー（ピアス）が20ポンド。

若者向きのカムデン・マーケット

若者向きの個性的なファッションを求めるなら、なんといってもカムデン・タウンのマーケットだろう。といってもカムデン・タウ

01 コヴェント・ガーデン・マーケットの出入り口

ンには5つのマーケットが存在する。カムデン・ロック、ステイブル・マーケット、カムデン・バックストリート・マーケット、カムデン・ロックヴィレッジ、そしてインバネス・ストリートである。ロンドナーによれば数年前まではとても安い衣料品が手に入りやすかったが、最近は観光化されてしまい、高くなっていると言う。しかし、それでも独創的なものを求める人が絶えない。デザイナー自身の作品を展示し売っているストールが多く、写真を撮ろうとすると断られることも多い。ビートルズやローリング・ストーンズの古いレコード（LP盤）などを売る店も少なくなく、ファンにとっては欠かせないマーケットであろう。

ステイブル・マーケットの入り口から少し進むと、通路の脇に1体の馬の銅像と壁から上半身が飛び出た8体の馬の銅像を見ることができる。これは150年前カムデンを流れる運河で荷船を引いていた馬の、ここが病院であったことに由来する。

ここではかわいいイラストの生成りのバッグが11・5ポンド、ビートルズのLPが一律15ポンド、花柄のビンテージ風ワンピース18ポンド、デザイナーが自身で作った上品

02トランクを売る店（カムデン・タウン）
03馬の銅像（カムデン・タウン）
04たとえばこんな魚（バラ・マーケット）
05魚とムール貝を売るストール（バラ・マーケット）

なシルバー・アクセサリーが7ポンドから買える。

独特の品ぞろえを誇るバラ・マーケット

スーパーでは買えない独特の仕入れルートから来た食材が買える貴重なマーケットである。一流のシェフの来客も多いと聞いている。イタリア産オリーブやオイル、そしてダチョウなどの肉類、カキやホウボウに似た魚など新鮮な魚介類、フランス産チーズやその日の朝に焼かれたパンなどのストールが並んでいる。その場で試食してもよい。その気になれば、食前酒から始まり、スターターの生牡蠣、メイン・コースのグリルド・チキンやタイ・カレー、そして手製のケーキにいたるまで、マーケット内を歩きながらフルコースをわずか10数ポンドで楽しむこともできるだろう。

ここでは新鮮なムール貝を1キログラム5ポンドで購入。白ワインで蒸して食べると格別な旨さだ。また、マーケットの端にあるモンマス・コーヒーはロンドンでは知られた名店で、こだわり抜いた一杯のコーヒーがマーケットで疲れた体を癒してくれる。

筆者のお薦めブリック・レーン・マーケット

その他、代表的なマーケットはたくさんあるが、私が個人的に勧めるのがブリック・レーン・マーケットである。ブリック・レーン地区は同名の小説や映画

04

05

で知られているとおり、インド、バングラデッシュ、パキスタン出身の人々のコミュニティーを形成する場所である。おのずと彼らの国の文化が肌で感じられる。これは余分な情報だが、ブリック・レーンのはずれのショーディッチの通りにブリック・レーン・ベーカリーというパン屋があり、分厚い塩漬け肉をはさんだソルトビーフ・ベーグルとスープで4ポンド、しかも絶品である。最近では若者向けのアンティーク・ファッションのお店が目立つようになった。なんといってもここはセカンドハンドのものが多い。バックやあらゆる種類の靴、衣類そしてアンティークの陶器、時計などの貴金属から、家庭用とは思えない自動車修理用や水道修理用の工具など、ありとあらゆる中古品が並んでいる。見方によっては掘り出し物に出会う機会も多い。ここでは45ポンドのCOSのブラック・ジャケットを35ポンドまで値切ることに成功。

　数あるマーケットの中で4つのマーケットを紹介したが、何回訪れても新しい発見があり飽きることがない。ストールで気になるものがあったら、ぜひ手にとってみて店主に

06 ソルトビーフ・ベーグル（ブリック・レーン・マーケット）

07 セカンドハンドのバッグ（ブリック・レーン・マーケット）

◆ブックガイド◆

▪ 地球の歩き方編集室『コッツウォルズ&ロンドンのマーケットめぐり・地球の歩き方GEM STONE』ダイヤモンド社、2009年

話しかけてみてほしい。彼らは気さくに自分の売っている品物のことや値段交渉にも応じてくれるだろう。それもマーケットで買い物をする醍醐味のひとつだ。

しかし、マーケットにはスリが多いので、ハンドバッグはかならずチャックを閉め、常に手前に来るようにし、多額の現金は持ち歩かないようにしよう。

（伊澤美環）

・野村光『1ポンドから買える　ロンドン暮らしマーケットBest 50』ミスターパートナー、2010年
・村松美賀子『ロンドンのマーケットに行こう』東京書籍、2003年

Market Data

コヴェント・ガーデン・マーケット（Covent Garden Market）

住　所　Covent Garden, London WC2E 8AA
開催日　毎日　10：00～18：00
交　通　コヴェント・ガーデン駅（Covent Garden Station）から徒歩3分
http://www.coventgardenlondonuk.com/

カムデン・マーケット（Camden Market）

住　所　Chalk Farm Road, London NW1 8AF
開催日　毎日　10：00～18：00
交　通　カムデン・タウン駅（Camden Town Station）から徒歩7分
http://camdenlock.net/

バラ・マーケット（Borough Market）

住　所　8 Southwark Street, London, SE1 1TL
開催日　木曜日　11：00～17：00
金曜日　12：00～18：00
土曜日　8：00～17：00
交　通　ロンドン・ブリッジ駅（London Bridge Station）から徒歩5分
http://www.boroughmarket.org.uk/

ブリック・レーン・マーケット（Brick Lane Market）

住　所　Brick Lane, Shoreditch, E16PU
開催日　日曜日　9：00～17：00
交　通　オールドゲート・イースト駅（Aldgate East Station）から徒歩10分
http://www.visitbricklane.org/

※1ポンド150円で換算

57

本当は美味しいイギリス料理

――イギリスの庶民の味を楽しむ

大人気のパブ料理

イギリス料理といったら、何を思い浮かべるだろうか。多くの人には、具体的な料理名よりも先に「まずい」という言葉が思い浮かぶのではないだろうか。確かに、付け合せにしばしば出される味付けもなく茹でた野菜がまるで家畜の餌のようだと例える人さえいるくらいで、おいしいとはお世辞でもいえない料理は数たくさんある。しかし、現在では一概にそうではなく、食通をうならせるようなレストランもあるのだ。国際化が進み、食文化も進化しているのである。ロンドン駐在員の奥様にパブ料理でとてもおいしいと評判で「ガストロノミー」とまで呼ばれるお店へ連れていってもらったことがあ

01

るのだが、イギリス名物の大行列の末に頂いた料理はフレンチを彷彿させる上品な味で、パブ料理も随分変わったものだと感心したものだった。この店は、各国のフライト・アテンダントたちにも大人気とかで、大賑わいしていた。彼女たちの中には食通が多く、試しに機内でおいしい店をたずねてみるといい。きっと素晴らしい情報が入ること請け合いである。

パブでも見かけるが、ローカルにも観光客にも一番人気で有名なイギリス料理と言えば、「フィッシュ・アンド・チップス」であろう。揚げた白身魚（タラやカレイ）にフライド・ポテトが添えられただけの料理だが、たっぷりのワイン・ビネガーをかけて食べるのが特徴で、くどい揚げ物なのにもかかわらずさっぱりと不思議とぺろりと食べられてしまう。数十年前は新聞紙に包まれ、手軽に食したものだが、衛生上の理由などで今は新聞紙が用いられることはない。先日、パブでオーダーしたところ、懐かしの新聞紙に包まれるスタイルであり、驚いたのだが、よくよく見れば英字新聞の柄のキッチン・ペーパーに包まれて出てきただけであった。味だけでなく、お店も色々と趣向を凝らしているのが窺える。余談だが、フィッシュ・アンド・チップスが恋しくて、自分で作ってみようと現地で購入してきたイギリス料理のレシピ本を開いたのだ

01 満員のガストロ・パブ
02 新聞紙の柄が懐かしいイギリスの国民料理

が、材料には「冷凍のパン粉で揚げた白身魚」とあり、思わず笑ってしまった。イギリスの冷凍食品は種類も豊富で、冷凍食品専門店もあるくらいだから、イギリスでは容易に手に入るのだろうが、日本では途方にくれてしまう。家庭でゼロから作るのではなく、テイクアウトやパブで食べるのがいいのかもしれない。

庶民料理の代表：イングリッシュ・ブレックファースト

イギリス料理でも、家庭でもお店でも食べられ、イギリス人にも海外の人にも食されているもの、という観点で今回は「イングリッシュ・ブレックファースト」に焦点をあててみたい。ホテルに泊まっていてはあまりお目にかかることがないイギリス風朝食。「B＆B（ベッド・アンド・ブレックファースト）」といわれる宿に泊まると、もれなくついてくるのがイングリッシュ・ブレックファーストである。B＆Bは子供が成長し、空き部屋となった部屋を改築し、個人宅の一部を宿として開放し、宿泊客を受け入れるスタイルの宿泊施設で、イギリスにはとても多い。ホストに家族のように温かく受け入れられ、イギリスの生活を垣間見ることができ、各家庭のオリジナルの朝食メニューにありつける。普通の家に泊まれるという気軽さから、筆者はB＆B利用が大好きで、宿ごとにまったく異なる雰囲気がまた大変楽しい。

英語で朝食をbreakfastというが、fast（断食）をbreak（ブレイク・破る）するものという意味で、あまり馴染みがないが、キリスト教世界でも断食という習慣があり、そこに由来している。断食の間は肉ではなく魚を食べるのが一般的であったようだが、この断食習慣はあまり庶民には浸透せず、次第に風化していった。それと同じくして、イギリスでは魚料理が減っていったといわれている。

現在のイングリッシュ・ブレックファーストは基本的には、トースト（ホワイト・ブラウンと選べることも）[*1]、目玉焼き、ベーコン、ソーセージ、炒めたマッシュルーム、焼きトマト、ベイクド・ビーンズ、紅茶、ジュースの組み合わせから成る。シリアルやヨーグルト、フルーツがついたり、朝からスモーク・キッパー（にしん）などの魚料理がつくこともある。卵もスクランブルエッグやポーチド・エッグと、ホストの料理の腕によっては調理方法を選べることがある。また、所によっては揚げた食パンや揚げたマッシュポテト、ブラック・プディング（豚の血の入ったソーセージ）が出されることもある。

＊1　ホワイト・ブレッドは皮や胚芽を取り除き精製した小麦粉から作られるのに対し、ブラウン・ブレッドは皮からまるごと使うために茶色く、そのような呼び方をされる。

03 ボリュームたっぷりの朝食
04 臭いが個性的だが一度食べるとやみつきになるスモーク・キッパー
05 ブラック・プディングとハギス（羊の肉や内臓のミンチ）。共にかなり独特の味だこの朝食は想像以上にお腹がいっぱいになり、貧しい旅行者には朝をしっかり食べれば昼は抜いてもいいくらいに、一日のエネルギーはたっぷりと補えるのでありがたい。

そもそも、このようにしっかりとした朝食を取ることは労働者の習慣であった。18世紀の産業革命のころは庶民の多くは都市労働者で、貴族たちの軽い朝食とは異なり、すぐに食べられてすぐに働けるしっかりとした朝食が根付いたのだ。といっても、当時の重い朝食というのは、砂糖入りの紅茶にパンやポリッジといったものだったけれども。それが、19世紀にヴィクトリア女王が遅めの夕食を好んだため、まねをした貴族たちが朝にたくさん食べなければ夜まで持たないということで、階級にこだわらずに重い朝食が取られるようになったそうだ。20世紀になると、次第にハムやベーコン、卵、フルーツ、ジュースが、階級ごとの差はあれど、食卓にあがるようになっていき、20世紀半ば頃にはトマト、ソーセージ、それにキッパーなどの魚が加わるようになった。こうして、イングリッシュ・ブレックファーストは今に至るのである。

ちなみに、一般家庭の朝食はもちろん、このようなフル・イングリッシュ・ブレックファーストではなく、コーンフレイクやトーストに紅茶やジュースのみ、というのが一般的である。パブなどでは「イングリッシュ・ブレックファースト　オールデイ」と表示して、一日中イングリッシュ・ブレックファーストを食べられるところもあり、もはや朝食という範疇を超えてひとつの料理として成り立っていることがわかる。日中食べに行くときは、お腹をすかせていくのをお忘れなく。

（石原千登世）

ブックガイド

・川北稔『世界の食文化17　イギリス』農文協、2006年

・石井理恵子『英国フード記 A to Z』三修社、2005年

58

ロンドンの若者たちの社交場

――パブ・クローリング

パブはイギリスのいたるところに点在していて、どんな村にでも見つけることができるだろう。小さな村に一軒か二軒あるパブはもちろんその地域最高のパブと言って間違いない。しかしながら田園地方においては、パブを梯子しようにも酔いが醒めるほどの距離を移動しなければならない。その点でロンドンの若者に許される日々の特権とは、行きつけのパブのほかにも気楽にいくつかのパブを巡りながら人生を語り合ったり、あるいはひとりでもその日の気分次第で好きなパブでくつろげることであろう。

さて、パブすなわちパブリック・ハウスとは文字通り市民が集う場所で、今日では誰でも気軽に立ち寄ってビールなどを飲みながら仲間や客同士で気さくに語り合える、いわばイギリスの大衆酒場である。イギリスのパブの歴史はおよそ2000年前のローマ占領時代の居酒屋に始まるという説もある。実際のパブの原型は、13世紀頃の中世の街道沿いのインという旅行者向けの食堂兼宿屋であり、あるいは村のエールハウスというビール類を中心とした居酒屋でもあり、またタバーンという食堂でもあった。19世紀ヴィクトリア時代までにはこれらの店は今日のようなパブへと移り変わっていった。

イギリスの伝統的な酒と言えばビールの一種であるエールが挙げられる。地方によってヴァリエーションは様々だが、一般的にはエールは褐色でアルコールも強く、甘い風味を持ちハーブで香りを付けている。一方ビールは中世末期に大陸から入ってきたもので、おもに低地三国（ベルギー、ルクセンブルグ、オランダ）からの移民や商人によってもたらされた。エールと比べれば色合いも明るく、ホップを含んでいて苦みもある。当初は両方とも同じように好まれていたが、やがてビールが優勢となっていった。

パブでは座席が少ないので、店内のカウンター周辺や店の前で立ったまま飲む人が多

01

い。注文はカウンターに行きその場で払う。イギリス人と一緒に出かければ、まず誰かが全員の分をまとめて支払い、二杯目には他の誰かがまとめて払う「ラウンド」という習慣を目にすることだろう。パブで飲める酒類は様々だが、やはりビールが特に人気があり種類も多い。ギネスのような黒ビールも人気であるが、日本人がいつも飲んでいるようなビールなら「（ア・パイント・オブ）ラガー」と注文すればいい（パイントとはおよそ500ミリリットル）。もちろんジュースやコーラなどソフトドリンク類も扱っている。つまみはクリスプス（ポテトチップス）程度で、日本の居酒屋の豊富なつまみのメニューに慣れたわれわれには新鮮な驚きとなるだろう。客が少ない昼時のみ、フィッシュ・アンド・チップスなどパブ・ランチと呼ばれる食事を提供している店もある。

パブで楽しめるものと言えば、大画面テレビでのスポーツ観戦がある。パブに行けば地元のフットボール（サッカー）・チームの全試合の生放送や録画を流していて、仲間たちと熱く応援できる。そのほか、音楽の生演奏やクイズ大会などの催しを行なっている店もある。

ロンドンではパブはどこにでも存在するが、若者たちに人気の中心地でもあり、ロンドンを訪れるわれわれにとっても興味の尽きない地域といえば、まずウエスト・エンドを挙げるべきだろう。ウエスト・エンドとはその名の通り、ロンドン中心部の金融街《シティー》シティーから西側に広がる地域を指す。

その中でまず、ソーホー地区に立ち寄ってみよう。ここは中世には王家の

02

01 イースト・エンド、テムズ川沿いで最も古いといわれるパブ「プロスペクト・オブ・ウィットビー」
02 ハイ・ホルボーンのパブ「シティ・オブ・ヨーク」の店内

狩猟場で、狩りの掛け声（本来は「タリー・ホー」だったとも言われる）から「ソーホー」という呼び名がついたことはよく知られている。王政復古後このあたりは屋敷町となっていたが、18世紀以降は大陸からの移民たちも一角に住み着くようになった。その後、移民たちがよく行なうようにその多くが自国風の料理店を始め、それが今なおこの地域に見られる異国情緒の始まりとなった。コンラッド、ゴールズワージー、ワイルドら文学者たちもこの界隈での飲食を好んだのだった。20世紀になると映画館などが立ち並び、歓楽街へと変わっていった。ソーホーは大きな中華街でも有名で、オリエンタル情緒を楽しむこともできる。パブ巡りの合間に立ち寄って、わが国の横浜の中華街と比較してみるのも一興であろう。

ソーホーの異国的な歴史を今に伝えるパブのひとつに「フレンチ・ハウス」（49 Dean Street, Soho, London, W1）がある。元々は「ヨーク・ミンスター」といういかにもパブらしい名前の店で１５０年ほど前から営業していた。１９２０年代には客からフレンチ・パブと呼ばれるようになっていたが、それはオーナーがベルギー人で、フランス人やベルギー人がよく来ていたからであった。ここにはさまざまな国の人々が集まり、まさにソーホーの多国籍文化を体現したパブだった。その異国情緒から作家やボヘミアンたちの溜まり場にもなっていた。ディラン・トマスがこのパブで酔っぱらった

03 パブ「フレンチ・ハウス」

挙句に、『アンダー・ザ・ミルクウッド・ツリー』の詩稿を椅子の上に忘れてきたことは、当時の常連たちの間では語り草となった。現在でも、正式名は「フレンチ・ハウス」ながら、フレンチ・パブと愛称で呼ぶ人も多い。ただし一目見てすぐに分かるようなフランス趣味を期待すると肩透かしを食らうかもしれない。このパブはいわゆる表面的なフランスらしさを演出した観光用居酒屋ではなく、店それ自体が本物の多文化の歴史を持ったパブだからである。

ソーホーからさらに西へ、ニュー・ボンド・ストリートを入った一角にある「ザ・ギニー（The Guinea）」（30 Bruton Place, W1）は、15世紀、1423年からこの場所にあったというもっとも古いパブのひとつである。今日の建物は18世紀後半に建て替えられたもので、中世の面影こそないものの、それでも歴史を感じることはできるだろう。元々は「ザ・ポンド（The Pound）」というパブだったが、1663年に最初のギニー金貨（1ポンド相当）が鋳造されたために今の名前に変えたのであった。店名にはさらに逸話があって、1717年にはギニー金貨の価値が1ポンド1シリングに改められたため、今度は「ザ・ワン・ポンド・ワン（The One Pound One）」と変更され、その後ふたたび現在の名に戻されたのだった。パブの隣では同名の名店レストランも営業している。特にステーキとキドニーパイはたびたび賞を取るほどの名品で、シナトラ、エリザベス・テイラー、マーガレット王女などのセレブも多数訪れている。もちろんセレブでなくとも歓迎してくれるので、われわれも旅の記念に食事を楽しんでみるのもいいだろう。

（木村聡雄）

◆ブックガイド◆

- 桜庭伸之『英国パブ・サイン物語』研究社、1993年
- 吉岡宏『英国パブ・ストーリー』東京書籍、1997年
- 小林章夫『図説 ロンドン都市物語——パブとコーヒーハウス』河出書房新社、1998年

59

流行《ファッション》と様式《スタイル》

——カーナビー・ストリートの発展

ロンドンでバーバリーやアクアスキュータムなどの有名ブランド店に、脇目もふらず飛び込む観光客は多い。懐に余裕のある紳士ならば、「背広」の語源となったともいわれるサヴィル・ローに歩を進め、オーダーメイドのための採寸をするのであろうか。リバティーに駆け込む人もいるだろう。ハロッズやセルフリッジズに行かなければ話にならないと思っている人もいるかもしれない。だが、ロンドンのファッションを語るときに、絶対に忘れてはならないのは、カーナビー・ストリートである。例えばチェルシーのキングズ・ロードなども、古くからファッショナブルな通りとして知られているが、歴史的に見ても、また現状からしても、新しいファッションの発信地としてのカーナビー・ストリートの地位は揺るぎないものだ。そこは『ブランド品も良いけれど、ひと味違うものを』と、あるいは『もっとクールな服を』と考える若い「お洒落さん」たちを、数十年にわたって惹きつけている場所である。

カーナビー・ストリートは、高級店・デパートが立ち並ぶリージェント・ストリート――観光客ならば誰でも一度は訪れるであろう――の裏手にわずかばかり入ったところの、細い通りのことであるが、今は周辺のいくつかの通りを含むエリアを指すようにもなっている。古くはスウィンギング・シックスティーズを代表するロンドンのサブ・カルチャー、トレンドの発信地であり、ミニスカート（即座にツイッギーを思い出した人は「おじさん」「おばさん」と呼ばれていますね）やホットパンツ（若い人たちはこの名称を知っているだろうか。「ショートパンツ」ではイメージが違うし、「非常に丈の短いズボン」というと、どうしようもなくカッコ悪いけれど……）の原型も、この通りから生まれている。

ファッションを語るときに重要なのは、洋服そのものよりも、そこに表された、あるいはその裏側に潜む思想やライフスタイルであろう。例えば、ミニスカートやホットパンツの誕生や流行もマリー・クワントという一人のデザイナーの力だけによるものではない。むしろ、反骨的・革新的で自由を求める若者たちの作り出した時代思潮や、高級な洋服とは無縁なライフスタイルが、新進デザイナーを触発した結果なのである。新しい価値観を持った若者たちと、自らも若く独自の感性を表現したいという野心にあふれたデザイナーとの「化学反応《ケミストリー》」から生まれた独自のストリート・ファッションが、さらに多くの若者たちの支持を得て、瞬く間に世界に広がっていったのである。ミニスカートやホットパンツなどと同じ時代のモッズ・ファッション、後のパンク・ファッションも、カーナビー・ストリートを母体として世に出てきているが、いずれも女性の解放への願い、自由への想い、社会への憤りなどの若者の感情や思想に基づき、それらを表現しているものなのである。

いつの時代にもこうした若者の訴えと従前の価値観との間の緊張関係が時代を前進させるわけであるが、その意味では新旧が混在し、多文化が溶け合うロンドンが新しいファッションの発信地となってきたのは必然なのかもしれない。とりわけ、華やかで賑やかな表通りは自らの価値観に合わないという若者、斬新なデザインの服を作りたいがリージェント・ストリートのテナント賃料などとても支払えないデザイナーたちが、揃って「裏通り」カーナビー・ストリートに集うようになったのも当然のことであったのかもしれない。

さて、現在のカーナビー・ストリートはといえば、かつてのように世界最先端のサブ・カルチャーの発信地とまでは呼べないのかもしれないが、それでもファッションに敏感な若者たちにとっては、ひとつの「聖地」であるばかりでなく、注目せねばならない、特別な、そしてトレンディな場所である。60年代の流行以降、世界各国からの観光客が増えたためであろうか、有名ブランドの店もあるようだが、ヴィンテージ・ショップ、アクセサリー・ショップ、若手デザイナーのブティックなどが多く、非常に個性的な店舗が軒を連ねている。服飾関係だけではなく、カフェ、レストラン、バーもある。そういった各種の店の、他の場所では見られないようなディスプレイが、道行く人々に驚きと喜びを投げかけてくる。

このファッショナブルな通りからそう遠くない所に、かつてアメリカのシアトルからやって来たジミ・ヘンドリックスが住んでいたという事実は象徴的だ。写真を見ればよく分かる。どんなときにも——そう、世界的に有名になる前も——彼はいつでも気の利いた、人目を引く服装をしていたし、真似してみたいと思うような生き方をしていた。

ところで、このようなカーナビー・ストリートの歴史や様子から、日本人として思い出すのは、裏原宿ではないだろうか。トレンドに敏感な若者たちの価値観、若いデザイナー、彼らの出店が可能なテナント賃料、ファッションと音楽のパッケージ化、伝統への反発、爆発的な流行……どうやら裏原宿の形成にはカーナビー・ストリートの影響が認められそうである。もちろん、売り手主導で商業主義の色合いが非常に濃いこと、商品数が少ないこと、そのために一枚のTシャツさえもが愛好者の間では信じ難い高値で取引されること、といった大きな違いもあるにはある。それでも、町の基本的な形成要因とコンセプトには、通底するものがあると言えるだろう。カーナビー・ストリートの影響力は計り知れない。

言うまでもなく、ファッションは文字通り、

01

01 夕暮れのカーナビー・ストリート

流行《ファッション》であるから、生まれては消えてゆくものであるし、次に何がやって来るかなど想像もつかない——少なくとも私には。ただ、いつの時代にも、ファッションは単なる飾りではなく、人間の尊厳と個性を重んずるものであって欲しいと願う。カーナビー・ストリートではいつもそのような姿勢が貫かれてきたし、それこそが世界の人々をひきつけ、裏原宿のような「姉妹街路」を生み出したのではないだろうか。流行《ファッション》は時として普遍の様式《スタイル》へと変容するのである。

（太田直也）

◆ブックガイド◆

- 千村典生『ファッションの歴史』平凡社、2001年
- 成実弘至『20世紀ファッションの文化史——時代をつくった10人』河出書房新社、2007年
- 深井晃子『ファッションの世紀——共振する20世紀のファッションとアート』平凡社、2005年

60 ファッション・イン・ロンドン
——女性たちに人気のお店

十人十色で楽しむサブ・カルチャー

ロンドンは他では見られないほど多くの民族の人々が暮らす国際都市である。この都市で話されている言語は25カ国語以上にのぼる。それだけ多くのコミュニティーがこの都市に存在する。街中を見回しても、実に格好は様々で、ジーンズにTシャツや、パンク、宗教上スカーフで顔を隠す女性もいる。また、気温は同じはずなのにタンクトップの人もいれば、セーターを着ている人もいる。ロンドンでは人それぞれのアイデンティティが服そのものに表現され、それは尊重されるので他人の格好を非難する人はめったにいない。

01 道路でタバコを吸う若者

現代のロンドン・ファッションのキーワードはサブ・カルチャーである。社会的、文化的差異が多様であるがゆえ、ファッションもまたその影響を強く受けている。例えば、パンクが好きな人は黒革のぴったりしたパンツとシルバーのチェーン、ハイクラスの人はエレガントで高価な服を好むなど、個人が育ってきた環境や文化、趣味が大きく影響する。日本と違うのは、日本ではトレンドがまずあり、それを若者が追いかける形であるが、ロンドンではまず自分のアイデンティティが主体であり、それからトレンドを選ぶ。洋服を着るというよりは洋服で表現するという違いがある。

最先端を行くハイストリート・ファッション

まずロンドンでの最近のトレンドとして「ハイストリート・ファッション」が挙げられる。ハイストリート・ファッションとは、若手のデザイナーを起用し、いち早くトレンドを取り入れて手の届きやすい手頃な値段で市場に出すことを戦略にしたファッションである。例えば『トップ・ショップ』が代表的な店である。トレンド感を入れ、多くのティーンエージャーや20代に支持されている。オックスフォード・サーカスの旗艦店ではセカンドハンドや、新しいデザイナーなどの商品も取り扱っている。決して次のシーズンに使い回さないことをポリシーにしている。ロンドンには10店舗あり、オックスフォード・サーカス、ナイツ・ブリッジなどにある。

その他、『エイチ・アンド・エム』はロンドンに16店舗あり、『トップ・ショップ』よりさらに安く、最近では有名デザイナー（ランバン、コム・デ・ギャルソン、ステラ・マッカー

02 ハイストリート・ファッション―『トップ・ショップ』の店内
03 『トップ・ショップ』の外観
04 『エイチ・アンド・エム』の店内

トニーなど）とコラボレートし、一回限りのコレクションを発表し、話題を呼んでいる。『プライマーク』は『エイチ・アンド・エム』よりさらに廉価な商品を販売。例えばシンプルなセーターが5ポンド、黒革の小さめのハンドバッグが7ポンドで買える。もう少し質の良さを求めるなら『ザラ』がいいだろう。『ザラ』は他のブランドとは違った戦略を取っており、一点当たりの商品の在庫を少なくし、無くなったときは補充をしない。そのため、「欲しいと思ったときに買わないと次にはもう店に置いていない」確率が高い。そして、そのようなスローガンを消費者心理に働きかけることにより、ビジネ

02

03

04

スとして成功した貴重な例でもある。

王室御用達

ウィリアム王子とキャサリン妃が結婚し王室の人気が高まる中、王室御用達も注目すべきであろう。『バブアー』や『ハンター・ブーツ』、『アクアスキュータム』が代表的なブランドとして挙げられる。『バブアー』はもともと防水、野外用服としてよく知られたブランドであるが、今の世代ではバブアー・ジャケットという防水されたものやキルティング加工されたものがトレード・マークになっている。『ハンター・ブーツ』はゴム製の靴やレイン・ブーツを１８５６年から作り続け、その機能性と質の良さを評価され続けている。最近ではカラフルで華やかなレイン・ブーツを提供しており、若い世代の女性に人気である。また、ジミー・チュウとコラボレートした商品も話題を呼んだ。『アクアスキュータム』の名前の由来はラテン語で「水（aqua）」と「楯（scutum）」を表し、すなわち「防水」を意味する。第一次世界大戦時に防水されたウールで作られたトレンチコートが、兵士を厳しい気候から守ったことから有名になった。また、キャサリン妃が着用したウエディング・ドレスをデザインしたブランド『アレキサンダー・マックイーン』も外すことはできない。残念ながら『アレキサンダー・マックイーン』を立ち上げたリー・マックイーン氏は２０１０年に亡くなっているが、その意思をサラ・バートン氏が受け継いでおり、

エレガントでかつ繊細なウエディング・ドレスは誰もが思わずため息をつくほどすばらしいものだった。

若者向きのヴィンテージ・ファッション

今の10代から20代の間で流行しているのが、「ヴィンテージ・ファッション」である。ヴィンテージ・ファッションの中でもヴィンテージ・ガーリーは1930〜60年代のロンドン・ファッションをリバイバルし、その当時流行った花柄やミニスカート、ワンピースなどを取り入れたものが多い。『キャス・キッドソン』は1993年にキャス・キッドソンが子供のころの思い出からアイデアを得た壁紙や生地、家具などを売り出したのがきっかけである。現在では小花や野苺、バラなどの柄がモチーフのバッグやインテリア商品で幅広い年代に支持されている。また、東ロンドンのブリッ

05 バブアー・ジャケットのディスプレイ
06 『アレキサンダー・マックイーン』の外観
07 ヴィンテージ・ファッションのマネキン

ク・レーン地区ではヴィンテージを扱った店が多く、『ビヨンド・レトロ』、『ロキット』、『アブソリュート・ヴィンテージ』などぜひとも訪れてみたい。

同じヴィンテージでも、『ヴィンテージ・モッズ／ロック』は60～80年代で流行したモッズやロックの中にもダンディズムの要素があるファッションである。『ヴィヴィアン・ウエストウッド』はその象徴的なブランドの一つで、創設者のヴィヴィアン・ウエストウッドはかつて、パンク・ロック・バンドのセックス・ピストルズをプロデュースしている。そのロゴは王冠と地球をモチーフにしており、このロゴを目当てに商品を買い求める者も少なくない。『フレッド・ペリー』はテニス・プレーヤーのフレデリック・ジョン・ペリーがテニスウェアの開発のために立ち上げたブランドであるが、1960年代のモッズ・ファッションの中で、ブーツにジーンズ、細身の三つ釦スーツやジャケッ

08 古着やアクセサリーをスタッフが厳選して集めた店『ビヨンド・レトロ』の店内。ファッションデザイナーやスタイリストも新しいアイデアを求め、訪れる

09 『ヴィヴィアン・ウエストウッド』の外観

◆ブックガイド◆

・デルガド倫子『ロンドン・ヴィンテージ・ファッション・ショップガイド』毎日コミュニケーションズ、2008年

・ジェニー・リスター監修、クリストファー・ブリュワード、デヴィッド・ギルバート著『スウィンギン・シックスティーズ

トをはおり、インナーにフレッド・ペリー・シャツをトップボタンまで締めて着るというスタイルが流行したことで、本来とは違った視点で注目されている。

やっぱり見逃せないセール

流行ごとに代表的なお店やブランドを紹介したが、セールの時期は最大80％まで値下がりすることもあるので、見逃してはならない。セールは1年に2回あり、夏とクリスマスの時期にある。夏は6月下旬から8月初めくらいまで、クリスマスは12月26日から1月末くらいまで。また、ロンドンでは学生割引をしている店はかなりあるので、その旨レジで伝えてみるといいかもしれない。

（伊澤美環）

――ファッション・イン・ロンドン 1955‐1970』古谷直子訳、ブルースインターアクションズ、2006年
・アンドリュー・タッカー『The London fashion book―With more than 380 illustrations, 275 in colour』鬼頭英理子訳、光琳社出版、1998年

Fashion Brands Data

〈ハイストリートファッション〉
トップショップ（TOPSHOP）
http://www.topshop.com/
エイチ・アンド・エム（H&M）
http://www.hm.com/gb/
プライマーク（Primark）
http://www.primark.co.uk/home
ザラ（ZARA）
http://www.zara.com/

〈王室御用達〉
バブアー（Barbour）
http://www.barbour.com/
ハンター・ブーツ（Hunter Boot）
http://www.hunter-boot.com/
アクアスキュータム（Aquascutum）
http://www.aquascutum.co.uk/
アレキサンダー・マックイーン（Alexander McQueen）
http://www.alexandermcqueen.com/

〈Vintage Girly〉
キャス・キッドソン（Cath Kidston）
http://www.cathkidston.co.uk/
ビヨンド・レトロ（Beyond Retro）
http://www.beyondretro.com/
ロキット（Rokit）
http://www.rokit.co.uk/
アブソリュート・ヴィンテージ（Absolute Vintage）
http://www.absolutevintage.co.uk/home2

〈Vintage Mods/ Rock〉
ヴィヴィアン・ウエストウッド（Vivienne Westwood）
http://www.viviennewestwood.co.uk/
フレッド・ペリー（Fred Perry）
http://www.fredperry.com/

%95%E3%82%A1%E3%82%A4%E3%83%AB:Emirates_Stadium,_Arsenal_vs._Everton_2006-10-28.jpg ／325 02 http://en.wikipedia.org/wiki/File:Mobfooty.jpg ／325 03 http://www.spartacus.schoolnet.co.uk/Fhistory.htm
52 328 01 http://en.wikipedia.org/wiki/File:Kano_Jigoro.jpg
53 335 02 *The Encyclopedia Sherlockiana, by Jack Tracy*, Gramercy Books/Ramdom House, 1997.
54 337 01 Bain News Service,1915,http://en.wikipedia.org/wiki/File:Baron_Pierre_de_Coubertin.jpg
56 351 01、352 02 03、353 04 05、354 06 07 伊澤美環撮影
57 356 01、357 02、359 03 04 05 石原千登世撮影
58 362 01 © canalandriversidepubs co uk and licensed for reuse under this Creative Commons Licence ／363 02、364 03 石原孝哉撮影
59 369 01 太田直也撮影
60 371 01、373 02 03 04、374 05、375 06 07、376 08 09 伊澤美環撮影

Joseph Ltd, London, 1984／163⑩作者不明, Natural History Museum
㉖165 01、166 02浅川真紀撮影
コラム09　170バーナード・リーチ、《自画像》エッチング、1914年、日本民藝館所蔵
㉗174 01髙杉玲子撮影
㉘178 01小林清衛撮影
㉙183 01、184 02伊澤東一撮影
㉚188 01 Thomas Hudson 1749年 http://en.wikipedia.org/wiki/File:Georg_Friedrich_H%C3%A4ndel.jpg／190 02 Edouard Jean Conrad Hamman画, *P.M. History.* Januar 2006, S. 29.
コラム10　192: Herbert Lambert, National Portrait Gallery
コラム11　195: 髙杉玲子撮影
㉛198 01 *Survey of London, volume 35, The Theatre Royal Drury Lane and the Royal Opera House Covent Garden* (1970).／199 02 adpowers撮影, 2006, http://www.flickr.com/photos/adpowers/349515609／200 03 ©Roger Cornfoot and licensed for reuse under this Creative Commons Licence
㉜204 01 Philip Allfrey.2006.http://en.wikipedia.org/wiki/File:Yeomen_of_the_Guard.JPG／205 02アンドルー・セイント、ジリアン・ダーリー『図説ロンドン年代記』大出健訳、原書房、1997年／206 03 John Frederick Burke, *An illustrated History of England*, Dunfermline, FIF, United Kingdom／207 04作者不明, http://en.wikipedia.org/wiki/File:Portrait_of_Henry_Garnett.jpg／208 05 Kenneth O. Morgan, *The Oxford Illustrated History of Britatin*, Oxford University Press.
コラム12　210: English School, 19th century, ブリッジマン・アートライブラリー提供
㉝212 01 James Northcote, National Portrait Gallery.／213 02作者不明, http://en.wikipedia.org/wiki/File:St_Pancras_Old_Church_in_1815.jpg／214 03 John Opie, 1797, National Portrait Gallery／215 04鏡味國彦撮影
㉞219 02 Cassandra Austen, National Portrait Gallery／219 03ディアドリー・ル・フェイ『図説ジェーン・オースティン』川成洋監訳、太田美智子訳、ミュージアム図書、43頁／221 04同書81頁
㉟224 01 Joseph Severn 1819, http://commons.wikimedia.org/wiki/File:JohnKeats1819_hires.jpg?uselang=ja／224 02 Samuel Cousins, 1854,http://en.wikipedia.org/wiki/File:Coleridge2.jpg／227 03 Cj1340, http://commons.wikimedia.org/wiki/File:Keats_House.jpg?uselang=ja
㊱232 01鏡味國彦撮影／232 02 George Charles Beresford, National Portrait Gallery, London／234 03、235 04鏡味國彦撮影
㊲236 01 *T. S. Eliot compiled by Tambimuttu and Richard March*. Frank & Cass. 1965. p.116
㊳242 01、243 02、244 03、245 04沢辺裕子撮影
㊴249 01、251 02 Thomas Dekker and Thomas Middleton, *The Roaring Girl or Moll Cutpurse.*
㊵254 01 Doug Coldwell,http://en.wikipedia.org/wiki/File:Henry_Fielding.png／255 02 http://en.wikipedia.org/wiki/File:Bow_Street_-_late_19th_century.JPG／255 03 Edward, 2006, http://en.wikipedia.org/wiki/File:Bow_Street_Magistrates_Court_2.jpg／256 04作者不明, *The Canning Enigma*, John Treherne, 1989, page 99
㊶260 01 http://en.wikipedia.org/wiki/File:Robert_Louis_Stevenson_Knox_Series.jpg／261 02 http://en.wikipedia.org/wiki/File:Dr_Jekyll_and_Mr_Hyde_poster_edit2.jpg／262 03 © David P Howard and licensed for reuse under this Creative Commons Licence
㊸272 01 Ian Muttoo, 2007
㊹276 01、277 02 03、279 04石原孝哉撮影
㊺286 01『英米文学事典』研究社、1985年、1197頁
㊻292 01太田直也撮影
㊼295 01 © Lewis Clarke and licensed for reuse under this Creative Commons Licence／295 02 gailf548, http://www.flickr.com/photos/galfred/130180818/／295 03 ell brown撮影, http://www.flickr.com/photos/ell-r-brown/6448762537/
㊾310 01、311 02 03 04、315 05、316 06 07 08 09、317 10沢辺裕子撮影
㊿318 01、319 02石原千登世撮影／320 03 London 2012 Olympics 公式ホームページをもとに作成／321 04 05 06石原千登世撮影
51 323 01 http://ja.wikipedia.org/wiki/%E3%83

図版出典

※章番号（●付き数字）、ノンブル、図版番号（■付き数字）の順

❶17 01長尾輝彦撮影／18 02長尾輝彦撮影／20 03 James Gillray Library of Congress, Prints & Photographs Division, LC-USZC4-3142
❷22 01長尾輝彦撮影／24 02 Mary L. Gow ブリッジマン・アートライブラリー提供／25 03長尾輝彦撮影
❺40 01阿部菜穂子撮影／41 02阿部菜穂子撮影
コラム02　45上下：ワガママ提供
❼53 01太田美智子撮影
❾66 01福田一貴撮影／67 02 Boudicca by J. Havard Thomas, Welsh Icons http://www.welshicons.org.uk/html/statue_of_boudicca.php
❿70 01 © Peter Trimming and licensed for reuse under this Creative Commons Licence. ／70 02 Schools Wikipedia http://schools-wikipedia.org/images/4/416.jpg.htm ／71 03 L'Estoire de Saint Edward le roi Folio 38, Wellcome Library, London
⓫74 01 John Franklin, William Harrison Ainsworth's novel, *Old St. Paul's*, published London : Chapman & Hall, 1841. ／75 02アンドルー・セイント、ジリアン・ダーリー『図説ロンドン年代記』大出健訳、原書房、1997年／76 03石原孝哉撮影／77 04 Anthonis Mor 画、アムステルダム国立美術館所蔵 05 Hans Holbein the Younger, Uffizi Gallery ／78 06 Cloes Van Visscher 画、Gamini Salgado, *The Elizabethan Underworld*. Sutton Publishing
コラム04　79: Balthazar Nebot, Covent Garden Market, 1737, Tate Gallery／80: John Thomson, 1877／81上：Secretlondon撮影, http://ja.wikipedia.org/wiki/%E3%83%95%E3%82%A1%E3%82%A4%E3%83%AB:CoventGardenMarketInside.jpg／81下 竹中肇子撮影
⓭89 01 Alexander Bassano, 1887／90 02 *Comprehensive Pictures of the Great Exhibition of 1851*, published 1854
⓮96 01 Chris Collins of the Margaret Thatcher Foundation ／96 02 PFC TRACEY L. HALL-LEAHY, USA, 1996／97 03 LittleMissSilly, 2007／97 04 10 Downing Street website, 2010, http://www.number10.gov.uk/wp-content/uploads/official-pic-474.jpg
コラム06　98: *The Unforgetable Winston Churchill Giant of the Century*, by the Editors of Life, a Life News Book, 1965. ／99: *The Man of the Century: A pictorial Biography*, edited by Neil Ferrier, Purnell, 1965. ／100: *The Un-forgettable Winston Churchill Giant of the Century*, by the Editors of Life, a Life News Book, 1965.
⓯102 01笠原俊彦撮影
⓳122 01 John de Critz, c.1587／124 02 F. A. Swaine/Getty Images ／125 04 A USSR stamp, Soviet spies（Personal collection）
㉑134 01 © Stephen McKay and licensed for reuse under this Creative Commons Licence, http://www.geograph.org.uk/reuse.php?id=757567
㉒142 01神野斉撮影／143 02 Björn Roos,1982 ／145 03 © Colin Smith and licensed for reuse under this Creative Commons Licence
㉓149 01、150 02、151 03、152 04浅川真紀撮影
㉔154 01千葉茂撮影／155 02 03、156 04 05、157 06 07、158 08 National Gallery 所蔵
㉕159 01 Tony Hisgett, http://commons.wikimedia.org/wiki/File:Natural_History_Museum_(1).jpg ／160 02 http://en.wikipedia.org/wiki/File:Hans_Sloane.jpg ／160 03 George Richmond, http://en.wikipedia.org/wiki/File:Charles_Darwin_by_G._Richmond.jpg ／160 04作者不明, http://ja.wikipedia.org/wiki/%E3%83%95%E3%82%A1%E3%82%A4%E3%83%AB:Alfred_Russel_Wallace.jpg ／161 05作者不明, http://commons.wikimedia.org/wiki/File:Richard_Owen.JPG ／161 06 Floriel, http://commons.wikimedia.org/wiki/ ／162 07作者不明, http://commons.wikimedia.org/wiki/File:Walter_Rothschild.jpg ／162 08作者不明, http://en.wikipedia.org/wiki/File:Gilbert_White.jpg ／163 09 Edith Holden, *The Country Diary of an Edwardian Lady*, Michael

桑原真夫（くわばら・まさお）
詩人、エッセイスト。スペインのガリシア文学専攻。ロンドン駐在時代、ロンドンのカジノの奥深さに触れる。
[43]

山口晴美（やまぐち・はるみ）
エッセイスト。イギリス・スペインに関する記事・エッセイを幅広く執筆。
[45]

清水純子（しみず・じゅんこ）
慶應義塾大学非常勤講師。専門は欧米映画、英米文学。東京女子大学英米文学科卒業、日本興業銀行外国為替部勤務を経て、筑波大学大学院博士課程修了、筑波大学文学博士。
[47、コラム16、17]

小山直子（こやま・なおこ）
大阪国際大学短期大学部教授。元航空会社英語教官。欧州在住通算6年。教え子たちの英国留学のために『海外生活のツボはこれだ！』を執筆。
[コラム18、19]

石原千登世（いしはら・ちとせ）
エッセイスト。主としてイギリスの文化・社会などを中心に執筆している。
[50、57]

伊澤美環（いざわ・みわ）
ロンドン芸術大学（チェルシー・カレッジ・アンド・デザイン）大学院在学中。インテリアデザイン専攻。インテリアコーディネーター。
[56、60]

下山静香（しもやま・しずか）
ピアニスト、桐朋学園大学非常勤講師。演奏、文筆の双方で活動。
[30、コラム10]

白鳥義博（しらとり・よしひろ）
駒澤大学准教授。専門はヘンリー・フィールディングを中心とする18世紀イギリスの小説。
[31、40、41、コラム15]

鏡味國彦（かがみ・くにひこ）
国際異文化学会名誉顧問、現代文学史研究所常任幹事、アジア・アフリカ・ラテンアメリカ飯能支部長。英文学・比較文学（ヨーロッパ文学・文化と日本の比較研究）。
[33、36]

佐藤郁子（さとう・いくこ）
苫小牧駒澤大学教授。イギリス文学専攻。ヴィクトリア朝文化・文学の研究。
[34]

渡辺福實（わたなべ・ふくみ）
中央大学教授、19・20世紀英詩研究（特にワーズワス、イエイツ）、1993～95年ケンブリッジ大学在外研究員。
[35]

小林直樹（こばやし・なおき）
法政大学兼任講師。専門はイギリス・アイルランド文学。
[コラム13]

竹中昌宏（たけなか・まさひろ）
中央大学名誉教授。イギリス演劇専攻。アーノルド・ウェスカー『シャイロック』等の訳書がある。
[37]

沢辺裕子（さわべ・ゆうこ）
北海道武蔵女子短期大学准教授。イギリス小説・イギリス児童文学、イギリス文化研究。
[38、49]

須田篤也（すだ・あつや）
千葉大学講師。イギリス文学専攻。エリザベス朝の劇作家ジョン・リリーを研究。
[コラム14]

太田直也（おおた・なおや）
鳴門教育大学大学院教授。イギリス文学専攻。英詩（特にディラン・トマス）に関心を持っている。
[42、46、55、59]

竹中肇子（たけなか・はつこ）
法政大学講師。千葉大学大学院博士課程後期修了、文学博士（千葉大学）。イギリス文学（中世）専攻。
[コラム04]

千葉　茂（ちば・しげる）
画家・文筆家。
[24、25、コラム05]

島田　顕（しまだ・あきら）
法政大学理工学部講師。専門は歴史学、国際関係論、戦間期国際政治史、チェンバレン外交。
[13、14、コラム06]

笠原敏彦（かさはら・としひこ）
毎日新聞外信部編集委員。ロンドン、ワシントン特派員、欧州総局長を経験。滞英歴8年。
[15]

中井良則（なかい・よしのり）
毎日新聞ロンドン特派員、外信部長などを経て現在、公益社団法人日本記者クラブ専務理事。
[18]

狩野晃一（かのう・こういち）
横浜市立大学兼任講師。2010年10月～2011年7月オックスフォード大学訪問研究員。中世英語英文学専攻。イギリス中世における方言の研究をしている。とくに通時的な発音の変化、発達に関心がある。
[21、22]

浅川真紀（あさかわ・まき）
近畿日本鉄道（株）美術館開設準備チーム学芸員。国内外のミュージアム・エデュケーションを研究。
[23、26]

髙杉玲子（たかすぎ・れいこ）
大東文化大学文学部英米文学科教授、英米演劇／シェイクスピア研究。2001年4月～2002年3月、2010年3月～9月ケンブリッジ大学客員研究員。
[27、48、コラム11]

小林清衛（こばやし・せいえい）
中央大学名誉教授。シェイクスピアおよび現代英米演劇専攻。
[28]

伊澤東一（いざわ・とういち）
拓殖大学商学部教授、イギリス文学専攻、パストラル文学およびシェイクスピア研究。
[29]

〈執筆者紹介（＊編者）および担当章〉（執筆順）

長尾輝彦（ながお・てるひこ）
四国大学教授、北海道大学名誉教授。イギリス文学専攻。
[1、2、コラム12]

吉岡栄一（よしおか・えいいち）
東京情報大学教授。日本コンラッド協会顧問。『オーウェル、コンラッド、ハルキ』を執筆中。
[コラム01、08]

木村聡雄（きむら・としお）
日本大学教授。明治学院大学大学院修了。ロンドン大学学術研究員を経て現職。英文学・比較文学専攻。英文学（戦後イギリス詩、中世英文学）を中心に英語俳句まで論じる。
[3、12、58、コラム07]

宇野　毅（うの・たけし）
明治大学経営学部教授。早稲田大学法学部卒業、同大学大学院文学研究科修了。イギリス社会論・現代イギリス論専攻。1977年の滞英以来、西ヨーロッパ各地を広く旅する。
[4、20]

阿部菜穂子（あべ・なほこ）
毎日新聞記者を経てフリージャーナリスト（在ロンドン）。イギリスに関する記事・エッセイを幅広く執筆。
[5、コラム02]

春海二郎（はるみ・じろう）
元駐日イギリス大使館広報部。現在はイギリスをテーマにしたブログ「むささびジャーナル」を主宰。
[6、8、16、17]

太田美智子（おおた・みちこ）
武蔵野美術大学講師。イギリス文学専攻。「歴史《ヒストリー》が文学《ストーリー》に変じる時」に眼差しを注いでいる。
[7]

＊**川成　洋**（かわなり・よう）
法政大学教授。
[19、52、53、コラム03、09]

福田一貴（ふくだ・かずたか）
駒澤大学講師。中世英語・英文学専攻。
[9、10、51]

＊**石原孝哉**（いしはら・こうさい）
駒澤大学教授（イギリス文学）。
[11、32、39、44、54]

〈編著者略歴〉
川成　洋（かわなり・よう）
法政大学教授。
［主要著書・訳書］
著書：『世界の美術館』『世界の古書店Ⅰ、Ⅱ、Ⅲ』『本が語る現代』丸善、『幻のオリンピック』筑摩書房、『イギリスに学ぶ』南雲堂フェニックスなど。翻訳書：リチャード・リース『D・H・ロレンスとシモーヌ・ヴェーユ』白馬書房、オードリー・コパード『思い出のオーウェル』晶文社、ライオネル・トリリング『自我の反逆 —— 作家と思想』泰文堂など。

石原孝哉（いしはら・こうさい）
駒澤大学教授
［主要著書・訳書］
著書：『シェイクスピアと超自然』南雲堂、『幽霊のいる英国史』集英社、『イギリス文学の旅』『イギリス文学の旅Ⅱ』丸善、『イギリスの大聖堂・歴史の旅』丸善など。翻訳書：ノースロップ・フライ『シェイクスピアを読む』三修社、同『シェイクスピア喜劇の世界』三修社など。

エリア・スタディーズ　100
ロンドンを旅する60章

2012年5月25日　初　版第1刷発行

編著者　川成　洋
石原孝哉
発行者　石井昭男
発行所　株式会社　明石書店
〒101-0021　東京都千代田区外神田6-9-5
電　話　03（5818）1171
FAX　03（5818）1174
振　替　00100-7-24505
http://www.akashi.co.jp

組版／装丁　明石書店デザイン室
印刷　株式会社文化カラー印刷
製本　協栄製本株式会社

（定価はカバーに表示してあります）　ISBN978-4-7503-3603-9

エリア・スタディーズ

1 現代アメリカ社会を知るための60章
明石紀雄、川島浩平 編著 ◎2000円

2 イタリアを知るための55章
村上義和 編著 ◎1800円

3 イギリスを旅する35章
辻野 功 編著 ◎1800円

4 モンゴルを知るための60章
金岡秀郎 ◎2000円

5 パリ・フランスを知るための44章
梅本洋一、大里俊晴、木下長宏 編著 ◎2000円

6 現代韓国を知るための55章
石坂浩一、舘野 晳 編著 ◎1800円

7 オーストラリアを知るための58章【第3版】
越智道雄 ◎2000円

8 現代中国を知るための40章【第4版】
高井潔司、藤野 彰、曽根康雄 編著 ◎2000円

9 ネパールを知るための60章
日本ネパール協会 編 ◎2000円

10 アメリカの歴史を知るための62章【第2版】
富田虎男、鵜月裕典、佐藤 円 編著 ◎2000円

11 現代フィリピンを知るための61章【第2版】
大野拓司、寺田勇文 編著 ◎2000円

12 ポルトガルを知るための55章【第2版】
村上義和、池 俊介 編著 ◎2000円

13 北欧を知るための43章
武田龍夫 ◎2000円

14 ブラジルを知るための56章【第2版】
アンジェロ・イシ ◎2000円

15 ドイツを知るための60章
早川東三、工藤幹巳 編著 ◎2000円

16 ポーランドを知るための60章
渡辺克義 編著 ◎2000円

17 シンガポールを知るための62章【第2版】
田村慶子 編著 ◎2000円

18 現代ドイツを知るための55章 変わるドイツ・変わらぬドイツ
浜本隆志、髙橋 憲 ◎2000円

19 ウィーン・オーストリアを知るための57章【第2版】
広瀬佳一 編著 ◎2000円

20 ハンガリーを知るための47章 ドナウの宝石
羽場久美子 編著 ◎2000円

21 現代ロシアを知るための55章
下斗米伸夫、島田 博編著 ◎2000円

22 21世紀アメリカ社会を知るための67章
明石紀雄監修 ◎2000円

23 スペインを知るための60章
野々山真輝帆 ◎2000円

24 キューバを知るための52章
後藤政子、樋口 聡編著 ◎2000円

25 カナダを知るための60章
綾部恒雄、飯野正子編著 ◎2000円

26 中央アジアを知るための60章【第2版】
宇山智彦編著 ◎2000円

27 チェコとスロヴァキアを知るための56章【第2版】
薩摩秀登編著 ◎2000円

28 現代ドイツの社会・文化を知るための48章
田村光彰、村上和光、岩淵正明編著 ◎1800円

29 インドを知るための50章
重松伸司、三田昌彦編 ◎1800円

30 タイを知るための60章
綾部恒雄、林 行夫編著 ◎2000円

31 パキスタンを知るための60章
広瀬崇子、山根 聡、小田尚也編著 ◎2000円

32 バングラデシュを知るための60章【第2版】
大橋正明、村山真弓編著 ◎2000円

33 イギリスを知るための65章
近藤久雄、細川祐子編著 ◎2000円

34 現代台湾を知るための60章【第2版】
亜洲奈みづほ ◎2000円

35 ペルーを知るための66章【第2版】
細谷広美編著 ◎2000円

36 マラウィを知るための45章【第2版】
栗田和明 ◎2000円

37 コスタリカを知るための55章
国本伊代編著 ◎2000円

38 チベットを知るための50章
石濱裕美子編著 ◎2000円

39 現代ベトナムを知るための60章
今井昭夫、岩井美佐紀編著 ◎2000円

40 インドネシアを知るための50章
村井吉敬、佐伯奈津子編著 ◎2000円

〈価格は本体価格です〉

エリア・スタディーズ

41 エルサルバドル、ホンジュラス、ニカラグアを知るための45章
田中 高編著　◎2000円

42 パナマを知るための55章
国本伊代、小林志郎、小澤卓也　◎2000円

43 イランを知るための65章
岡田恵美子、北原圭一、鈴木珠里編著　◎2000円

44 アイルランドを知るための70章【第2版】
海老島 均、山下理恵子編著　◎2000円

45 メキシコを知るための60章
吉田栄人編著　◎2000円

46 中国の暮らしと文化を知るための40章
東洋文化研究会編　◎2000円

47 現代ブータンを知るための60章
平山修一編著　◎2000円

48 バルカンを知るための65章
柴 宜弘編著　◎2000円

49 現代イタリアを知るための44章
村上義和編著　◎2000円

50 アルゼンチンを知るための54章
アルベルト松本　◎2000円

51 ミクロネシアを知るための58章
印東道子編著　◎2000円

52 アメリカのヒスパニック＝ラティーノ社会を知るための55章
大泉光一、牛島 万編著　◎2000円

53 北朝鮮を知るための51章
石坂浩一編著　◎2000円

54 ボリビアを知るための68章
真鍋周三編著　◎2000円

55 コーカサスを知るための60章
北川誠一、前田弘毅、廣瀬陽子、吉村貴之編著　◎2000円

56 カンボジアを知るための62章【第2版】
上田広美、岡田知子編著　◎2000円

57 エクアドルを知るための60章
新木秀和編著　◎2000円

58 タンザニアを知るための60章
栗田和明、根本利通編著　◎2000円

59 リビアを知るための60章
塩尻和子　◎2000円

60 東ティモールを知るための50章
山田 満編著　◎2000円

61 グアテマラを知るための65章
桜井三枝子編著 ◎2000円

62 オランダを知るための60章
長坂寿久 ◎2000円

63 モロッコを知るための65章
私市正年、佐藤健太郎編著 ◎2000円

64 サウジアラビアを知るための65章
中村 覚編著 ◎2000円

65 韓国の歴史を知るための66章
金 両基編著 ◎2000円

66 ルーマニアを知るための60章
六鹿茂夫編著 ◎2000円

67 現代インドを知るための60章
広瀬崇子、近藤正規、井上恭子、南埜猛編著 ◎2000円

68 エチオピアを知るための50章
岡倉登志編著 ◎2000円

69 フィンランドを知るための44章
百瀬 宏、石野裕子編著 ◎2000円

70 ニュージーランドを知るための63章
青柳まちこ編著 ◎2000円

71 ベルギーを知るための52章
小川秀樹編著 ◎2000円

72 ケベックを知るための54章
小畑精和、竹中 豊編著 ◎2000円

73 アルジェリアを知るための62章
私市正年編著 ◎2000円

74 アルメニアを知るための65章
中島偉晴、メラニア・バグダサリヤン編著 ◎2000円

75 スウェーデンを知るための60章
村井誠人編著 ◎2000円

76 デンマークを知るための68章
村井誠人編著 ◎2000円

77 最新ドイツ事情を知るための50章
浜本隆志、柳原初樹 ◎2000円

78 セネガルとカーボベルデを知るための60章
小川了編著 ◎2000円

79 南アフリカを知るための60章
峯 陽一編著 ◎2000円

80 エルサルバドルを知るための55章
細野昭雄、田中 高編著 ◎2000円

〈価格は本体価格です〉

81 チュニジアを知るための60章
鷹木恵子編著 ◎2000円

82 南太平洋を知るための58章 メラネシア ポリネシア
吉岡政德、石森大知編著 ◎2000円

83 現代カナダを知るための57章
飯野正子、竹中　豊編著 ◎2000円

84 現代フランス社会を知るための62章
三浦信孝、西山教行編著 ◎2000円

85 ラオスを知るための60章
菊池陽子、鈴木玲子、阿部健一編著 ◎2000円

86 パラグアイを知るための50章
田島久歳、武田和久編著 ◎2000円

87 中国の歴史を知るための60章
並木頼壽、杉山文彦編著 ◎2000円

88 スペインのガリシアを知るための50章
坂東省次、桑原真夫、浅香武和編著 ◎2000円

89 アラブ首長国連邦(UAE)を知るための60章
細井　長編著 ◎2000円

90 コロンビアを知るための60章
二村久則編著 ◎2000円

91 現代メキシコを知るための60章
国本伊代編著 ◎2000円

92 ガーナを知るための47章
高根　務、山田肖子編著 ◎2000円

93 ウガンダを知るための53章
吉田昌夫、白石壮一郎編著 ◎2000円

94 ケルトを旅する52章 イギリス・アイルランド
永田喜文 ◎2000円

95 トルコを知るための53章
大村幸弘、永田雄三、内藤正典編著 ◎2000円

96 イタリアを旅する24章
内田俊秀編著 ◎2000円

97 大統領選からアメリカを知るための57章
越智道雄 ◎2000円

98 現代バスクを知るための50章
萩尾　生、吉田浩美編著 ◎2000円

99 ボツワナを知るための52章
池谷和信編著 ◎2000円

100 ロンドンを旅する60章
川成　洋、石原孝哉編著 ◎2000円

101 **ケニアを知るための55章**
松田素二、津田みわ編著　◎2000円

102 **ニューヨークからアメリカを知るための75章**
越智道雄　◎2000円

103 **カリフォルニアからアメリカを知るための54章**
越智道雄　◎2000円

——以下続刊

イギリスの歴史【帝国の衝撃】 イギリス中学校歴史教科書
世界の教科書シリーズ 34　ミカエル・ライリー、ジェイミー・バイロン、クリストファー・カルピン著　前川一郎訳　◉2400円
16世紀後半より海外に進出し、北アメリカ、インド、オーストラリア、アフリカ、中東などに拡大した「大英帝国」の歴史が、現在のイギリスにどのような影響を与え、今日的な移民問題などを抱えるようになったのかを平易に語り子供に考えさせる教科書の翻訳。

スコットランドの歴史と文化
日本カレドニア学会編　◉9500円

カナダの歴史がわかる25話
細川道久　◉2000円

オーストラリア建国物語
リチャード・エバンズ、アレックス・ウエスト著
内藤嘉昭訳　◉2800円

エリア・スタディーズ33

イギリスを知るための65章

近藤久雄、細川祐子【編著】
四六判／並製／352頁　◎2000円

ヨーロッパの政治・経済・文化の拠点のひとつとして、日本人にもなじみ深い国、イギリス。「人種のるつぼ」イギリスの歴史をひもときながら、特に芸術や文学をはじめとする文化に焦点をあて、従来のイギリス関連本ではお目にかかれない「通のイギリス」を紹介する。

内容構成

Ⅰ **イギリス基礎事情編**　「イギリス」は「イングランド」か？／今も昔も人種のるつぼ／英語が英語となるまで／ことばでわかる出身階級　ほか　Ⅱ **イギリス通のイギリス**　イギリスにもあった万里の長城／シティーこそロンドン／自警団からはじまったスコットランドヤード／ロンドンの「肺」　ほか　Ⅲ **イギリス通の文学世界**　シェイクスピアの妹たち／甦る女性詩人／『フランケンシュタイン』／『ロビンソン・クルーソー』と『ガリヴァー旅行記』　ほか　Ⅳ **こだわりのイギリス**　イギリスへの片想い／たとえば物語画で「死」を楽しむ／絵画における物語性と芸術性／生活を慈しむ　ほか　Ⅴ **イギリス小史**　ローマ人の到来からノルマン征服王朝まで／バラ戦争から王政復古まで／一八世紀前半の国内事情／一八世紀後半からヴィクトリア朝まで　ほか　Ⅵ **イギリス体験記**　大学町探訪／ケンブリッジで学ぶ／イギリス出産事情／エスニック料理がイギリスを救う　ほか
『イギリスを知るための六五章　アクセスガイド』